Phyllis Mindell :-) Erfolgreiche Menschen sagen, was sie wollen

Phyllis Mindell

Erfolgreiche Menschen sagen, was sie wollen

Gelungene Kommunikation im Beruf

ARISTON

Die Originalausgabe erschien 2005 unter dem Titel
How to Say It® For Executives. The Complete Guide to Communication for Leaders bei Prentice Hall Press, einem Unternehmen der Penguin Group (USA) Inc.

Bibliografische Information der Deutschen Bibliothek:
Die Deutsche Bibliothek verzeichnet diese Publikation in der Deutschen Nationalbibliografie; detaillierte bibliografische Daten sind im Internet unter http://dnb.ddb.de abrufbar.

Redaktion: Rafaela Eulberg
Umschlaggestaltung: ZERO Werbeagentur, München
Produktion: Ortrud Müller
Satz: Nikolaus Hodina, München
Druck und Bindung: GGP Media GmbH, Pößneck
Printed in Germany

ISBN-10: 3-7205-2736-0
ISBN-13: 978-3-7205-2736-1

Für Samuel Ephraim Borosh Mindell

Inhalt

Danksagung

Mein Dank und meine Anerkennung gilt all jenen Menschen in Führungspositionen, die mich an ihren Erfahrungen teilhaben ließen. Wenn dieses Buch eine runde Sache geworden ist, liegt dies an ihrer Aufrichtigkeit und Integrität. So mancher gute Rat kam außerdem von Roberta Schwartz, Kathleen Barry Albertini, Ron Mix, Marlene Maggio, Vicki Casarett, Stacey Freed und Jennifer Hutchins. Die Liebe und Unterstützung meiner Familie und meiner Freunde schenken mir bei meiner kreativen Arbeit stets Inspiration. Ich danke euch allen. Dass ich erleben darf, wie meine geliebten Enkel, Arye und Sam, sich der Wunder der Sprache bemächtigen, hat meine tiefe Achtung vor den Geheimnissen des Lernens und Wachsens noch verstärkt.

Vorwort

Was Führungskräfte von anderen Menschen unterscheidet ist die Tatsache, dass sie dem Traum, den alle träumen, eine Stimme geben.
Warren Bennis

Mittlerweile arbeite ich seit einem Vierteljahrhundert mit Menschen in leitender Stellung oder mit solchen, die auf dem Weg dorthin sind. Sie kommen und kamen aus nahezu allen Ländern und allen sozialen Schichten. Ihr Bildungshintergrund war zumeist recht unterschiedlich. Unter meinen Kursteilnehmern waren sowohl Vorstandsvorsitzende großer Industrieunternehmen, Hochschul-Dekane als auch Studierende im dritten oder vierten Semester, die z.B. plötzlich zum Vorsitzenden der Vereinigung der Muslime an ihrer Universität gewählt worden waren. Zwei Charakterzüge waren ihnen jedoch allen gemeinsam: Alle strebten danach, in ihrem Aufgabengebiet das Beste zu leisten. Und alle wollten auf faire und menschliche Art ihre Mitarbeiter führen. Trotz aller persönlichen Unterschiede in Stil, Strategien und Hintergrund war einem jeden von ihnen bewusst, dass Sprache bei einer solchen Aufgabe eine zentrale Rolle spielt.

Dieses Buch gibt Führungspersönlichkeiten und solchen, die es werden wollen, alle nötigen Informationen und Techniken an die Hand, um einem wie auch immer zusammengesetzten Publikum genau die Botschaft zu übermitteln, die sie für wichtig erachten.

Erfolgreiche Menschen sagen, was sie wollen versucht nicht, ein Modell, einen Stil, eine Philosophie oder Strategie zu vermitteln. Dies haben andere, hier zitierte Autoren bereits geleistet. Sie sollten diese Bücher unbedingt lesen. Mein Ziel aber ist ein anderes: Ich möchte Ihnen all das mitgeben, was Sie brauchen, um durch gelungene Kommunikation erfolgreich zu sein. Ich möchte Ihnen zeigen, wie man aktiv zuhört, Gegner überzeugt, ewige Neinsager in glühende Fans verwandelt, die entscheidenden Informationen sammelt und in Krisenzeiten anderen zum leuchtenden Vorbild wird.

Erfolgreiche Menschen sagen, was sie wollen ist ein Buch, das nach und nach aus den Erfahrungen und Einsichten von leitenden Angestellten, Managern, Ärzten, Anwälten, Lehrern, Wissenschaftlern, Politikern und vielen anderen entstanden ist. Ich habe mich mit den Werken großer Denker auseinander gesetzt und versucht, Ideen, die für den Erfolg wichtig sind, Ihnen hier nahe zu bringen. Ich habe Tausende von Reden, Briefen und E-Mails analysiert. Ich habe die wissenschaftliche Literatur nach aussagekräftigen Studien durchkämmt. In der Hauptsache aber habe ich mich auf meine persönliche Erfahrung verlassen – und auf all die Menschen, die bei mir in den letzten Jahrzehnten Kurse gemacht haben.

Jedes Beispiel, das Sie in diesem Buch finden, ist eine wahre Geschichte. Jedes Wort wurde wirklich ausgesprochen, jede Rede tatsächlich geschrieben. Ich habe nur die Einzelheiten manchmal ein wenig abgeändert, um die Anonymität meiner Klienten zu wahren. Mit Namen genannt werden nur allseits bekannte Gestalten aus Geschichte, Wirtschaft und Politik sowie jene Experten, die meine Arbeit unterstützt haben. Wenn ich über die Sprache der Politik und ihre Erfolge oder Misserfolge spreche, geht es mir dabei um die Verwendung der Sprache, nicht um die Politik selbst.

Denn Sprache zählt! In den USA ging dieses Buch in Druck, als der Präsidentschafts-Wahlkampf zwischen George W. Bush und seinem Herausforderer John Kerry seinen Höhepunkt erreichte. In diesem Wahlkampf waren Sprache und Ausdrucksweise der Kandidaten wichtiger denn je.

Professor Stanley Fish schrieb zu jener Zeit in der *New York Times:* »Worte sind nicht bloß das Make-up, das man dem eigentlich wichtigen Inhalt aufträgt. Sie sind dessen Instrument, die unüberhörbare Manifestation eines bestimmten Charakters, auf welchen andere Menschen reagieren. Und wenn Ihre Worte keinen Sinn ergeben, hohl oder ausweichend klingen [...] entsteht der Verdacht, dass das, was Ihren Worten fehlt, auch Ihnen fehlt. In diesem Fall wird sich Ihnen niemand anschließen.«

Nun wünsche ich Ihnen viel Spaß auf Ihrer Forschungsreise zu der Führungspersönlichkeit, die in Ihnen steckt. Erlauben Sie sich ruhig, über Ihre Fehler zu lachen. Ermuntern Sie andere zum Lachen und verlieren Sie dabei aber niemals Ihr Ziel aus den Augen. Mögen Sie erfolgreich sein und immer die richtigen Worte finden.

Dr. Phyllis Mindell

Wie Sie dieses Buch am besten nutzen

Gratulation! Sie haben es also geschafft. Sie haben Ihren Platz in der Vorstandsetage, im Aufsichtsrat, in der Agentur oder Kanzlei, im Landtag, in der Partei oder der Kosmetikberatung erobert. Das ist die gute Nachricht! Die schlechte ist, dass Sie sich nun Ihren Führungsaufgaben stellen müssen. Sie müssen vor Publikum sprechen, Autorität ausstrahlen, überzeugen können. Sie müssen verhandeln, inspirieren, motivieren und andere dazu bringen, über sich hinauszuwachsen. Sie müssen im Team arbeiten, müssen mit schwierigen Zeitgenossen zurechtkommen. In harten Zeiten müssen Sie andere aufmuntern. Wenn es Ihnen allerdings so ergangen ist wie den meisten meiner Kursteilnehmer, dann haben weder Ihre Ausbildung noch Ihre Berufserfahrung oder Ihre Weiterbildung Sie darauf vorbereitet, auch jenseits Ihrer fachlichen Qualifikationen zu glänzen. Dies ist das Publikum, an das sich *Erfolgreiche Menschen sagen, was sie wollen* richtet. Hier finden Sie ein verlässliches Handbuch für jeden Aspekt der Kommunikation von Führungskräften: ein Feuerwerk an Ideen, Ratschlägen, Schritt-für-Schritt-Anleitungen, Checklisten und Praxisbeispielen. Die Tipps in *Wie es besser geht* geben Ihnen konkrete Formulierungshilfen an die Hand. Außerdem ist das Buch so aufgebaut, dass es ohne einen großen Theorieteil schnell auf den Punkt kommt: Wenn Sie die einführenden Kapitel gelesen haben, können Sie sofort mit den Kapiteln arbeiten, in denen es um die Probleme geht, die Sie angehen wollen.

Wo finden Sie was?

Andere zu führen ist keine statische Angelegenheit, sondern ein dynamischer Prozess, in dem ganz unterschiedliche Herausforderungen auf uns zukommen. Ihre Führungsqualitäten werden sich in mehr oder weniger vorhersagbaren Schritten entwickeln: Sie werden vom **Anfänger** zum **Übenden**, dann zum **Profi** und schließlich zum **Mentor**. Von unschätzbarem Wert ist es, wenn Sie lernen, mit Widersprüchen zu leben. Kein Führungs-»Stil« funktioniert wirklich in allen Situationen. Doch es gibt drei zentrale Fragen, die Ihnen helfen werden, stets erfolgreich zu kommunizieren. Bis Sie die hier vorgestellten Techniken wirklich verinnerlicht haben, können Sie sich an den hier vorgestellten Anwendungsbeispielen orientieren. Zeitgenössische und historische Führungspersönlichkeiten dienen uns dabei ebenso als Vorbilder wie Gestalten aus Film oder Literatur. Auf diese Weise können Sie sich Ihren persönlichen Führungsstil erarbeiten.

Erfolgreiche Menschen sagen, was sie wollen stellt Ihnen zunächst die zentralen Bereiche vor, die Sie als Führungspersönlichkeit souverän beherrschen sollten:

Im Kapitel »Selbstmanagement« lernen Sie jene Selbstbeherrschung, die Ihnen erlaubt, Ihr Verhalten zu kontrollieren. Kapitel 3 und 4 führen Sie in die Fähigkeit ein, schnell und effizient geschriebene und gesprochene Informationen auszuwerten. »Führen ohne Worte« macht Sie mit den Geheimnissen nonverbaler Kommunikation vertraut und zeigt Ihnen den Weg zur »Körpersprache des Erfolgs«. In Kapitel 6 finden Sie alle Informationen, wie Sie erfolgreich formulieren, welche Satzstrukturen und rhetorischen Hilfsmittel dabei hilfreich sind. In Kapitel 7 erfahren Sie, wie Sie Ihre sprachlichen Äußerungen strukturieren, um klar und präzise Ihr Anliegen zu vermitteln. Ob Sie eine Rede halten oder ein Mitarbeitergespräch führen: entscheidend ist, dass Sie Ihre Botschaft unmissverständlich ausdrücken. Kapitel 8 stellt Ihnen eine schnelle und effektive Methode vor, wie Sie gekonnt Ihre Botschaft in den Mittelpunkt rücken.

Jeder Mensch, der andere führt, muss vor Publikum sprechen. Daher vermitteln Kapitel 9 und 10 wesentliche Techniken, die jede Rede zum Erfolg werden lassen, ob sie nun vor zehn oder vor tausend Zuhörern gehalten wird. Wichtige Arenen, um Ihre Führungsqualitäten zu zeigen, sind Teamsitzungen oder Einzelgespräche. Oftmals müssen Sie dabei mit schwierigen Zeitgenossen umgehen, einzelne Menschen erfolgreich ansprechen, Kritik und Lob verteilen. Kapitel 11 demonstriert Ihnen, wie Sie souverän und konstruktiv mit Kleingruppen oder Einzelpersonen sprechen. Eine leitende Stellung erfordert, dass Sie Ihre schriftliche Kommunikation sorgfältig, präzise und inspirierend gestalten. Sind Sie einer der vielen Menschen, die E-Mails schnell und unachtsam abschicken? Ich werde Ihnen zeigen, welche negativen Auswirkungen schlechte und ungenaue Mitteilungen haben können: Die »sieben Ks der schriftlichen Kommunikation« für Führungskräfte werden Ihnen dabei helfen.

Am Ende steht der Brückenschlag zwischen Ihrem Unternehmen und der ganzen Welt. Kapitel 13 führt Sie ein in die Kunst, Netzwerke zu bilden. Mit der »Checkliste« im Anhang können Sie Ihre neu erworbenen Fähigkeiten testen. Setzen Sie sich mit den einzelnen Punkten auseinander. Mit Ihrer Hilfe können Sie Ihre Entwicklung verfolgen, sich immer wieder die wesentlichen Punkte erfolgreicher Kommunikation ins Gedächtnis rufen und zweifelsfrei feststellen, wann Sie den Schritt zur Meisterschaft vollzogen haben.

Bevor Sie loslegen

Fallstudien der Harvard University zeichnen ein klares Bild, wie der Arbeitstag einer Führungspersönlichkeit aussieht: 20 Prozent Lesen, 20 Prozent Schreiben (im Diktat und am Computer), 40 Prozent formale Präsentationen (wozu auch Zuhören und die informelle Besprechung gehören) und 30 Prozent informelle Meetings (also Reden und Zuhören). Dass diese Zahlen am Ende mehr als 100 Prozent ergeben, liegt daran, dass einzelne Bereiche sich überschneiden. Führungskräfte (und Sie vermutlich auch) nutzen ihre Reisezeit zur Kommunikation: Sie telefonieren, lesen Bücher, Zeitschriften oder Aufsätze, diktieren und verfassen Texte auf dem Laptop.

Denken Sie nun einmal darüber nach, wie **Ihr** Arbeitstag aussieht. Schreiben Sie alles auf, was Sie an einem typischen Tag im Büro tun. (Wenn Sie genügend Mitarbeiter haben, können Sie das auch von jemand anderem machen lassen.) Machen Sie eine Liste. Jeder einzelne Punkt endet mit einem Verb. Ihre Liste könnte zum Beispiel so aussehen:

- *E-Mails lesen*
- *aktuelle Schlagzeilen im Internet überfliegen*
- *Post durchsehen*
- *drei Artikel lesen*
- *mit Mitarbeitern treffen*
- *an der Vorstandssitzung teilnehmen*
- *den Quartalsplan vorstellen*
- *mit einem wichtigen Kunden zu Mittag essen*
- *Rede für die internationale Konferenz proben*
- *die besten Mitarbeiter für ihre Leistung im letzten Vierteljahr loben*
- *Brief an das Ministerium diktieren*
- *mit dem Taxi zum Flughafen fahren, dabei übers Handy mit schwierigen Lieferanten reden*
- *um fünf Uhr den Flug zur Konferenz erwischen*
- *im Flugzeug E-Mails beantworten und lesen*

Nun gehen Sie die einzelnen Punkte durch: Welche dieser Tätigkeiten erfordern sprachliches Geschick? Alle? Neunzig Prozent? Je höher Sie auf der Karriereleiter hinaufsteigen, desto mehr sind Ihre Aktivitäten rein kommunikativer Natur. Nun: Sie haben studiert, um Ingenieur oder Arzt zu werden. Sie haben eine Lehre gemacht, um den Beruf des Buchhalters oder Fachinformatikers ausüben zu können. In Kommunikation aber wurden Sie im Normalfall nicht ausgebildet. Aus diesem Grund lesen Sie nun dieses Buch.

1 Kommunikation als zentrale Führungseigenschaft

Ideen sind Dutzendware für einen Penny. Leute aber, die sie auch umsetzen können, sind seltene Einzelstücke.
Mary Kay Ash

Ideen entspringen nicht einfach dem Kopf eines Autors. Sie werden von den Ideen anderer Menschen inspiriert. Sie erwachsen organisch aus Erfahrungen und wandeln sich, um neuen Anforderungen zu genügen. Wenn unsere Ideen in die Welt hinausziehen, haben sie die Verbindung zu ihrem Ursprung, den Ideen anderer, meist schon verloren. Was ich Ihnen in diesem Buch vorstelle, sind nicht meine ureigensten Gedanken. Ich berufe mich auf zahllose Werke anderer Wissenschaftler, die mich beeinflusst haben und deren Know-how ich schätze. Ich habe ihre Erkenntnisse nur mit meiner persönlichen Erfahrung angereichert. Wenn Sie das, was ich Ihnen hier über die menschliche Sprache nahe zu bringen versuche, interessant finden, bekommen Sie ja vielleicht Lust, bei anderen Autoren nachzulesen.

Vieles, was Sie in diesem Kapitel lesen werden, geht auf Howard Gardner zurück, der in seinem Buch *Die Zukunft der Vorbilder*[1]* hervorhob, dass Führung kein statischer, einmal erreichter und von nun an unveränderlicher Zustand ist. Ihre Führungsqualitäten bilden sich vielmehr heraus, indem Sie auf eine Reihe unterschiedlichster Anforderungen dynamisch reagieren. Deren Abfolge jedoch ist mehr oder weniger vorhersagbar. Gardner arbeitete typische Eigenschaften von weiblichen und männlichen Führungskräften heraus, welche in den unterschiedlichsten Bereichen Führungsaufgaben zu erfüllen hatten. Die Eigenschaft, die am häufigsten auftauchte, war Kommunikationsfähigkeit: Jede einzelne dieser Führungskräfte, aus welchem Bereich oder Land

* Die Anmerkungen finden Sie auf Seite 249ff.

sie auch immer stammen mochte, war sich der Macht der Sprache deutlich bewusst. Diese sprachlichen Fähigkeiten zeigten sich bei den meisten schon früh und wurden im Laufe des Lebens immer weiter ausgebaut. Daher schlägt Gardner vor, dass wir eine Führungspersönlichkeit als talentierten »Geschichtenerzähler« ansehen sollten. Seiner Ansicht nach müssen Führungskräfte ihre eigene »Geschichte« und ihre Vision genau kennen, um sie anderen effektiv vermitteln zu können. Mit Hilfe dieses Buches können Sie Ihre persönliche Geschichte und die Visionen, die Sie haben, überdenken, sie klug erzählen und neue Visionen entwerfen, wenn Ihre Führungsqualitäten wachsen.

Stationen auf dem Weg zur Führungspersönlichkeit

Ist Ihnen klar, dass die Entwicklung Ihrer Führungsqualitäten einem bestimmten Muster folgt, das sich leicht überprüfen lässt? Es kommt noch besser: Sie haben es in der Hand, jene Fähigkeiten zu entwickeln, die Sie selbst und Ihre Zuhörer am meisten schätzen. Jede Stufe bringt neue Herausforderungen. Mit Ihren beruflichen Fähigkeiten hat das gar nichts zu tun: Sie können ein exzellenter Ingenieur sein und trotzdem außer Stande, sich auf dem Treffen der Internationalen Vereinigung der Ingenieursberufe in Lissabon adäquat auszudrücken. Ich möchte diese Entwicklungsstufen hier der Einfachheit halber zu vier Hauptstadien zusammenfassen. Diese werde ich Ihnen mit den sprachlichen Fähigkeiten, die zur jeweiligen Stufe gehören, vorstellen. Mit dieser Skala wird es für Sie einfach sein, Ihre Fähigkeiten richtig einzuschätzen. Dieses System habe ich zum ersten Mal in meinem Erfolgsbuch *Starke Frauen sagen, was sie wollen*[2] vorgestellt. Seitdem wende ich es in meinen Kursen und Vorträgen immer wieder an.

Aller Anfang ist schwer

Lassen Sie uns mit dem Einsteiger beginnen. Die angehende Führungspersönlichkeit wirkt zwar viel versprechend, hat aber ihren eigenen Stil noch nicht gefunden. Dabei geht es nicht um das

Alter der Person. Eine Führungspersönlichkeit in spe ist für jede Art von Gemeinschaft ein Gewinn, sei es nun für das Schreibbüro oder die Gruppe der ehrenamtlichen Helfer im Pfarramt.

Ich kannte eine erfolgreiche Wissenschaftlerin, die plötzlich zur Dekanin der medizinischen Fakultät ernannt wurde. Sie war fünfzig Jahre alt, und trotzdem steckten ihre Führungsqualitäten noch in den Kinderschuhen. Sie musste sich eine ganze Reihe von kommunikativen Fähigkeiten erst aneignen. Ein anderer Teilnehmer einer meiner Kurse, den ich zur Gruppe der Anfänger rechnen würde, war ein Student im dritten Semester, der der Vereinigung der Muslime an seiner Hochschule vorstand. Er kämpft leidenschaftlich darum, seinen Ideen Gehör zu verschaffen. Wenn ich die Erfahrungen mit meinen Kursteilnehmern Revue passieren lasse, lässt sich vor allem eines feststellen: Mangelnde Ausbildung von Führungsqualitäten findet sich auf jeder Ebene der Karriereleiter und in jedem Tätigkeitsfeld.

Eine Frau schrieb mir: »Ich hatte einige Übung darin, Gelder für meine Stelle aufzutreiben. Nun bin ich plötzlich dafür zuständig, Finanzmittel für mehrere Leute zu beschaffen, was mir schwer fällt.« Wenn eine angehende Führungskraft jung ist, zeigen ihre sprachlichen Fähigkeiten meist hoffnungsvolle Ansätze: Sie drückt sich geschickt aus, zeigt Interesse für andere Menschen, steckt voller Energie und Einfälle, setzt sich mit Autoritäten auseinander, geht Risiken ein, setzt sich für ethische Anliegen ein, ist wettbewerbsorientiert und genießt es, die Verantwortung zu tragen.

Jemand, der seine Führungsqualitäten verbessern möchte, fragt sich: »Wie kann ich meine Persönlichkeit stärken?« Oder: »Wie kann ich mehr aus meinen angeborenen Begabungen machen?« Und: »Wie kann ich andere von meinen Fähigkeiten überzeugen?« Vor allem: »Welchen Menschen soll ich mir zum Vorbild nehmen?« Oder: »Welche Rollenbilder bringen mich auf meinem Weg weiter?« Diese angehende Führungskraft will lernen und ist bereit, ihre kommunikativen Fähigkeiten durch folgende Methoden zu verbessern:

- Stellen Sie sich eine gut sortierten Bibliothek mit einschlägigen Standardwerken zusammen!

- Lesen Sie viel – auch Literatur, die nicht nur Ihrem eigenen Fachgebiet entstammt!
- Sammeln Sie Erfahrung im Halten von Reden: z.B. durch Vorträge vor kleinen, informellen Gruppen!
- Hören Sie aktiv zu!
- Setzen Sie sich mit den Grundlagen von Grammatik und Stilistik auseinander!
- Suchen Sie Unterstützung von außen (durch Mentoren oder Kurse)!
- Organisieren und leiten Sie freiwillig kleinere Sitzungen und Meetings
- Lassen Sie wichtige Entscheider wissen, dass Sie bereit sind, Führungsaufgaben zu übernehmen

Versuchen Sie mit Hilfe der Checkliste im Anhang Ihre Fähigkeiten einzuschätzen (S. 243). Wenn Ihnen die dort beschriebenen Fertigkeiten neu sind, sollten Sie sich als Anfänger betrachten.

Übung macht den Meister

Eine Person, die bestimmte Fähigkeiten verbessern will, ist jemand, der die Grundlagen bereits erlernt hat und diese nun ausbauen möchte. Der Übende lernt also, andere Menschen zu führen. Das geht bereits weit über das Stadium hinaus, in dem man viel versprechende Ansätze zeigt. Er oder sie ist vielleicht Teamleiter einer kleinen Gruppe, organisiert eine Selbsthilfegruppe in der Nachbarschaft oder ist gerade zu einem Job im mittleren Management aufgestiegen. Die eben berufene Professorin, der Leiter eines Ingenieurbüros, die Assistentin der Geschäftsleitung, der neue Abteilungsleiter – all diese Menschen müssen möglicherweise noch bestimmte Techniken gelungener Kommunikation erlernen.

Der Übende muss sich vor allem darauf einstellen, dass sich Erfolg, Misserfolg und Neustart abwechseln und dieses Auf und Ab das Los aller Führungskräfte ist. Wenn er oder sie die eigenen Führungsqualitäten verbessern möchte, steht in erster Linie die Kommunikation mit größeren Gruppen auf der Tagesordnung. Während Sie dieses Stadium durchlaufen, sollten Sie weiterhin jene

Fähigkeiten verbessern, die im Anfängerstadium wichtig waren, dazu aber noch an folgenden Punkten arbeiten:

- Steigern Sie die eigene Effizienz, indem Sie das Internet für die Suche nach relevanten Informationen nutzen!
- Gewöhnen Sie sich einen klaren Schreibstil an, den nicht nur Fachleute, sondern auch das breitere Publikum versteht!
- Schulen Sie die eigenen rhetorischen Fähigkeiten!
- Eignen Sie sich die Grundsätze der rhetorischen Überzeugungskunst an!
- Melden Sie sich freiwillig für schwierige Präsentationen!
- Sprechen Sie vor größeren Gruppen!
- Seien Sie immer Sie selbst – nur so werden Sie von anderen wirklich respektiert!
- Sehen Sie sich nach Mentoren um und arbeiten Sie mit ihnen!
- Leben Sie Ihre eigenen Ideale!
- Gehen Sie Risiken ein – wer wagt, gewinnt!
- Folgen Sie Ralph Waldo Emersons Grundsatz: »Tue immer genau das, wovor du am meisten Angst hast!«

Übertragen auf die Checkliste im Anhang bedeutet dies: Sie sind in das Stadium des Übenden eingetreten, wenn Sie diese Fertigkeiten in ihren Grundzügen beherrschen, aber noch kein Profi sind.

Was einen Profi auszeichnet

Ein Profi ist eine erfahrene Führungspersönlichkeit. Er kennt den Erfolg aus eigener Erfahrung: Gleichgestellte und Mitarbeiter haben ihn oder sie als Autorität akzeptiert. In diesem Stadium ist man Präsident, Direktorin, Vorsitzender oder Leiterin. Ein Profi kennt sich selbst, er weiß um seine Stärken und Schwächen. Trotzdem gibt es auch hier Qualitäten, die noch erarbeitet werden müssen: Ein Profi muss sich Zeit nehmen, sein Verhalten zu reflektieren. Er oder sie muss lernen, das große Ganze im Blick zu behalten. Dementsprechend wandelt sich die Bühne für die erfahrene Führungspersönlichkeit: Reden richten sich nicht mehr nur an kleinere, bekannte Gruppen, sondern an eine große, möglicherweise internationale Zuhörerschaft. An den Sitzungen nimmt nicht länger nur das eigene Team teil, sondern auch Führungspersönlichkeiten anderer Bereiche. Manchmal finden Meetings nun gar unter den Augen der Öffentlichkeit statt. Auch die Fähigkeit, andere zu überzeugen, ist nicht mehr länger nur im kleinen Rahmen notwendig. Nun müssen Sie lernen, Visionen zu entwerfen, anderen Mut zu machen, Erfolge zu belohnen und jüngere Führungskräfte auszubilden. Lesen Sie nun nicht mehr nur Fachzeitschriften, sondern Bücher und Artikel über allgemeine weltpolitischeThemen und Ratgeber für die Businesswelt. Sie müssen nicht mehr bloße Zusammenfassungen Ihrer Arbeitsergebnisse liefern oder möglicherweise Angebote erstellen, sondern mit der Kraft Ihrer Worte ein breites Publikum erreichen. Möglicherweise müssen Sie dem Fernsehen und der Presse Interviews geben. Jetzt sind Sie zur »Stimme« Ihrer Gruppe, Ihres Unternehmens geworden. Sie haben die entscheidenden Qualitäten erworben: Sie wissen, was Sie tun müssen, um ein Meeting zum Erfolg zu führen, andere Menschen anzuleiten, Kunden zufrieden zu stellen, immer größere Organisationen zu leiten und erfolgreich mit Alltagsstress umzugehen. Warren Bennis schreibt, Führungspersönlichkeiten erkenne man daran, dass sie dem Traum aller eine Stimme verleihen. Gardner nennt folgende Charakteristika einer erfahrenen Führungskraft: Charisma, Flexibilität und die Fähigkeit, die Vision, der man folgt, den sich wandelnden Umständen anzupassen, ohne dabei die eigene Integrität zu verlieren. Ein echter Profi stellt sich dem Risiko des Scheiterns. Rückschläge haben ihn stark gemacht, ihm neue Kraft und Energie geschenkt, sodass er mit frischem Elan an neue Projekte geht. Er weiß, dass in jeder Niederlage auch eine Chance steckt. – Kurz gesagt: Eine Führungspersönlichkeit, die professionell an ihre täglichen Aufgaben herangeht, weiß, was sie will und kann und setzt ihre Fähigkeiten erfolgreich ein.

Know-how weitergeben: Wie man Mentor wird

Ihre Karriere endet jedoch nicht damit, dass Sie ein Profi in Ihrem Fachgebiet und in Kommunikation sind. Alle herausragenden Führungespersönlichkeiten haben ihr Wissen auch weitergegeben und wurden zu Mentoren. Wissen Sie, woher dieser Begriff stammt? Aus Homers *Odyssee*. Dort trifft Odysseus' Sohn Telemach auf einen weisen älteren Mann, der ihm mit seinem Rat zur Seite steht, während sein Vater auf See ist. In Wirklichkeit aber war dieser Mann Athene, die Göttin der Weisheit. In einem Mentor mischen sich also weibliche und männliche Gaben.

Meine Vorstellung von einem Mentor ist ein Mensch, der nicht mehr nur mit seiner eigenen Karriere und seinem eigenen beruflichen Weiterkommen beschäftigt ist. Er hat die lokale Ebene hinter sich gelassen, um sich größeren Zusammenhängen zu widmen. Manchmal trägt dies dem Mentor eine nationale Führungsrolle ein, nicht selten sogar außerhalb seines ursprünglichen Fachgebiets. Ich habe die Mentor-Ebene in die Checkliste im Anhang aufgenommen, weil ich einige dieser außergewöhnlichen Menschen kennen lernen und mit ihnen arbeiten durfte: die Dekanin einer medizinischen Fakultät, die heute durch die ganze Welt reist, um Regierungen von ihrem Projekt zur HIV-Prävention zu überzeugen; die 95-jährige Psychotherapeutin, die mir bis heute eine treue Mentorin ist; den erfolgreichen Staatsanwalt, der nun kostenlose Rechtsberatung für Bedürftige anbietet.

Auch im Stadium des Mentors geht es im Wesentlichen um Kommunikation: wie man andere für eine Vision begeistert. Wie man sie dazu bringt, den eng gesteckten Rahmen ihrer persönlichen Interessen hinter sich zu lassen. Wie man seinen bereits großen Einfluss noch ausbaut. Wie man die eigene Botschaft durch eine aussagekräftige Geschichte einem größeren Publikum verdeutlicht. Auch wenn Sie bereits auf dieser Ebene angekommen sind, gibt es noch Möglichkeiten, die eigenen kommunikativen Fähigkeiten zu verbessern.

Das Janus-Prinzip: Lernen Sie Widersprüche ertragen!

Blicken wir den nackten Tatsachen ruhig ins Auge: Wir können das Leben nicht verstehen – zu undurchsichtig ist das Weltgeschehen und zu komplex das Verhalten der Menschen. Es wäre ein wahrer Segen, wenn dieses Buch uns sieben oder zehn oder selbst einhundert Prinzipien oder Regeln vorstellen würde, die uns erlaubten, jede Kommunikation in unserem Sinne zu führen. Leider funktioniert das nicht. Jede der im Buch vorgestellten Techniken hat ihre Wirksamkeit in vielen tausend Fällen unter Beweis gestellt, und doch sind durchaus Situationen denkbar, in denen sie sich als absoluter Flop entpuppen könnte. Aus diesem Grund sagen Psychologen immer, in der Psychologie gebe es keine Wahrheit. Auch in diesem Buch finden Sie keine absolut gültigen Wahrheiten. Nehmen Sie also alles, was Sie hier finden, *cum grano salis,* mit einem Körnchen Salz und einer ordentlichen Portion gesundem Menschenverstand. Fragen Sie sich selbst, ob die hier vorgestellten Ideen zu Ihrer Persönlichkeit, Ihrem Stil, Ihren besonderen Lebensumständen und Ihrem Publikum passen.

Damit Sie das Buch nicht zu sehr als Kochbuch mit streng zu befolgenden Rezepten betrachten, sollten Sie sich vor Augen halten, dass die Welt wie der römische Gott Janus ist, der zwei in gegensätzliche Richtungen blickende Gesichter hatte. Janus herrschte als Gott über Krieg und Frieden, Eingang und Ausgang, Anfang und Ende, Vergangenheit und Zukunft. Er steht wie kein anderer für die Paradoxien der Sprache: Die von mir vorgeschlagenen Lösungen und Tipps können für eine bestimmte Situation genau das Richtige sein. Mitunter aber funktioniert auch genau das Gegenteil. Jeder von uns trägt die Gestalt des machtvollen Führers und die des zaudernden Gefolgsmannes in sich. Jede Situation kann entweder ein demokratisches Führungsmodell verlangen oder ein autoritäres. Einige Probleme werden besser von einem Team gelöst, andere von einem einzigen Entscheidungsträger.

Der Physiker Niels Bohr meinte einmal, dass das Gegenteil einer richtigen Aussage nur eine falsche sein könne. Das Gegenteil eines klaren Ja allerdings könne durchaus ein ebenso klares Ja sein. Aus diesem Grund zeigen Untersuchungen zu Persönlichkeitsstrukturen mitunter so paradoxe Ergebnisse: Niemand ist nur Führungskraft oder nur Vertreter der zweiten Reihe. Jeder von uns kann unter bestimmten Umständen führen, unter anderen ins Glied zurücktreten. In der Tat beschreibt Ann Donnellon in ihrem Buch *Team Talk*[3] die Kommunikationssituation in einem Team als paradoxe Struktur. Sie spricht von den »vier allgemeinen Paradoxa des Gruppenlebens: das Paradox der Individualität, das Paradox der Identität, das Paradox der wechselseitigen Abhängigkeit und das Paradox des Vertrauens«.

Paul Schulman, der die Kathryn-Hannon-Professur am Mills College innehat, erforscht das, was er den »Tauschhandel zwischen Doppeldeutigkeit und Eindeutigkeit in der Welt der Organisation«[4] nennt. Er schreibt: »Ein wachsender Anteil der Arbeit innerhalb von großen Organisationen folgt bestimmten, formalisierten Modellen, Strukturen, Regeln und Abläufen [...], die sich in der scheinbaren Präzision einer Kunstsprache ausdrücken [...], die im Kontrast zur natürlichen Sprache mit ihrem historisch gewachsenen Sprachgebrauch und ihren unvermeidlichen Doppeldeutigkeiten steht. [...] Diese wachsende Ausbreitung der Formalität steht für den Sieg von Eindeutigkeit, Präzision und Vollständigkeit über die Werte von Flexibilität, Diskretion und Vertrauen. [...] Immer wieder wird die Bedeutung von Klarheit in der Kommunikation hervorgehoben. Doch was ist mit ihrem Kehrwert, mit der Fähigkeit, Dinge offen, ungenau und doppeldeutig zu halten?« Nun, Sie jedenfalls können lernen, das Paradoxe der Sprache zu kontrollieren, wenn Sie sich der Verbesserung Ihrer natürlichen sprachlichen Fähigkeiten widmen.

Was jetzt zu tun ist!

Führungspositionen bringen eine Unmenge von Entscheidungen mit sich, bei denen man Widersprüche aushalten muss. Vielleicht erkennen Sie einige von den Problemen, mit denen Sie sich auseinander setzen müssen, in der Liste unten wieder:

- **Vertrauen oder Kontrolle?**
- **Für sich selbst oder für das Unternehmen sprechen?**
- **Selbst entscheiden oder das Team bestimmen lassen?**
- **Bauch-Entscheidungen oder Kopf-Entscheidungen?**
- **Aus der Vergangenheit lernen oder in die Zukunft blicken?**
- **Kurzfristige oder langfristige Ziele?**
- **Profit oder Sonderleistungen für Arbeitnehmer?**
- **Fachliche Qualifikation oder Führungsqualitäten?**
- **Unabhängigkeit oder Zusammenarbeit?**
- **Individualität oder »Gruppendenken«?**

- **Einheit oder Vielfalt?**
- **Demokratie oder Autokratie?**
- **Geteilte oder alleinige Verantwortung?**

Kurz gesagt darf Ihr berechtigter Wunsch nach Vereinfachung nicht zu Engstirnigkeit führen. Gerade Sie als Führungspersönlichkeit sollten komplexe Strukturen schätzen lernen.

Finden Sie den passenden Führungsstil!

Der Begriff »Führungsstil« ist in Mode gekommen: Zeitschriftenartikel, Bücher und Tests bieten Ihnen die Möglichkeit, Ihren Führungsstil richtig einzuschätzen und ihn vielleicht gar zu verbessern. Ein Blick in die Geschichte der Führungstechniken enthüllt allerdings schnell, dass es nicht nur einen Führungsstil gibt, der zum Erfolg führt. Tatsächlich funktioniert das Modell »Mutter Teresa« genauso wie das von Attila, dem Hunnen. Gleichgültig für welchen Stil Sie sich entscheiden: Sie müssen lernen, wie Sie ihn mit sprachlichen Mitteln adäquat vermitteln und so mit ihm erfolgreich sind. Meine Aufzeichnungen erzählen von Führungskräften, die scheiterten, weil Mitarbeiter, Kunden oder die Öffentlichkeit ihren Stil nicht akzeptierten. Wenn es Ihr Stil ist, andere einfach zu überfahren, müssen Sie lernen, sich zu zügeln. Gehören Sie hingegen zu dem Typ, der sich erst mal gemütlich im Chefsessel zurücklehnt, sollten Sie vielleicht lernen, Ihren Zielen mit mehr Schwung Ausdruck zu verleihen.

Passen Sie Ihren Stil den wechselnden Umständen an. Einer meiner Klienten war LKW-Fahrer, der es am Ende zu einem recht großen eigenen Fuhrpark gebracht hatte. Schließlich lud man ihn ein, vor der Berufsgenossenschaft der Transportunternehmen zu sprechen. Ich konnte ihn leider nicht davon überzeugen, dass es bei seiner Rede nicht darum gehen sollte, wie er »allen in den Arsch getreten hatte«, um dort hinzukommen, wo er jetzt war, oder wie er einmal »tief in der Scheiße gesteckt« habe. Lassen Sie also stets ein Maximum an Höflichkeit walten. (Denken Sie daran: **Sie** sind das Vorbild!) Trotzdem sollten Sie sich selbst so weit als irgend möglich treu bleiben.

Die Schlüsselfragen der erfolgreichen Kommunikation

Allen Doppeldeutigkeiten und Paradoxa zum Trotz formuliert dieses Buch einige allgemein gültige Grundsätze. Diese Grundsätze lassen sich in Form von vier Schlüsselfragen formulieren, die Ihnen in jedem Fall helfen werden, die richtigen Worte zu finden.

Die erste Frage lautet: »Worum geht es **nicht**?« Ein merkwürdiger Grundsatz, nicht wahr? Denn warum sollte man sich klar machen, worüber man nicht sprechen oder schreiben will? Ganz einfach: Gewöhnlich steht das Thema eines Satzes an dessen Anfang. Das Thema ist der Teil des Satzes, auf den sich die Aussage bezieht. Es steht also für den Gegenstand, über den etwas ausgesagt wird. Dummerweise beginnen die meisten Menschen ihre Sätze, ob gesprochen oder geschrieben, mit dem Wörtchen »ich«. Solche Ich-Sätze suggerieren, dass Sie in erster Linie über sich selbst sprechen wollen, was aber nicht der Fall ist.

Wenn wir uns in der Folge durch eine Vielzahl sprachlicher Herausforderungen arbeiten, **werden Sie erkennen, welche Schwierigkeiten es mit sich bringt, wenn eine Führungskraft meint, die Entwicklung von Führungsqualitäten betreffe in erster Linie die eigene Person. Das Gegenteil ist der Fall: Es geht um Probleme, Ideen, Grundsätze, Strategien und um den oder die Zuhörer.**

Vielleicht fühlen Sie sich jetzt versucht zu widersprechen. In Ihrem Kopf spulen sich Sätze ab wie: »Das ist Unsinn! Natürlich geht es um mich! Ich bin schließlich der Boss!« Unter Umständen hat man Ihnen auch in dem ein oder anderen Rhetorikseminar beigebracht, Sie sollten »Verantwortung für Ihre Aussagen übernehmen«. Das stimmt auch. Nur stellen Ich-Sätze kein geeignetes Instrument für diesen Zweck dar. Unter Umständen sagt ja auch der kleine Mann in Ihrem Ohr mit leiser Stimme: »Aber der interessanteste Mensch in meinem Leben bin doch ich.« Auch das ist richtig. Jeder von uns ist die interessanteste Persönlichkeit in seinem Leben – vom eigenen Standpunkt aus betrachtet. In einem fort denken wir über uns nach. Ein Problem wird das erst, wenn wir zu glauben beginnen, wir seien auch der wichtigste Mensch im Leben anderer Leute. Zu diesem Thema gibt es einen guten Witz: »Reden wir doch nicht immer über mich. Sprechen wir doch mal über dich. Sag, was hältst du von mir?« Menschen, die nur über sich reden, langweilen früher oder später jeden Zuhörer. Auf diese Weise werden Sie nie zu loyalen Mitarbeitern kommen. Es gibt Menschen, die über sich selbst reden, um andere zu manipulieren (dazu kommen wir später noch), aber die meisten von uns sind nicht so berechnend. Wir finden es einfach nur toll, über uns selbst zu reden.

Nun bleibt die Frage: »**Worüber** rede ich denn dann?« Tatsächlich ist dies die zweite Schlüsselfrage. Wir können sie auch so formulieren: »Worüber wird in diesem Satz etwas ausgesagt?« Denn diese Frage erlaubt uns, das in den Vordergrund zu rücken, worüber wir tatsächlich reden wollen: das Thema. Sie werden sehen, dass uns dieses Prinzip immer wieder begegnet.

Die dritte entscheidende Frage lautet: »Was genau wird in diesem Satz ausgesagt?« Denn da unser Satz ein Subjekt hat, braucht er auch ein Verb. Auf die Rolle des Verbs im Satz werden wir noch genauer eingehen. Zahlreiche Beispiele werden Ihnen zeigen, worauf es bei der Auswahl des Verbs ankommt. Im Moment nur so viel: Entscheiden Sie sich immer für Verben, die eine klare Handlung ausdrücken (wie: gehen, helfen, sprechen, überlegen, zustimmen), statt für Verben wie sein, haben oder Passiv-Konstruktionen.

Jetzt haben Sie also einen Satz vor sich, in dem es nicht um Sie geht, sondern der über einen wichtigen Punkt eine Aussage trifft und dies mit Hilfe eines Handlungsverbs tut. Jetzt müssen Sie Ihre Aussage nur noch abrunden.

Die vierte Frage nämlich lautet: »Wie passt der Satz in den Kontext?« Stellt er einen logischen Bruch dar oder gliedert er sich wohl geordnet ins Gefüge der anderen Sätze ein? Wer überzeugen will, muss die Beziehungen zwischen Ideen und Fakten deutlich machen. Wie Sie das machen, lernen Sie in den folgenden Kapiteln.

Das rechte Wort zur rechten Zeit

Auch wenn Ihnen die hier vorgestellten Prinzipien bzw. Fragen einleuchten, wird es für Sie nicht leicht sein, sie sofort in die Praxis umzusetzen. Doch dafür gibt es die praktischen Hinweise, die Sie unter der Rubrik *Was jetzt zu tun ist!* finden. Sie entstanden, als eine Freundin mich eines Tages anrief, weil sie meinen Rat brauchte. Sie hatte für den nächsten Tag eine schwierige Sitzung auf dem Terminplan und wusste nicht recht weiter. Also kam sie zu mir und sprach von ihren Ängsten. Wir arbeiteten gemeinsam an Argumentationsstrategien, mit denen sie Kritik begegnen konnte. Viele Klienten und Leser meiner früheren Bücher haben von den konkreten Vorschlägen profitiert, zumindest so lange, bis ihnen die Regeln so sehr in Fleisch und Blut übergegangen waren, dass sie sie problemlos anwenden konnten. Ich nehme an, dass die Beispiele in diesem Buch auch Ihnen gute Dienste leisen werden.

Verwenden Sie geeignete Vorlagen!

Anfänger auf dem Gebiet der Kommunikation kopieren. Profis klauen. Es reicht nicht, die vorgestellten Ausdrucksmittel zu verstehen. Sie brauchen Vorlagen, mit deren Hilfe Sie Schritt für Schritt lernen können, wie man Reden, Memos, Briefe und Schaubilder formuliert. Solche Vorlagen finden Sie über das ganze Buch verstreut. Nehmen Sie, was immer Ihnen nützt, und tauschen Sie den Inhalt einfach aus.

Suchen Sie sich Vorbilder!

Durch sein Vorbild erreicht man mehr als durch Aktennotizen.
Cyril Northcote Parkinson (1909–93),
Historiker und Publizist

Niemand lebt in einem Vakuum. Wie ein Künstler andere Künstler auf seinem Weg zum eigenen Ausdruck nachahmt, so braucht auch eine Führungskraft Vorbilder, denen sie folgen kann, während sie nach ihrem persönlichen Stil sucht. Einige interessante und großartige Vorbilder finden Sie in diesem Buch, doch sollten Sie auch in Filmen und Romanen, vielleicht sogar in Ihrer Nachbarschaft Ausschau halten. Erfolgreiche Führungspersönlichkeiten, die ich interviewt habe, berichten von wichtigen Lektionen, die sie von ihren Eltern, Verwandten, Freunden, Lehrern und Mitarbeitern gelernt haben. Suchen Sie sich also Führernaturen, die Sie bewundern, und beobachten Sie sie, um zu lernen. Dabei müssen Sie sich keineswegs auf allgemeine Charakterzüge beschränken. Beobachten Sie solch einen Menschen bei einer Sitzung. Schreiben Sie auf, welche Worte er gebraucht, mit welcher Stimme er spricht, wie er steht, sich bewegt oder Augenkontakt hält. Leihen Sie sich in Ihrer Stadtbibliothek Aufnahmen von guten Reden aus und versuchen Sie herauszufinden, was Sie davon für sich gebrauchen können. Lesen Sie Berichte, die Ihnen gut erscheinen, und schreiben Sie einzelne Sätze ab.

Was jetzt zu tun ist!

- **Bewerten Sie mit Hilfe der Checkliste im Anhang, wo Sie im Hinblick auf die einzelnen hier vorgestellten Fertigkeiten stehen. Bitten Sie auch Ihre Mitarbeiter und Vorgesetzten um eine entsprechende Einschätzung. Vergleichen Sie. Wenn Ihre Selbsteinschätzung denen der anderen entspricht, verfügen Sie über eine stimmige Selbstwahrnehmung. Nun entscheiden Sie, welche Führungsqualitäten Sie jetzt weiterentwickeln möchten und welche Sie sich später vornehmen wollen.**

2
So managen erfolgreiche Menschen sich selbst

Dies über alles: sei dir selber treu,
und daraus folgt, so wie die Nacht dem Tage,
Du kannst nicht falsch sein gegen irgendwen.
William Shakespeare[5]

Bevor Sie überlegen, wie Sie andere Menschen führen wollen, sollten Sie lernen, sich selbst zu führen. Mit Hilfe der Ratschläge in diesem Buch lernen Sie jeden Aspekt Ihres verbalen und nonverbalen Ausdrucks zu kontrollieren. Ob es nun darum geht, wie Sie Ihren Kopf halten und Ihren Körper bewegen oder wie Sie mit einem schwierigen Publikum umgehen, der Erfolg hängt letztlich davon ab, was Sie sagen und wie Sie es sagen. Bevor Sie sich also mit den eher technischen Fertigkeiten des Ausdrucks beschäftigen, sollten Sie sich mit sich selbst auseinander setzen – denn unsere Sprache ist immer auch Spiegel unserer Persönlichkeit.

Was Sie aus Risiken lernen können

Um es mit den etwas saloppen Worten des vormaligen amerikanischen Präsidenten Harry Truman zu sagen: »Hier liegt der Hund begraben.« Sie haben diese Führungsposition übernommen. Das ist an sich schon ein Risiko. Jedenfalls risikoreicher als der Job, den Sie bis dahin innehatten. Wenn Sie Risiken scheuen, wenn es Ihnen bei dem Gedanken an das Scheitern alleine schon kalt den Rücken runterläuft, dann sollten Sie den Beruf wechseln. Die Untersuchungen von Gardner und Bennis zum Thema »Führungspersönlichkeiten«[6] zeigen klar und deutlich, dass jede einzelne der interviewten Führungskräfte an einem bestimmten Punkt ihres Wegs ins Straucheln geriet. Gardner spricht sogar von einem ständigen Wechsel von Scheitern und Neubeginn.

Sind Sie hingegen bereit, sich der Angst vor dem Scheitern, ja dem Scheitern selbst zu stellen, dann sind Sie gut vorbereitet auf das, was Sie als Führungskraft erwartet. Eleanor Roosevelt meinte einmal: »Jedes Mal, wenn Sie innehalten, um der Angst ins Gesicht zu blicken, gewinnen Sie an Stärke, Mut und Vertrauen [...] Tun Sie einfach das, was Sie glauben, nicht tun zu können.«

Holen Sie Ihre Kritiker ins Boot!

Haben Sie festgestellt, dass Sie eine hervorragende Führungskraft sind? Prima! Jetzt müssen Sie nur noch überprüfen, ob Ihre Mitarbeiter ebenfalls dieser Meinung sind. Damit die Kritik ihrer Manager nicht einseitig ausfällt, befragen große Unternehmen sowohl Kunden als auch Mitarbeiter und ranggleiche Kollegen. Die Ergebnisse solch eines 360-Grad-Feedbacks können uns recht unsanft auf den Boden der Tatsachen zurückholen, wenn sie nicht mit unserer Selbsteinschätzung übereinstimmen. Legen Sie die Checkliste aus dem Anhang dieses Buches Ihren Mitarbeitern vor. Lassen Sie sie anonym bearbeiten und abgeben. Auf diese Weise erfahren Sie, wie man Sie einschätzt, ohne dass sich die Beteiligten bedroht fühlen. Die Abteilungsleiterin eines großen französischen Unternehmens unterzog sich diesem Test und stellte fest, dass viele ihrer Mitarbeiter sie in manchen Bereichen als überaus professionell einschätzten. Beim Delegieren von Aufgaben allerdings stufte man sie übereinstimmend als »Anfängerin« ein. Nun konnte sie dieses Problem gezielt angehen, ohne sich von irgendjemandem dazu gedrängt zu fühlen.

Holen Sie die Meinung anderer ein!

Nach dem Tod von Präsident Reagan schrieb Michail Gorbatschow über ihn: »Er hielt an seinen Überzeugungen fest, die man akzeptieren konnte oder auch nicht, doch war er nie dogmatisch, sondern stets auf Kooperation und Austausch bedacht.« Wenn der Präsident der USA die Meinung anderer einholen konnte, dann können Sie das doch auch!

»Glaubt, er weiß alles besser« – aus gutem Grund gehört diese Einschätzung nicht zu den positiven Führungsqualitäten. Ihre Aufgabe ist es, das Know-how und die Soft Skills Ihres Teams, Ihres Unternehmens zu bündeln und nach außen hin zu repräsentieren. Doch diese Fähigkeit muss man sich erwerben. *Erfolgreiche Menschen sagen, was sie wollen* wird Ihnen zeigen, wie Sie sich respektvoll mit der Meinung anderer auseinander setzen, ohne dabei den eigenen Standpunkt zu verleugnen oder die Meinung des Gegenübers per se abzulehnen.

Lernen Sie aus Fehlern!

Je mehr Erfahrungen Sie machen, umso mehr Selbstvertrauen werden Sie für Ihren beruflichen Weg gewinnen. Auch durch Fehler, die sich nicht vermeiden lassen, lernen Sie. Denn frei von Fehlern heißt auch: frei von Lernschritten, frei von Wachstumsmöglichkeiten. Natürlich werden Sie und Ihre Mitarbeiter Irrtümer begehen. Lernen Sie daraus! Und versuchen Sie erst gar nicht, das Selbstvertrauen von Menschen zu stärken. Selbstvertrauen erwirbt nur, wer offen für neue Erfahrungen ist und sich dem Risiko des Scheiterns aussetzt. Ein besonders lehrreicher Fehler unterlief Bill Clinton, als er Gouverneur von Arkansas war. Und dummerweise passierte das auch noch in aller Öffentlichkeit: Als Sprecher auf dem Kongress der Demokratischen Partei verfranzte er sich in einer langen, langweiligen Rede. Applaus erhielt er nur für seinen Schlusssatz: »Zusammenfassend lässt sich sagen ...« Nach diesem Debakel lernte er, wie man in der Öffentlichkeit spricht und wurde Präsident der Vereinigten Staaten. Auch George W. Bush unterliefen sprachliche Fehler. So bezeichnete er die Attentäter vom 11. September 2001 einmal als »Jungs«. Auch er lernte dazu.

Lernen Sie sich selbst kennen!

Daniel Goleman, der den Begriff der *emotionalen Intelligenz* geprägt hat, zählt die Eigenschaften auf, die eine erfolgreiche Führungskraft von anderen Menschen gleicher Intelligenz und Begabung unterscheidet.[7] Die zentralen Eigenschaften dabei sind: Selbst-Bewusstsein und Selbst-Management. Goleman meint, Menschen, die sich selbst gut kennen, seien weder überkritisch noch hegten sie unrealistische Hoffnungen. Sie seien vielmehr ehrlich zu sich und auch zu anderen. Menschen, die sich selbst gut einschätzen können, sind sich bewusst, wie ihre Gefühle sie selbst, andere Menschen und ihre Leistung im Berufsleben beeinflussen.

In den Seminaren zum Thema »Führungsqualitäten«, die unser Unternehmen anbietet, bitten wir die Teilnehmer immer, ihre Leistung und die der anderen einzuschätzen und sich selbst dieser Einschätzung durch andere zu unterziehen. Mehr oder weniger stereotyp fallen dann Äußerungen wie: »O Gott, wie furchtbar!« Oder: »Ich werde nie mehr den Mut aufbringen, irgendwo auch nur ein Wort zu sagen.« Und: »Ich weiß, ich bin ein schrecklicher Redner (Redenschreiber oder Vorgesetzter)!« Solch eine Selbst-Einschätzung hindert Sie nur an Wachstum und Entwicklung. Und sie zeigt, wie wenig dieser Mensch sich über seine Fähigkeiten im Klaren ist. Wenn Sie hingegen Ihre eigene Begabung wirklich kennen, Ihre Stärken und Schwächen genau einschätzen können und Ihre »heißen Eisen« tatsächlich in Angriff nehmen, sind Sie auf dem besten Weg auch im Berufsleben erfolgreich mit anderen Menschen zu kommunizieren. Erfolgreiche Menschen sagen, was sie wollen. Sie können aber nur dann wissen, was Sie wollen, wenn Sie sich selbst gut kennen.

Der Leitsatz: »Es geht hier nicht um mich!« ermöglicht Ihnen, nicht ständig über sich selbst zu sprechen. Das soll aber nicht bedeuten, dass Sie aufhören sollen, sich selbst kennen zu lernen oder dass Sie nie Ihre Gefühle oder Ideen zum Thema machen dürfen. Ganz im Gegenteil: Ich möchte Sie hiermit ausdrücklich ermutigen, eine sprachliche Form zu wählen, die als adäquates Ausdrucksmittel für Ihre Prinzipien und Leidenschaften dienen kann. Doch sollten Sie dies in kluger, ausgereifter Weise tun.

Mit welchen Methoden können Sie sich selbst besser kennen lernen? Versuchen Sie erst einmal, sich selbst mit den Augen eines Außenstehenden zu betrachten (oder bitten Sie einen anderen Menschen, Sie einzuschätzen und zu charakterisieren). Auch Bücher und Gesprächsgruppen können Ihnen helfen. Darüber hinaus gibt es viele Techniken zur Selbsterfahrung – Sie selbst müssen herausfinden, welche zu Ihnen passt: z.B. Yoga, verschiedene Formen der Meditation oder die Arbeit mit einem Psychologen oder Persönlichkeitstrainer. Nehmen Sie sich Zeit, die vielen Wege und Methoden kennen zu lernen.

Mehrere Neurologen, die ich für dieses Buch interviewt habe, haben mir bestätigt, dass Menschen, die augenscheinlich den Kontakt zu ihren Gefühlen und Fähigkeiten verloren haben, häufig unter Minderwertigkeitskomplexen oder dem Zwang, andere zu kontrollieren, leiden. Sie beurteilen Situationen immer wieder falsch, handeln vorschnell, wenn sie auf Herausforderungen reagieren müssen, und finden es äußert schwierig, andere Menschen richtig einzuschätzen.

Einem Manager in hoher Stellung fehlten entscheidende Führungsqualitäten. Unter Anleitung einer Therapeutin fand er heraus, dass er sich schämte, weil er das College nicht abgeschlossen hatte. Dieses Minderwertigkeitsgefühl versuchte er dadurch auszugleichen, dass er hochmütig auf andere herabsah und sich gerne »aufplusterte«. Als er seine Stärken und Schwächen richtig einzuschätzen lernte, schloss er Frieden mit sich selbst. Von diesem Moment an war er in der Lage, auch die Stärken und Schwächen seiner Mitarbeiter richtig wahrzunehmen. Als seine Ängste nicht mehr länger jede seiner Handlungen bestimmten, stieg nicht nur sein Selbstvertrauen, sondern auch das Vertrauen, das andere in ihn setzten.

Häufig beeinflussen ungelöste Konflikte aus der Vergangenheit unser Verhalten. Sie »sehen uns über die Schulter«, »sprechen durch unseren Mund« und bewirken, dass wir automatische Reaktionsmuster abspulen. Und wie stellt man fest, ob man selbst Opfer solcher Probleme ist? Zum Beispiel wenn Sie unangemessen auf bestimmte Situationen reagieren. Wenn Sie beim geringsten Anlass in die Luft gehen, also Ihr Temperament nicht unter Kontrolle haben. Wenn Sie bei anderen Menschen Ängste auslösen und andere einschüchtern. Wenn eine Situation in Ihnen mehr Angst auslöst als angemessen. Wenn Sie sich davor fürchten, in der Öffentlichkeit das Wort zu ergreifen. Wenn Sie mit Konflikten nicht umgehen können. Wenn Sie nicht in der Lage sind, Mitgefühl zu zeigen. In all diesen Fällen kann es sein, dass Sie Verhaltensmuster abspulen, die Sie in der Kindheit gelernt haben, die für einen Erwachsenen aber nicht mehr tragfähig sind. Also achten Sie darauf, was Sie tun und wie andere darauf reagieren.

Sinnvolles Selbst-Management kann nur dann funktionieren, wenn wir uns selbst kennen. Sie können Angst und feindselige Gefühle nicht einfach beiseite schieben, aber Sie können und müssen deren Auswirkungen kontrollieren. Ein Chef, der ständig Wutausbrüche bekommt, verbreitet vielleicht Angst und Schrecken, motivierte Mitarbeiter gewinnt er dadurch aber nicht. Was Selbst-Management leistet, wird vor allem klar, wenn wir Armeegenerälen bei Pressekonferenzen zuhören: Wer mitfühlend und nicht nur in militärischer Terminologie von schrecklichen Brutalitäten in Kriegen berichten muss, gewinnt unseren Respekt, und unsere Bereitschaft zuzuhören wächst.

Vor einigen Jahren erhielt ich einen Hilferuf von einer erfahrenen Managerin, die mir von ihren Depressionen berichtete. Ihre außergewöhnliche Brillanz im Beruf verhalf ihr zu Erfolg und Ansehen, obwohl sie zahlreiche Selbstmordversuche hinter sich hatte. Doch nun begann die dunkle Seite ihrer Persönlichkeit, sich immer mehr auch auf ihre Kundenbeziehungen auszuwirken. Ich erklärte ihr, dass ich keine Psychologin oder Neurologin sei und die Depression nicht behandeln, sondern ihr höchstens bei einer Verhaltensänderung helfen könne. Wir vereinbarten einen Termin. Sie kam in einem dunklen, nüchternen Kostüm. Ihr Haar war ganz kurz und streng geschnitten, und ihre Körperhaltung wirkte schlaff und energielos. Ihre ganze Ausstrahlung, ob in Worten oder Erscheinung, suggerierte Freudlosigkeit. Wir machten Videoaufnahmen. Als sie gelernt hatte, ihre Erscheinung kritisch einzuschätzen, beschloss sie, an ihrer Körpersprache zu arbeiten. Sie wollte lernen, sich und ihren Kunden gegenüber positivere Worte zu benutzen, und entschied, dass sie an ihren düstersten Tagen künftig helle, bunte Kleidung tragen würde. Zwei Wochen später rief sie mich an und berichtete von einem routinemäßigen Meeting, das sie zu leiten hatte. Dabei hatten mehrere Teilnehmer sie gefragt, ob sie eine Therapie begonnen habe. Hier hatte die Fähigkeit zum Selbst-Management die klinische Depression zwar nicht behoben, doch die Klientin zumindest in die Lage versetzt, sinnvoll damit umzugehen.

Zum Selbst-Management gehört auch, dass wir die Wahrheit über uns sagen, wenn dies angemessen und nötig ist. Das soll nicht heißen, dass Sie plötzlich mit Statements wie: »Das fühlt sich für mich gut an ...« oder »Das finde ich ganz schlecht ...« aufwarten sollen. Oder dass Sie in einem fort von sich selbst sprechen müssen. Es geht hier vielmehr um Offenheit in Bezug auf Ihre Sorgen und um Ehrlichkeit über Ihre Motive.

Die Psychologin Ellen Langer beschäftigt sich mit achtsamem Lernen, einem anderen Aspekt des Selbst-Managements. Langer beschreibt,[8] wie man achtsam an jede Aufgabe herangehen kann. Drei Schritte stehen ihrer Ansicht nach dabei im Vordergrund:

1. Eröffnen Sie sich neue Sichtweisen, erweitern Sie Ihren Horizont.
2. Seien Sie offen für neue Informationen.
3. Vergessen Sie nicht, dass immer mehr als ein Blickwinkel möglich ist.

Folgende Verhaltensweisen zeigen einen Mangel an Achtsamkeit und Aufmerksamkeit: Wenn Sie alte Sichtweisen nicht aufgeben wollen, ständig alte Verhaltensmuster wiederholen, die keinen Raum für Neuentwicklung lassen, und wenn Sie nur einen einzigen Blickwinkel zulassen.

Mittlerweile sollten Sie bereits gelernt haben, mehr als eine Meinung zu berücksichtigen, und vielleicht haben Sie auch begonnen, sich von überholten Vorstellungen über das, was Führungsqualitäten sein sollten, zu befreien. Langer zeigt in ihrem Buch, dass relativ kleine Veränderungen in der Art, Anweisungen zu erteilen – zum Beispiel statt der Befehlsform das Konditional zu benutzen –, erhebliche Auswirkungen auf die Art und Weise haben können, wie Menschen lernen und begreifen. In einer Studie wurden zwei verschiedenen Gruppen von Studenten verschiedene Gegenstände vorgestellt: einmal im Konditional (Dies könnte ein ... sein), ein andermal in der Aussageform (Dies ist ein ...). Die Gruppe, der man den Gegenstand im Konditional präsentiert hatte, lernte zwar ebenso schnell, wozu der Gegenstand gut war, erfand darüber hinaus jedoch noch kreative Möglichkeiten, wie man mit ihnen umgehen könnte. Was die andere Gruppe nicht tat. Kurz gesagt: Achtsames Lernen und Sprechen erlaubt Ihnen, Ihre Führungsqualitäten nuanciert auszudrücken.

Was jetzt zu tun ist!

■ Legen Sie ein Tagebuch an, in dem Sie festhalten, welche sprachlichen Strukturen in welchen Situationen den gewünschten Erfolg bringen bzw. wirkungslos waren. Auf diese Weise werden Sie bald feststellen, ob Ihnen irgendwelche alten Konflikte in aktuellen Kommunikationssituationen ein Bein stellen. Machen Sie eine Videoaufzeichnung von einer Sitzung, die Sie leiten. Sehen Sie sich das Band an und schätzen Sie sich selbst und die Reaktionen der Teilnehmer ein. Wie achtsam gehen Sie mit der Situation um? Wo funktioniert Ihr Selbst-Management, wo nicht?

Wenn Sie den Umgang mit sich selbst im Griff haben, erwerben Sie gleichzeitig die nötigen Fähigkeiten, um andere zu führen. Dazu gehört natürlich auch, effizient zu lernen und das Gelernte auf Ihren Führungsjob anzuwenden. Die wirksamste Art zu lernen ist eine Fähigkeit, die wir schon in der Grundschule erworben haben: Lesen.

3

So lesen erfolgreiche Menschen

Wenn der Mensch erst zum Menschen wird durch die Gabe des Sprechens, dann wird er zum zivilisierten Menschen durch die Gabe des Lesens.

Dan Lacy

Wenn der Input nichts taugt, ist auch der Output nichts wert. Dieses geflügelte Wort aus Wissenschaftlerkreisen trifft auch auf Führungsfragen zu. Natürlich sind Strategien wichtig, Taktiken noch wichtiger und der menschliche Faktor überlebenswichtig, doch am Ende steht und fällt der Grad Ihrer Führungsqualitäten mit Ihrer Fähigkeit zu lesen. Dieser Grundsatz galt bereits im Mittelalter, als Bücher noch ein seltenes Gut waren. Er galt im 20. Jahrhundert, als bereits Millionen Bücher verfügbar waren. Und er gilt heute, wo Bücher, Zeitschriften, Briefe, Tageszeitungen und Webseiten uns mit einer Flut von Informationen überschütten. Ihr Erfolg als Führungskraft spiegelt Ihre sprachlichen Fähigkeiten wider. Ihre sprachlichen Fähigkeiten aber stehen in direkter Beziehung zu Quantität und Qualität Ihres Lesestoffes. In diesem Kapitel beschäftigen wir uns mit der zentralen Rolle des Lesens bei der Entwicklung von Führungsqualitäten. Ich mache Sie mit den Grundprinzipien bekannt und zeige Ihnen, wie Sie Geschwindigkeit und Effizienz steigern können bzw. wie Sie am besten lesend durchs Internet surfen. Darüber hinaus finden Sie hier allerlei Vorschläge, wie Sie die tägliche Informationsflut auf Ihrem Weg zur fairen und effizienten Führungskraft bewältigen können.

Was aber bringt uns das Lesen? Nun, wenn Sie die Biografie einer herausragenden Persönlichkeit zur Hand nehmen, werden Sie feststellen, dass fast all diese Menschen bereits frühes Interesse am Lesen zeigten. Jean-Paul Sartre zum Beispiel berichtet von der leidenschaftlichen Sehnsucht, endlich lesen zu können. Sie war entstanden, weil man ihm seine Lieblingsgeschichten immer und immer wieder vorlas. Er schreibt: »Auf diese Weise wurde ich Zeuge der [...] ewigen Wiederholung von Namen und Ereignissen.« Alberto Manguel berichtet in der Einführung zu seiner Geschichte des Lesens,[9] wie er selbst lesen gelernt hatte. Ein Kollege und ich befragten Nobelpreisträger aus dem Bereich Naturwissenschaft, was sie in der Wahl ihres Berufsfeldes am meisten beeinflusst habe. Jeder Einzelne von ihnen nannte *Mikrobenjäger*, den Longseller von Paul de Kruif, der die Biografien zahlreicher berühmter Biologen und Chemiker vorstellt. Als die amerikanische Physikerin Rosalind Yalow den Nobelpreis verliehen bekam, meinte sie, es sei die Biografie von Marie Curie gewesen, die sie zu ihrer Berufswahl inspiriert habe. Abraham Lincoln war bekannt für seine intensive Lektüre der Bibel, die auch seinen sprachlichen Gestus prägte. Dasselbe gilt für Martin Luther King.

Sklavenhalter und Tyrannen wussten immer schon, dass Lesen der Pfad zur Macht war. Das war auch der Grund, warum es vor dem Bürgerkrieg in den USA als Verbrechen galt, Sklaven das Lesen beizubringen. Als Malcolm X ins Gefängnis kam, war er Analphabet. Erst in der Strafanstalt lernte er lesen. Diese Erfahrung beschrieb er in seiner Autobiografie: »... als ich langsam mehr und mehr Wörter beherrschte, nahm ich zum ersten Mal in meinem Leben ein Buch zur Hand und verstand, was darin geschrieben stand. Jeder, der viel gelesen hat, versteht wahrscheinlich, welche Welt sich mir in diesem Augenblick auftat ... Ich war in meinem ganzen Leben noch niemals so frei gewesen.« Das Gefängnis lehrte ihn, dass Analphabetentum wie ein inneres Gefängnis war, dessen Mauern ihn für immer in Unfreiheit gehalten hätten. Erst das Lesen machte ihn frei, um endlich seine Führungsrolle einzunehmen. Wenn Sie zwar lesen können, es aber nicht tun, gehören Sie zu den Millionen *sekundärer Analphabeten*, die sich freiwillig in dieses Gefängnis begeben und damit ihren Weg zum Aufstieg blockieren. Doch Lesen führt Sie nicht nur in eine Welt wirksamer Sprachstrukturen und Ideen ein. Es befähigt Sie auch, schnell zu lernen. Von einigen wenigen Fertigkeiten abgesehen, die man am besten lernt, indem man einem Profi live oder im Fernsehen zusieht, ist Lesen der schnellste, billigste und einfachste Weg, etwas zu lernen. Und wenn Sie in der Vorstandsetage ankommen wollen, gibt es für Sie eine Menge zu lernen.

Ein kurzer Blick auf die Geschichte des Lesens zeigt, dass der Zugang zu Büchern längst nicht allen Menschen offen stand. Dieser Mangel führte dazu, dass jene, die zu lesen verstanden, eine kleine, verschworene Gemeinschaft bildeten: Einige wenige Menschen lasen die wenigen vorhandenen Bücher. Heute sind Bücher fast für jeden erschwinglich. Dazu kommt noch das digitale Informationswunder »Internet«, welches das Wissen der Welt in unsere Büros bringt. Und doch agieren wir im Cyberspace meist eher hilflos. Wir ähneln dem Verdurstenden, der endlich die Oase erreicht, nur um dort in den Fluten eines Sees zu ertrinken. Wir gehen unter angesichts des aktuellen Übermaßes an geschriebener und digitaler Information. Wir, die wir glaubten, lesen zu können, weil wir uns intensiv mit den Texten unseres Fachbereichs auseinander gesetzt haben, stehen plötzlich vor einem gewaltigen Lektüreberg, für den wir weniger Zeit haben denn je. Gleichzeitig stellt diese neue Informationsflut ganz andere Anforderungen an unsere Verständniskapazitäten und konfrontiert uns mit dem Anspruch, das Gelesene auch anwenden zu können.

Eine Befragung unter den bereits graduierten Studenten am Massachussetts Institute of Technology, einem weltbekannten Forschungsinstitut, deckte auf, dass diese klugen Köpfe, die Führungskräfte von morgen, hauptsächlich über Schwierigkeiten beim Umgang mit Texten klagten: Sie fanden, sie läsen entweder zu langsam oder zu schnell, nicht aufmerksam genug oder hätten Probleme beim Behalten des Gelesenen. Als Ziele formulierten sie: Bessere Zusammenfassungen, kritisches Lesen, besseres Behalten sowie eine effizientere Technik bei der Informationssuche im Internet. Ich persönlich kenne niemanden aus der Führungsetage, der sich nicht darüber beklagt, sein berufliches Lesepensum kaum zu schaffen – geschweige denn, Zeit für Bücher über Führungsqualitäten zu haben. Und doch ist der Mensch, was er liest.

Schnell- und Power-Lesen

Das Schnell- und Power-Lesen[10] löst die Probleme von Führungskräften, die Tag für Tag Unmengen von Information lesend bewältigen müssen. Wann hat Ihnen das letzte Mal jemand Tipps zum

Thema »Lesen« gegeben? In der dritten Klasse? In der sechsten? Oder haben Sie gar an der Universität einen Kurs über Lesetechniken belegt? Dabei verbringen wir mehr als die Hälfte unseres Berufslebens mit Lesen. Bei jeder anderen Aktivität, die mehr als fünf Prozent Ihrer Zeit in Anspruch nimmt, hätten Sie schon längst einen professionellen Trainer aufgesucht, doch beim Lesen begnügen Sie sich immer noch mit dem, was Sie in der Grundschule gelernt haben. Investieren Sie also ruhig ein paar Stunden für das Durcharbeiten dieses Kapitels: Es lohnt sich, denn Sie werden künftig effizienter und zielgerichteter lesen. Das gilt natürlich auch für Ihre Lektüre dieses Buches.

Grundprinzipien und -techniken des Power-Lesens

Lesen Sie mit dem Kopf

Lesen geschieht im Kopf, nicht in der Hand, nicht in den Augen, nicht auf dem Bildschirm. Die Augen dienen nur dazu, die Information ans Gehirn weiterzugeben. Die Hand blättert die Seiten um oder betätigt die Maustasten. Der Bildschirm ist nur ein weiteres Medium, mit dem Sie arbeiten werden wie mit einem gebundenen Buch. Wenn Sie daran Zweifel hegen, sehen Sie einem blinden Menschen zu, der Blindenschrift liest. Aus diesem Grund funktionieren die traditionellen Methoden des Schnell-Lesens meist nicht: Sie gehen davon aus, dass es genügt, Hand oder Auge zu trainieren.

Lesen Sie präzise und exakt

Exaktes Lesen ist eine zentrale Technik des Power-Lesens. Versuchen Sie nie, zu Beginn des Leseprozesses das Gelesene zu paraphrasieren (wie man Ihnen das in der Schule beigebracht hat). Ganz im Gegenteil: Bemühen Sie sich herauszufinden, was der Autor sagen will, und zwar **in den Worten des Autors**. Haben Sie zum Beispiel die Hauptthese eines Buches oder Artikels gefunden, dann schreiben Sie diese ab, markieren oder unterstreichen sie. Das Ganze umzuformulieren ist in diesem Stadium viel zu aufwändig. Sie verlieren damit nur Zeit und intellektuelle Energie – beides Dinge, die Sie besser darauf verwenden, Ihre Führungsqualitäten zu verbessern.

Erlernen Sie Schnellfiltertechniken

Nutzen Sie die Konventionen des Schreibens, um effizienter zu lesen. Denken Sie daran, wie Sie heute Morgen zur Arbeit gefahren sind: Sie sind auf der rechten Seite gefahren, sind bei Rot an der Ampel stehen geblieben, haben geblinkt, wenn Sie abbiegen wollten. Diese Konventionen versetzen uns in die Lage, im Straßenverkehr zu überleben. Im Zentrum jeder Form von Kommunikation stehen solche Konventionen: Wer dies verstanden hat, hat den ersten Schritt hin zu effektiver Kommunikation getan. Sie werden in diesem Buch immer wieder auf den Begriff **Struktur** stoßen. Lesen, Schreiben, Sprechen, das Erreichen von Planvorgaben – all diese Tätigkeiten beruhen auf Strukturen. Titel, Vorwort, Einführung, These, Absatz, Stichwortverzeichnis, Inhaltsangabe sind Strukturen, die Sie in einem Text vorfinden. Diesen Strukturen nähert man sich am besten mit zwei Techniken: Durchsehen und Überfliegen.

Beim **Durchsehen** suchen Sie nach einem bestimmten Thema. Das Durchsehen ist die einzige wirklich visuelle Lesetechnik, zu der man den Kopf nicht sonderlich anstrengen muss. Daher geht es auch relativ schnell. Auf diese Weise reduzieren Sie die Informationsflut in Rekordzeit auf ein überschaubares Maß. Diese Technik bewahrt Sie vor einem Übermaß an Information. Wann immer Ihnen jemand erzählt, er lese Tag für Tag die *Financial Times* oder das *Handelsblatt,* können Sie Ihren Kopf darauf verwetten, dass er oder sie die Schlagzeilen durchsieht und nur die interessanten Artikel auswählt. Wie bei allen Führungstechniken, die hier vorgestellt werden, müssen Sie dies keineswegs allein machen, sondern können Ihr Team einbinden. Dann kann einer für den anderen ausfiltern.

Da das Durchsehen wenig intellektuelle Anstrengung erfordert, kann es auch der Computer für Sie erledigen. Sie und Ihr Team sollten lernen, wie man sich möglichst effektiv einer Suchmaschine bedient bzw. die Wortsuch-Funktion im Internet-Browser sinnvoll einsetzt. Wenn Sie die Technik des Durchsehens perfektioniert haben, wird digital die Spreu vom Weizen getrennt, wenn Sie sich im weltweiten Netz auf die Suche nach Informationen machen.

Auch das **Überfliegen** gehört zu den Schnellfiltertechniken und kann Ihnen sehr nützlich sein. Beim Überfliegen nutzen Sie die Strukturen des Textes, um schnell die wesentlichen Informationen zu erfassen, ohne in die Tiefe zu gehen. Zuerst einmal werfen Sie einen kritischen Blick auf die Textstrukturen, die Ihnen wichtige Hinweise liefern: Autor, Titel, Erscheinungsjahr, Verlag, Inhalts- und Stichwortverzeichnis, Quellenangaben, Anhänge. Überfliegen Sie zunächst alles, was sich am Textanfang findet: Vorwort, Einführung, Inhaltsverzeichnis, Erscheinungsjahr. Dann gehen Sie weiter zum Textende: Stichwortverzeichnis, Anhang, Anmerkungen. Dann überfliegen Sie den Text Seite für Seite. Der visuelle Eindruck, der dabei entsteht, hilft Ihnen zu entscheiden, ob Sie für das Buch nicht doch mehr Zeit aufwenden wollen. Die meisten Bücher lassen sich auf diese Weise in zwei bis drei Minuten durchsehen. 100 000 Worte pro Minute lassen sich schaffen. Wenn Ihr Team weiß, worauf es Ihnen ankommt, können andere diese Aufgabe für Sie übernehmen, damit Sie wichtige Veröffentlichungen nicht verpassen. Denken Sie immer daran: Sie müssen nicht alles alleine schaffen.

Wie steht es um Ihre digitalen Überfliege-Techniken? Scrollen Sie sich zunächst einmal durch den Text um herauszufinden, wie er aufgebaut ist. Gibt es am Ende des Textes Quellenangaben, Anhänge, Glossare oder Stichwortverzeichnisse? Da es mittlerweile unzählige Webseiten gibt, die einen völlig unterschiedlichen Aufbau aufweisen, ist die Technik des Überfliegens hier meist wenig sinnvoll. Doch meiner Einschätzung nach werden auch Internet-Auftritte mit der Zeit immer mehr an Struktur gewinnen und allgemeinen Text-Konventionen folgen. Dies sollte das Überfliegen von Webseiten deutlich vereinfachen. Wenn Sie sich beim nächsten Mal im Internet auf Datensuche begeben, prüfen Sie, wie Sie am Bildschirm mit Informationen umgehen und wie Sie diesen Vorgang effizienter gestalten können.

Kathleen Barry Albertini ist eine höchst effiziente »Schatzsucherin« im Internet. Sie versuchte, die Techniken des Power-Lesens bei ihren Recherche-Feldzügen anzuwenden. Über ihre Erfahrungen beim Durchsehen und Überfliegen schreibt sie: »Wenn ich lange Zeitschriften-Artikel lese, nutze ich ganz automatisch die Techniken des Power-Lesens. Die Suchmaschine hebt ja bereits die Worte hervor, nach denen ich gesucht habe. Darüber hinaus versuche ich in der Überfliege-Phase noch folgende Strukturen zu erfassen: Titel, Untertitel, Inhaltsangaben und so weiter.« Natürlich hat diese Art des Lesens auch einen Haken, wie Woody Allen etwas überspitzt formuliert hat: »Ich habe Schnell-Lesen gelernt. Ich fahre mit dem Finger über die Mitte der Seite und basta. *Krieg und Frieden* habe ich in zwanzig Minuten gelesen. Es geht darin um Russland.« Die Schnellfilter-Techniken des Durchsehens und Überfliegens zeigen, welche Inhalte in einem Buch oder auf einer Webseite behandelt werden. Das heißt noch nicht, dass man sie auch verstanden hat. Beim Power-Lesen jedoch kommt es auf das Verständnis der Texte an. Um dies zu erreichen, wenden wir uns der nächsten Phase zu: dem Anlesen.

Lernen Sie Anlesetechniken!

Mit der Anlesetechnik filtern Sie jene Informationen, die Ihnen nach dem Durchsehen und Überfliegen geblieben sind. Sie als Leser oder Leserin versuchen, die Struktur herauszufinden, die der Autor dem Text verliehen hat. Durch Anlesen können Sie schnell die zentralen Punkte eines Textes erfassen: die These und die einleitenden oder zusammenfassenden Sätze bzw. Absätze. Wenn Sie mit dem Anlesen fertig sind, haben Sie einen tieferen Einblick in den Text gewonnen, indem Sie **ausgesuchte Textteile gründlich gelesen haben**. Hier ist Ihr Textverständnis schon deutlich gestiegen, denn in der Hauptthese und dem wesentlichen Argumentationsstrang steckt der Schlüssel zum Verständnis des gesamten Textes. Wenn Sie über diese Informationen verfügen, können Sie entscheiden, ob der Text so wichtig ist, dass Sie ihn Wort für Wort gründlich studieren wollen.

Mit der Anlesetechnik kommen Sie auf einfache Weise zu zentralen Informationen, ohne diese allzu sehr zu vereinfachen. So entlocken Sie jedem Artikel oder Buch, jeder Webseite oder Zeitschrift, jeder Untersuchung, jedem E-Book oder was die Zukunft auch immer uns bringen mag jene Informationen, die zählen.

Die vier Schritte der Anlesetechnik

1. Welche Struktur hat der Text?
   Bei einem kurzen Text kostet die Erarbeitung der Struktur Sie höchstens einen schnellen Blick: Wie lang ist der Text? Ist die These im Titel oder Untertitel enthalten? Bei längeren Texten sollte Ihnen ein kurzes Überfliegen einen guten Überblick über Struktur, Aufbau, Relevanz und Aktualität des Themas verschafft haben. Wenn Sie eine Webseite öffnen, verschaffen Sie sich mit Hilfe der Sitemap (das ist die vollständige, verzeichnisartige Darstellung aller Einzeldokumente einer Webseite) oder der Startseite einen Überblick über ihren Aufbau.

2. Wie lautet die Hauptthese?
   In modernen Texten steht die Hauptthese gewöhnlich dort, wo sie am leichtesten zu finden ist: im Titel, im Untertitel, zu Beginn oder am Ende des Textes. Lesen Sie stets die einleitenden Absätze (oder Kapitel) und die Zusammenfassung am Schluss. In Büchern wird die These meist im Vorwort oder in der Einleitung dargelegt. Wenn Sie die Informationsstruktur der Texte kennen, mit denen Sie gewöhnlich zu tun haben, fällt es Ihnen leichter, die zentrale These zu finden. Artikel im Internet präsentieren die These gewöhnlich im Titel oder Untertitel. Wenn dies möglich ist, sollten Sie die These unterstreichen oder auf andere Art markieren: Sie ist der Schlüssel zum Text. Sie wollen doch nicht noch einmal danach suchen müssen?

3. Welche Themenbereiche werden angesprochen?
   Suchen Sie wirklich nur die wichtigsten Themen, nicht deren Ausarbeitung. Die Textstruktur, die hier in den Blick gerät, ist der Absatz. Gewöhnlich steckt das Thema im ersten Satz, der Rest umkleidet das so gewonnene Skelett nur mit Fleisch. Arbeiten Sie nur die **Themen** der Absätze heraus. In einem Buch stecken die gewünschten **Informationen** meist im ersten und letzten Absatz eines Kapitels. Lassen Sie fürs Erste die Details beiseite.

4. Entscheiden Sie nun, ob es sich lohnt, den Text gründlich zu lesen.

Nun wissen Sie schon eine ganze Menge über den Text: Sie kennen seine Struktur, seine Hauptthese und die behandelten Themenbereiche. Sie wissen, ob er gut oder schlecht geschrieben, gut oder schlecht aufgebaut ist und ob er Informationen enthält, die Sie beruflich verwerten können. Ist es wirklich nötig, ihn nun noch Wort für Wort zu lesen? Nein. Die meisten meiner Klienten finden auf diese Weise heraus, dass sie nur etwa zehn Prozent dessen, was auf ihrem Schreibtisch landet, wirklich lesen müssen. Die Entscheidung, auf eine gründliche Lektüre zu verzichten, erfordert Mut und Vertrauen in das eigene Urteil. Da ausführliches Lesen viel von Ihren ohnehin begrenzten Ressourcen fordert, sollten Sie es sich gründlich überlegen, ob Sie es wirklich tun wollen. Wenn ein Buch oder ein langer Artikel nicht wirklich verspricht, Ihr Leben von Grund auf zu verändern, lassen Sie es. Und lernen Sie, sinnvoll mit Ihrer Zeit umzugehen, indem Sie auch mal in Erwägung ziehen, die gründliche Lektüre auf später zu verschieben. Kluges Zeitmanagement ist ein entscheidender Faktor des Erfolgs im Beruf.

Wenn Sie wichtige Informationen am Bildschirm entdeckt haben, drucken Sie sie aus, bevor Sie sich an eine detaillierte Lektüre machen. Nach heutigem Stand der Technik ist das Lesen am Bildschirm einfach zu anstrengend. Die Buchstaben sind zu klein, die Auflösung der Bildschirme ist nicht gerade von Vorteil. Von Textzeilen, die mehrere Zentimeter über den Bildschirmrand hinausragen, oder Seiten, auf denen man endlos nach unten oder oben scrollen muss, gar nicht zu sprechen. Dies sollte sich jedoch bald ändern, sodass es in Zukunft auch möglich sein wird, am Bildschirm tiefer in einen Text einzusteigen und ihn sogar zu markieren. Die Literaturkritikerin Laura Miller meint dazu: »Wenn ich etwas Interessantes im Internet finde, speichere ich es auf meinem Rechner und drucke es später aus oder öffne es im Hintergrund, wenn ich an einem Artikel arbeite, bei dem dieser Text mir von Nutzen ist.« Genauso mache ich es auch: Ich lese den Text am Bildschirm an, ohne ihn zu markieren. Dann speichere ich ihn ab und drucke ihn aus, um ihn später ausführlich zu lesen. Wird der technologische Fortschritt diese Techniken je wirklich verändern, sodass wir Informationen auf andere Weise aufnehmen und speichern können? Möglich, doch ein Power-Leser ist auch auf diese Eventualität vorbereitet, denn gründliches Lesen passiert vor allem im Kopf, und ein Computer kann schlechterdings nicht alles ersetzen, schon gar nicht den Frühstückstisch, den Strand oder den gemütlichen Lehnsessel im Wohnzimmer.

Sobald Sie die Prinzipien und Schritte der Anlesetechnik verinnerlicht haben, sollten Sie sie an Ihre Bedürfnisse anpassen. Wenn Sie beispielsweise ein Team von Ingenieuren und Entwicklern leiten, können Sie alle Artikel, die mit den Spezialgebieten Ihres Teams zu tun haben, anlesen, um sie dann zur gründlichen Lektüre an die Person weiterzuleiten, deren Aufgabengebiet sie direkt betreffen. Auf diese Weise bleiben Sie immer auf dem Laufenden, ohne sich um die Einzelheiten kümmern zu müssen.

Um die Informationen, die Sie beim Anlesen eines Buches gewonnen haben, festzuhalten, schlage ich Ihnen vor, Karteikarten anzulegen. So können Sie immer wieder darauf zurückgreifen:

Autor: Daniel Goleman
Titel: Emotionale Führung
Wo erschienen? Ullstein Taschenbuch Verlag
Wann erschienen? März 2003
Seitenzahlen: 93 bis 102

These: „... die besten Führungskräfte der Welt haben eines gemeinsam: Sie verfügen alle über einen hohen Grad an emotionaler Intelligenz."

Themen (als Liste, auch in Schlagworten): Klärung der Frage, was emotionale Intelligenz ist: Feststellung persönlicher Fähigkeiten, die überdurchschnittliche Leistung erwarten lassen; erfahrene Manager um Namen herausragender Führungskräfte bitten; verblüffendes Ergebnis: Emotionale Intelligenz spielt gerade auf höchstem Niveau eine entscheidende Rolle; andere Untersuchungen bestätigten dieses Ergebnis; überzeugende Geschichte.
Selbst-Erkenntnis – Selbst-Management – Motivation – Empathie – Soziale Kompetenz. Alle diese Fähigkeiten kann man erlernen.

Anmerkungen und Kommentare: Interessantes Buch; Bücher über das Thema sind einen Blick wert; die meisten der herausgearbeiteten Eigenschaften sind mit kommunikativen Fähigkeiten verknüpft.

Sollte der Text gründlich gelesen werden? Ein absolutes Muss!

Markieren Sie alle Textteile, die später für Sie von Bedeutung sein könnten

Als ich dieses Buch schrieb, habe ich auf viele Zitate aus meiner Bibliothek zurückgegriffen. Viele davon stammen aus Büchern, die ich bereits vor Jahren gelesen habe: Bücher, die für meine Leser von Nutzen sein würden. Einige von ihnen habe ich mit dem Marker durchgearbeitet, andere nicht. Dank der Markierungen konnte ich schnell bestimmte Ideen oder Zitate wiederfinden. Die Markierungen halfen meinem Gedächtnis dort auf die Sprünge, wo ich etwas vergessen hatte. Bücher ohne Anstreichungen verbargen ihre Schätze vor mir, bis ich sie erneut gelesen hatte (dieses Mal mit Markierstift).

Text zu markieren fördert das Verständnis und unterstützt unser Gedächtnis. Natürlich müssen Sie sich nicht an alles erinnern, aber in einem markierten Text müssen Sie beim Wiederlesen nicht lange nach den wichtigen Punkten suchen. Wenn Sie kein fotografisches Gedächtnis haben, vergessen Sie (wie ich) vermutlich bald, was Sie wo gelesen haben. Daher ist es durchaus sinnvoll, die eigenen Markierungstechniken zu hinterfragen. Knicken Sie immer noch einzelne Seiten ein wie in der Grundschule? Diese altmodische und bücherschädigende Gewohnheiten sollten Sie schnell vergessen. Oder streichen Sie immer noch fast alles mit Markierstiften an wie im Gymnasium? Auch dies ist keine sehr effektive Technik. Sie verleitet dazu, ganze Absätze anzustreichen, sodass Sie im Endeffekt alles noch mal lesen müssen, wenn Sie das Buch erneut zur Hand nehmen. Intelligent zu lesen bedeutet auch, mit Köpfchen zu markieren! Nutzen Sie bunte Indexstreifen bzw. Haftnotizen und einen Stift. Mit dem Stift markieren Sie die Wörter oder Sätze, die Ihnen im Gedächtnis hängen bleiben, mit den Haftnotizen die Seiten.

Nachdem Sie sich an ein paar kurzen Texten versucht haben, wagen Sie sich ruhig an Sachbücher. Ich empfehle Howard Gardners *Die Zukunft der Vorbilder.* (Nähere Angaben dazu finden Sie im Literaturverzeichnis.) Sie werden in wenigen Minuten verstehen, worum es in diesem Buch geht, und haben sich so die Freiheit erarbeitet zu entscheiden, ob Sie noch tiefer in den Text einsteigen wollen.

Vertieftes Lesen als Führungsinstrument

Haben Sie sich erst einmal entschieden, einen Text genau Wort für Wort zu lesen – ob am Bildschirm oder auf Papier –, sollten Sie darauf achten, dass Ihnen auch nicht die feinste Nuance entgeht. Arbeiten Sie ruhig mit dem Wörterbuch. Schließlich wollen Sie jedes einzelne Wort begreifen. Gehen Sie das Buch mit Haftnotizen durch. Wenn Ihr Textverarbeitungsprogramm eine Markierfunktion hat, sollten Sie diese nutzen und alles »anstreichen«, was Sie behalten, benutzen oder kommentieren möchten. Heben Sie alles hervor, was Sie auch sonst markieren würden: wichtige Einzelheiten, brauchbare Daten, Anmerkungen zur Argumentationsstruktur und so weiter. Vielleicht haben Sie dafür ja bereits eine Art eigener Kurzschrift entwickelt. Doch wenn Sie mit dem Text tatsächlich arbeiten wollen, sollten Sie ihn nicht nur analysieren, sondern ihn auch einer kreativen Synthese unterziehen. Wie das funktioniert, erläutert der folgende Abschnitt.

Übertragen Sie das Gelesene in Ihre Arbeitswelt

Die Fähigkeit zur kreativen Synthese ist weit mehr als nur intelligentes Lesen: Tatsächlich ist sie für Ihren Erfolg als Führungskraft mitverantwortlich. Der Duden definiert den Begriff »Synthese« als »Vereinigung verschiedener [gegensätzlicher] Elemente zu einem neuen Ganzen«. Die aus dem Griechischen stammende Vorsilbe *syn* bedeutet wörtlich »zusammen«, während der Wortstamm auf *tithenai,* »platzieren«, zurückgeht. Wörtlich übersetzt hießt dies also: »Dinge zusammenfügen«. Der Unterschied zwischen einem Power-Leser und einem x-beliebigen kompetenten Leser besteht darin, dass der Power-Leser das, was er liest, in einen kreativen Zusammenhang mit seiner Arbeit bringt. Die kreative Synthese regt uns zum Denken an. Und Sie sparen außerdem noch Zeit. Sie werden so vom effizienten Leser zum kreativen Denker und zu einer Führungskraft mit innovativen Ideen. Denn sobald Sie dieses Buch weggelegt haben, stehen Sie vor der kreativen Aufgabe, die Prinzipien, die Sie in *Erfolgreiche Menschen sagen, was sie wollen* gelernt haben, in Ihren Führungsstil einzubauen.

Sie haben also das entsprechende Buch bereits angelesen und beschlossen, dass es einer tiefergehenden Lektüre wert ist. Sie kennen seine These, die angesprochenen Themenbereiche und wollen jetzt weiter einsteigen, um es in Ihrer Arbeit kreativ verwenden zu können. Nun fragen Sie sich: »Wie kann ich diese Informationen verwerten?« Die kreative Synthese trägt Sie weit über den Text hinaus. Oder wie die Schriftstellerin Helen Vendler schreibt: »Der Text macht den Leser zum Schriftsteller, da er mit jedem gelesenen Wort seine eigene Bedeutung erschafft.« Die kreative Synthese nimmt Sie mit in den Text und darüber hinaus – in Ihr eigenes Arbeitsleben, wo Sie aus dem, was Sie lesen, etwas Neues schaffen, um Ihr Unternehmen zum Erfolg zu führen.

Was jetzt zu tun ist!

- **Im Folgenden finden Sie zwei kurze Absätze über Führungsqualitäten. Übertragen Sie diese Informationen in Ihren jeweiligen Kontext und seien Sie kreativ. Kommentieren Sie den Text mit Randbemerkungen, so genannten *Marginalien*. Wenn Ihnen dies zur Gewohnheit geworden ist, wird es Ihnen leichter fallen, in den Randbemerkungen nicht nur den Text zu wiederholen, sondern auch eigene Ideen zu notieren.**

Aus einem Buch:

Die Merkmale erfolgreichen emotionalen Selbst-Managements sind leicht zu übersehen: die Fähigkeit zu Reflexion der eigenen Handlungen und Nachdenklichkeit; Offenheit für verschiedene Lösungswege und Wandel; und Integrität – die Fähigkeit, nicht zum Wendehals zu werden.

Wie Selbst-Erkenntnis, so hat auch das Selbst-Management nicht unbedingt das, was man »eine gute Presse« nennt. Menschen, die versuchen, ihre Emotionen in den Griff zu bekommen, gelten häufig als gefühlskalt. Ihre überlegten Antworten gelten als Mangel an Leidenschaft. Menschen mit aufbrausendem Temperament hingegen werden häu-

fig als »natürliche Führungskraft« bezeichnet: Ihre Ausbrüche missdeutet man als Zeichen von Charisma und Macht. Gelangen solche Menschen jedoch in die Schaltzentralen der Macht, arbeitet ihre Impulsivität gegen sie. Meine Untersuchung hat ergeben, dass das häufige Zurschaustellen negativer Emotionen niemals einem erfolgreichen Führungsstil zuträglich ist.[11]

Vielleicht haben Sie sich bei der Lektüre Fragen wie diese gestellt: Wenn es so schwierig ist, gelungenes emotionales Selbst-Management zu erkennen, wie kann es mir gelingen, es bei meinen Mitarbeitern zu honorieren? Besitze ich die genannten drei Charakterzüge? Macht die Kunst des Selbst-Managements einen gefühlskalten Menschen aus mir? Mein Kontrahent, hat solch ein aufbrausendes Temperament, und niemand scheint ihm deshalb böse zu sein. Was tue ich in solch einer Situation am besten?

Lesen Sie nicht passiv. Um aktives Lesen zu fördern, sollten Sie sich mit Texten auseinander setzen, die eine andere Meinung vertreten als Sie. Durch aktives Lesen können Sie außerdem Ihre Ausdrucksfähigkeit schärfen, denn auf diese Weise testen Sie Ihre Argumentationstechnik daheim im stillen Kämmerchen. Niemand ist bisher aufgrund scharfer Randbemerkungen gefeuert worden! Insofern wird aktives Lesen zum Training für die präzisen und treffenden Bemerkungen, die Sie später auf Ihrem Karriereweg weiterbringen, wenn diese Fähigkeiten Ihnen erst in Fleisch und Blut übergegangen sind.

Lesen ist wie Turnierfechten: Auf in den Kampf mit dem Autor!

Was jetzt zu tun ist!

■ **Lesen Sie den folgenden Ausschnitt. Statt ihn zusammenzufassen oder zustimmend Ihre Meinung zu äußern, debattieren Sie im Geiste mit dem Autor. Machen Sie Randbemerkungen, in denen sich das Prinzip Angriff und Verteidigung widerspiegelt,**

auch wenn Sie eigentlich derselben Meinung sind. Spielen Sie des Teufels Advokaten. Formulieren Sie Ihre Argumente in der Sprache des Erfolgs. Wenn Sie nicht einverstanden sind, sagen Sie ganz genau, weshalb. Wenn der Autor zweifelhafte Argumente anführt, formulieren Sie ganz genau, wo sein Denkfehler liegt.

Aus einem Zeitungsartikel:

1990 wurde die Rapgruppe 2LiveCrew wegen Obszönitäten in den Texten zu ihrem neuen Album As Nasty as They Wanna Be *(So rücksichtslos, wie sie wollen) gerichtlich belangt (und schließlich freigesprochen). Dies löste im ganzen Land heftige Diskussionen aus. Menschen, die ihre Musik nie gehört hatten, bezogen mit einem Mal unnachgiebig Stellung dafür oder dagegen. Die Auseinandersetzung verwandelte ein wenig erfolgreiches und in den meisten Kritiken als mittelmäßig bezeichnetes Album in einen absoluten Renner. Außerdem tauchte plötzlich in allen möglichen sprachlichen Zusammenhängen der Titel des Albums auf. In der Ankündigung einer Fernseh-Talkshow hieß es nun: »Ist Höflichkeit wieder in? Oder sind Menschen [auf dem Gipfel ihres Erfolgs] doch so rücksichtslos, wie sie wollen?« Ein Zeitungsartikel über die Taktiken von Anwälten, die gerne zum Richter ernannt werden möchten, titelte: »Können die Kandidaten für das Richteramt wirklich so rücksichtslos sein, wie sie wollen?« Der Football-Spieler Michael Irvin wurde von einem Journalisten mit folgenden Worten beschrieben: »Gangsta-Klamotten, Goldkettchen und ein ›Ich bin so rücksichtslos, wie ich will‹-Grinsen auf dem Gesicht.« Ein Zeitschriften-Artikel über ein Viertel in Boston, in dem viele Collegestudenten leben, warnt: »Es gibt dort einige von diesen ›Ich bin so rücksichtslos, wie ich will‹-Buchläden und -Videotheken.« Schließlich fand die Phrase auch ins Internet Eingang. So berichtete die Presseagentur Asso-*

ciated Press von der Einführung des neuen Internet Explorers 4.0: »Microsofts neuer Browser lässt den Internet-Nutzer endlich so rücksichtslos sein, wie er will.«

Was macht es schon, mag der wohlwollende Leser denken, wenn ein Song oder der Titel eines Albums zu einem neuen sprachlichen Klischee wird? Nun, zunächst einmal führt uns das Klischee zum Ursprung des Problems zurück. Nicht, weil es darin um Rücksichtslosigkeit geht, sondern weil es darum geht, dass unsere Persönlichkeit, wie aggressiv sie auch sein mag, unsere eigene Sache ist ... Aus den Untiefen dieser doch recht unzivilisierten Zeit schlägt uns immer wieder eine Botschaft entgegen: Dass wir keine Verpflichtungen haben, wenn wir sie nicht selbst wählen. Nicht einmal unserer Familie gegenüber.[12]

Schleichen Sie sich ins Lager des Feindes: Lesen Sie, was Sie schrecklich finden!

Viele Menschen lesen ein Buch, weil sie ganz begeistert davon sind. Doch was, wenn Sie es einmal mit dem Gegenteil versuchen? Lesen Sie Bücher, deren Inhalte Ihrer Meinung nach völlig falsch sind, Schriftsteller, mit deren Ansichten Sie nicht einverstanden sind, Zeitungsartikel von Unternehmensberatern, die gerade dabei sind, Ihre Firma zu schließen. Wenn Sie das nächste Mal die Zeitung durchblättern, picken Sie eine Kolumne heraus, die Sie in allen Punkten als falsch empfinden. Und dann legen Sie sich ins Zeug und streiten mit dem Autor. Auf diese Weise schärfen Sie Ihre Fähigkeit zur Kritik und zum Power-Lesen gleichermaßen.

Noch mehr Tipps zum Thema »Lesen«!

- **Eröffnen Sie jedes Meeting mit einer gemeinsamen Lektüre. Vergessen Sie nicht, den Teilnehmern den Zeitungsartikel oder**

Fachaufsatz einen Tag vor dem geplanten Termin zukommen zu lassen.

- Bilden Sie sog. »Screening-Gruppen«: Ein Experte in dem betreffenden Aufgabengebiet liest, was anfällt, setzt Markierungen und lässt die Texte herumgehen. Auf diese Weise müssen nicht alle ständig von vorn anfangen.
- Lesen Sie gute Bücher bzw. Artikel über Führungsqualitäten.
- Wenn Sie einen Zeitungsartikel aufbewahren wollen, laden Sie ihn vom Online-Auftritt der Zeitschrift herunter. Oder schneiden Sie ihn einfach aus.
- Nur etwa zehn Prozent der Lektüre, die Ihnen täglich auf den Schreibtisch flattert, muss gründlich gelesen werden. Überschreiten Sie diesen Prozentsatz nicht.
- Laden Sie Ihr Team einmal im Monat zu einem Imbiss im Büro ein, bei dem man über ein aktuelles Buch oder einen kürzlich erschienenen Artikel diskutiert.

Was jetzt zu tun ist!

■ Machen Sie sich eine Liste der Publikationen, die regelmäßig in Ihrem Eingangskorb landen, und skizzieren Sie deren Informationsstruktur.

Was jetzt zu tun ist!

■ Bevor Sie sich ans gründliche Lesen eines Textes machen, üben Sie sich in der Anlesetechnik. Am besten versuchen Sie sich an Zeitschriften, Zeitungsartikeln oder Aufsätzen über das Thema »Führungsqualitäten«. Oder nehmen Sie sich eines der Bücher in den Quellenangaben vor. Wenn die Zeitschriften, die Sie lesen, sowohl als Print- als auch in einer Online-Ausgabe zur Verfügung stehen, suchen Sie sich zwei etwa gleich lange Texte aus und lesen Sie den einen auf Papier an, den anderen am Bildschirm. Vergleichen Sie das Ergebnis und die Zeit, die Sie dazu aufwenden mussten. Füllen Sie für beide Texte eine Karteikarte aus, legen Sie sie beiseite und holen Sie sie sechs Monate später wieder hervor, um zu prüfen, ob Sie von dem Online-Artikel mehr behalten haben als vom Print-Text. Wenn die Anlesetechnik Ihnen etwas bringt, übertragen Sie das Karteikarten-Format auf den Computer, damit Sie diese Informationen platzsparend speichern können.

Was jetzt zu tun ist!

- Üben Sie die vier grundlegenden Lesetechniken an einem Sachbuch oder einer Zeitungsreportage. Wenn Sie die Ebene des Mentors oder der Mentorin erreicht haben, geben Sie diese Fähigkeiten an Ihr Team weiter.

4 So hören erfolgreiche Menschen zu

Leider treten wir mit unseren Kontrahenten nur zu oft so in Dialog, indem wir mit dem Mund zuhören statt mit unseren Ohren.
Stephen Carter

Ist Lesen die erste der passiven sprachlichen Fähigkeiten, so ist Zuhören die zweite – wenn auch nur teilweise, denn beim Zuhören geht es ebenso um aktiven Ausdruck. Wenn Ihre Lesefähigkeit unterdurchschnittlich ist, wissen dies letztlich nur Sie selbst. Wenn Sie jedoch nicht zuhören können, bekommen Ihre Gesprächspartner dies nur zu bald mit. Wenn Angestellte ihrem Chef einen Sinnspruch aufs Kopfkissen sticken dürften, stünde da wohl: »Hören Sie doch bitte zu!« Diese Aussage hört man meist nur von seinen heranwachsenden Kindern, doch tatsächlich ist dies die am häufigsten geäußerte Klage, wenn Mitarbeiter über die Führungsqualitäten ihrer Vorgesetzten befragt werden. Zuhören zu können ist eine der wichtigsten Fähigkeiten, die ein Chef in den Augen seiner Angestellten haben sollte. Warum ist das so? Ein Kommunikationsexperte meint dazu: »Es ist eines der menschlichen Grundbedürfnisse zu verstehen und verstanden zu werden. Und der beste Weg, um Menschen zu verstehen, ist, ihnen zuzuhören.« Doch Sie müssen nicht verzweifeln, sollte Ihre Fähigkeit zum Zuhören nur schwach ausgeprägt sein. Zuhören kann man lernen, ohne dabei auch nur ein einziges Wort zu reden. Dieses Kapitel beginnt mit einer Reihe von Verhaltensweisen, die Sie nach Möglichkeit vermeiden sollten. Wenn das auf Sie zutrifft, ist das nichts, worauf Sie stolz sein könnten. Wir werden uns kurz mit dem Kommunikationsrahmen, der Körpersprache des Zuhörens und den zu erwartenden Schwierigkeiten auseinander setzen. Danach werde ich Sie in die sieben Hör-Schritte zur erfolgreichen Kommunikation einführen. Anwendungsbeispiele und konkrete Satzmuster helfen Ihnen, diese Technik zu einem lebendigen Teil Ihres Führungsstils zu machen.

Der Duden erläutert das Verb »zuhören« wie folgt: »Etwas akustisch Wahrnehmbarem hinhörend folgen, sich ihm aufmerksam zuwenden.« Dies wiederum signalisiert deutlich, worum es beim Zuhören geht: eine bewusste Anstrengung, um den anderen zu verstehen. Während Sie dieses Buch lesen, hören Sie viele Dinge: Draußen pfeifen die Vögel, im Zimmer brummt der Drucker, aus dem Radio tönt eine Mozart-Melodie. Und doch hören Sie diesen Geräuschen nicht **zu**: Sie filtern die Geräusche um Sie herum vielmehr aus. Zuhören ist ein bewusster Vorgang, für den man sich bewusst entscheiden muss. In den Biografien außergewöhnlicher Persönlichkeiten lesen wir immer wieder, dass diese ungewöhnlich gut zuhören konnten. Der Philosoph Isaiah Berlin berichtet, wie gut John F. Kennedy alles andere ausblenden und sich nur auf die vor ihm sitzende Person konzentrieren konnte. Das Zuhören ist eine so hoch geschätzte Gabe, dass der Jura-Professor Stephen Carter[13] den Begriff des *zivilen Zuhörens* geprägt hat. Dessen Definition lautet: »Anderen in dem Wissen zuhören, dass sie vielleicht Recht haben könnten und wir selbst Unrecht.« Für Führungspersönlichkeiten und solche, die es werden wollen, ist Zuhören eine ungeheuer wichtige Fähigkeit, die viel zu oft unterschätzt wird. Deshalb sollten Sie dieses Kapitel aufmerksam lesen.

Wie man nicht zuhören sollte!

■ **So hört man besser nicht zu! Überprüfen Sie, welche der folgenden Unarten Sie besitzen und geben Sie sich für jede einen Punkt:**

Fallen Sie anderen ins Wort, unterbrechen Sie andere häufig? ☐
Vervollständigen Sie die Sätze anderer? ☐
Wechseln Sie das Thema, um die eigene Erfahrung besser zur Geltung zu bringen? ☐
Checken Sie während der andere spricht, Termine am PC? ☐
Lesen Sie während der andere spricht, SMS? ☐
Lesen Sie während der andere spricht, E-Mails? ☐

Denken Sie während der andere spricht, schon an Ihre nächste Rede? ☐
Starren Sie während der andere spricht, die Decke oder den Fußboden an? ☐
Wühlen Sie während der andere spricht, in Ihrer Aktentasche? ☐
Tun Sie so, als hörten Sie zu, indem Sie wissend mit dem Kopf nicken? ☐
Hören Sie immer auf dieselbe Weise zu? ☐
Hören Sie bei Menschen, die arm oder erfolglos aussehen oder aus Ländern kommen, gegen die Sie aus irgendwelchen Gründen eine Abneigung haben, nicht genau hin? ☐
Legen Sie während der andere spricht, den Kopf auf den Tisch? ☐
Schauen Sie während der andere spricht, öfter auf die Uhr? ☐

Was uns am Zuhören hindert

1. Diskriminieren Sie niemanden!

Filter sind die Basis von Vorurteilen, die wir alle – ob wir es wahrhaben wollen oder nicht – gegenüber bestimmten Gruppen von Menschen haben. So nehmen wir z.B. Äußerungen nicht auf, weil wir ihren Sender negativ bewerten: Alter, Herkunftsland, Ethnie, äußere Erscheinung oder andere Dinge können uns dazu bringen, dass wir sagen: »Dieser Mensch ist es nicht wert, dass wir ihm unsere Aufmerksamkeit schenken.« Mir selbst ist das während eines meiner Seminare über aktives Zuhören passiert. Ein Teilnehmer betrat den Raum: schwarze, mit Nieten besetzte Lederhosen und ebensolche Weste, Tätowierungen auf den Armen und einen riesigen Schlüsselring am Hosenbund. Er sah einfach nicht so aus, wie ich es von meinen Kursteilnehmern gewöhnt war. Und so war ich drauf und dran, ihn »auszufiltern«. Bald stellte sich heraus, dass er ein wunderbarer Mensch war: intelligent, sensibel und einer von jenen Kursteilnehmern, die sich jeder Seminarleiter wünscht. Diese Erfahrung lehrte mich, Menschen zuzuhören, die normalerweise durch mein Raster fallen würden.

Viele Menschen diskriminieren wir aufgrund ihrer Aussprache. Eines Tages rief mich ein Mann an, der einen starken Südstaaten-Akzent hatte. Er stellte sich vor: »Mein Name ist Otto Normalverbraucher und ich rufe aus London an.« Sein Akzent war deutlich erkennbar. Und so schoss es mir durch den Kopf: »London in Georgia?« Glücklicherweise sagte ich nichts, denn tatsächlich rief er aus London in England an – aus seinem geräumigen Büro in der Vorstandsetage. Der Herr war in Georgia geboren, im Süden der USA, und brachte so hervorragende Leistungen, dass sein Arbeitgeber ihn beförderte, wann immer er expandierte. Nun war er Vizepräsident und leitete die Geschäfte des Unternehmens in Europa und im Nahen Osten.

Eine meiner Kursteilnehmerinnen wurde häufig Opfer solcher Filter. Sie leidet an einer neurologischen Störung, die ihre mündliche Ausdrucksfähigkeit beeinträchtigt, ihre sonstigen Fähigkeiten oder ihre Kompetenz jedoch nicht im Mindesten berührt. Sie berichtetete, dass die meisten Menschen wegen dieser Behinderung sofort abschalten, wenn sie spricht, weil sie sie für dumm halten.

Sind Sie in Ihrem Führungsstil gerecht oder lassen Sie sich von Vorurteilen leiten? Als Führungskraft treffen Sie auf Menschen, die sich von Ihnen in jeder nur erdenklichen Hinsicht unterscheiden können. Manche sind feindselig und aggressiv. Andere sprechen einen kaum verständlichen Jargon. Wieder andere beschweren sich ununterbrochen. Und doch ist es so, dass Menschen, die oft falsch liegen, deswegen nicht immer Unrecht haben. Solche, die kaum zu verstehen sind, mögen uns trotzdem Wertvolles mitzuteilen haben. Und die eine oder andere Klage mag ja durchaus berechtigt sein. Als Führungspersönlichkeit müssen Sie sich jenen Menschen öffnen, die Sie früher ausgefiltert hätten, manchmal gerade solchen Menschen.

In der Liste unten finden Sie einige Filter, die wir einschalten, wenn wir beschließen, nicht zuhören zu wollen. Versuchen Sie herauszufinden, wie Sie sich beim Zuhören blockieren. Halten Sie die Namen jener Menschen fest, die Sie wegen einer dieser Eigenschaften ausgefiltert haben. Fügen Sie andere Merkmale und Kategorien hinzu, die für Sie mit Vorurteilen belastet sind:

- Alter
- Geschlecht
- ethnische Zugehörigkeit
- Religionszugehörigkeit

- Kleidung
- Aussehen
- Stimme
- Akzent
- Ausdrucksweise
- Redegeschwindigkeit
- intuitive Abneigung

....

....

....

2. Lassen Sie sich nicht von Vorurteilen leiten!

Untersuchungen zeigen, dass viele sprachliche Missverständnisse auf den unterschiedlichen kognitiven oder kulturellen Hintergrund der Sprecher zurückgehen. Wenn der Sprachgebrauch zweier Sprecher sich massiv unterscheidet – im Vokabular, in der Art des Zuhörens und Sprechens, in den gerade aktuellen emotionalen Bedürfnissen –, schlägt die Kommunikation höchstwahrscheinlich fehl.

Ein beinahe katastrophales Missverständnis ergab sich, als ein US-amerikanisches Unternehmen von einem europäischen übernommen wurde. Der neue Vorstandsvorsitzende besuchte das Unternehmen und hatte ein scheinbar erfolgreiches Gespräch mit einer Gruppe von Frauen aus dem Management, bei dem er versicherte, dass die fachliche Autonomie jeder Einzelnen gewahrt bleiben würde. Er beendete dieses Treffen mit den Worten: »Okay, Mädels. Und jetzt zurück ans Telefon.«

Auch nach den Anschlägen vom 11. September 2001 ergab sich ein Missverständnis, das zu starken internationalen Verunsicherungen führte. George W. Bush sprach von einem »Kreuzzug« gegen den Terror. Nun, in Amerika ist der »Kreuzzug« eine Metapher: Man führt Kreuzzüge gegen die Armut, gegen verschiedene Krankheiten oder für die Freiheit. Im Nahen Osten jedoch war der Kreuzzug eine Realität. Die Menschen dort wurden von diesem Begriff an die Grausamkeiten des Mittelalters erinnert, die in die Geschichte eingingen und zum Sinnbild der Auseinandersetzung zwischen Christentum und Islam wurden. Dieses sprachliche Missverständnis beeinflusst die internationalen Beziehungen bis heute.

Weniger tragisch war es, als eine Engländerin während einer Präsentation in den Vereinigten Staaten etwas ausradieren wollte und nach einem *rubber* fragte. In den USA aber bezeichnet dieses Wort keinen Radiergummi, sondern jenes Gummiprodukt, das der Empfängnisverhütung dient.

3. Hören Sie genau zu!

Wie oft hat man Sie schon gebeten, ein Baguette zu kaufen und Sie sind mit irgendeinem Weißbrot nach Hause gekommen? Das liegt daran, dass wir meist nicht genau zuhören. Einen Teil der Botschaft nehmen wir auf, ein anderer geht verloren. Dies ist eines der häufigsten Hindernisse beim Zuhören.

4. Seien Sie aufmerksam!

Eines sollten Sie sich klar machen: Sie sind der Boss und Sie möchten, dass jeder Ihnen zuhört. Sie sehen nicht so recht ein, weshalb Sie anderen zuhören sollen. Sie arbeiten also am Computer weiter, während Ihr Marketingchef spricht. Während Sie zuhören sollten, planen Sie stattdessen Ihre nächsten Termine. Sie unterbrechen Ihre Gesprächspartner und kriegen eigentlich nie so ganz mit, was sie Ihnen sagen wollen. Erfahrene Manager erzählen mir, sie würden so viel schneller denken als ihre Mitarbeiter, sodass sie die Schlussfolgerung aus dem Vorgetragenen längst erfasst hätten, bevor der andere sie ausspreche. Und das bedeutet: Sie hören von diesem Moment an nicht mehr zu.

5. Seien Sie auch in der Art und Weise wie Sie zuhören flexibel!

Wer nur auf eine Weise zuhört und immer die gleiche Körpersprache benutzt, wird früher oder später in Schwierigkeiten kommen. Nehmen wir einmal das »mitfühlende Zuhören«. Wissenschaftliche Untersuchungen haben gezeigt, dass Frauen sich besser in ihr Gegenüber einfühlen können als Männer. Daher ist für die Frauen in meinen Seminaren das Zuhören auch kein Problem. Sie sind mit ihren Fähigkeiten auf diesem Gebiet meist zufrieden. Im Geschäftsleben aber führt »mitfühlendes Zuhören« nicht unbedingt zum Ziel. Es ist schön, wenn die Mama zu ihrem Dreijährigen sagt: »Oh, du Armer. Du hast dein 10-Cent-Stück verloren. Bist du sehr traurig?«. Aber stellen Sie sich nur einmal vor, wie es wirkt, wenn Sie als Frau zu Ihrem Boss sagen: »Oh, Sie haben in diesem Quartal zehn Millionen Verlust gemacht. Sind Sie sehr geknickt?«

Sogar die ansonsten in vielen Bereichen sehr nützliche Strategie des »präzisen Zuhörens«, bei der man die Worte des Sprechers exakt mitschreibt, kann sich als kontraproduktiv erweisen: Stellen Sie sich vor, jemand kommt weinend in Ihr Büro gestürzt und Sie würden erst einmal Block und Bleistift zücken. Zielgerichtetes Zuhören bedeutet, dass man die verschiedenen Techniken des Zuhörens der Situation entsprechend einsetzen kann.

Beachten Sie den Kommunikationsrahmen!

Kein Kommunikationsprozess findet im luftleeren Raum statt. Die benutzten Worte übermitteln stets nur einen Teil der Botschaft. Wie wir sprechen, wo wir dies tun, wie wir dabei aussehen und an wen wir das Wort richten – all diese Faktoren tragen zur Gesamtbedeutung bei. Zusammen mit anderen Elementen bilden sie den Kommunikationsrahmen. Sie können sich das ruhig wie den Rahmen eines Bildes vorstellen. Haben Sie je den Wahrnehmungstest gemacht, bei dem man Ihnen ein Quadrat innerhalb und außerhalb eines Rahmens zeigt? Je nachdem, wie der Rahmen beschaffen ist, sieht eines der genau gleich großen Quadrate größer bzw. kleiner aus. Dies zeigt, wie sehr der Rahmen die Wahrnehmung dessen, was er umschließt, beeinflussen kann. Wer also effektiv zuhören möchte, sollte sich nicht nur mit den geäußerten Worten befassen, sondern mit dem Kontext, in dem der Sprechvorgang steht. »Sie sehen gut aus!« – dieser einfache Satz kann in bestimmten Situationen eine Belästigung darstellen, in anderen ein Kompliment über eine gesunde Hautfarbe. In den Kapiteln zum Thema »Reden halten« und »Sitzungen meistern« werden wir uns noch stärker mit der Bedeutung des kommunikativen Rahmens auseinander setzen.

Nun, da Sie einen Überblick über die Grundbausteine gelungener bzw. misslungener Kommunikation haben, wollen wir uns mit der Frage beschäftigen, wie Sie Ihre Fähigkeit zuzuhören verbessern können.

Wie man zuhört

Paradoxerweise »hören« wir zuerst mit den Augen zu. Wir prüfen die Körpersprache unseres Gesprächspartners daraufhin, ob sie zu den Worten passt. Mehr als zwei Drittel der Botschaft in einem direkten Gespräch entstammen nonverbalen Signalen. Diese können die verbale Botschaft entweder unterstreichen oder widerlegen. Aus diesem Grund sind Telefonkonferenzen häufig so problematisch: Wir können dabei nicht auf nonverbale Signale zurückgreifen.

Obwohl die meisten Menschen angeben, Gesichter und Körpersprache gut einschätzen zu können, zeigen wissenschaftliche Untersuchungen, dass dies keineswegs der Fall ist. Einfühlungsvermögen, Führungsqualitäten oder Macht sind ohne die richtige Einschätzung von Körpersprache undenkbar. Wenn in Ihrem Unternehmen allerdings viele Menschen unterschiedlicher Kulturen arbeiten, wird die Dechiffrierung der nonverbalen Zeichen zur wahren Herausforderung. Jede Kultur hat ihre ganz besondere »Zeichensprache« entwickelt – daher ist es so schwierig, die Signale von Menschen mit einem anderen kulturellen Hintergrund als dem eigenen richtig zu deuten. In den USA zum Beispiel ist Körperkontakt im normalen Umgang miteinander tabu. Im Mittelmeerraum hingegen hat man auch im Alltag mehr Körperkontakt zueinander. So kann es vorkommen, dass man auf einer Party von einem Franzosen wegrückt, der dies als Beleidigung empfindet, und zu einem Deutschen nicht genug Abstand hält, was dieser ebenfalls als unangenehm empfindet. Verschiedene Kulturen »sprechen« also unterschiedliche Körpersprachen. Als Führungskraft müssen Sie diese Sprachen lernen, wenn Sie effektiv zuhören möchten.

Natürlich hat auch das Zuhören seine spezielle Körpersprache. Vielleicht sind Ihnen einige Gesten in Fleisch und Blut übergegangen, die klar erkennen lassen, dass Sie nicht zuhören. Auf Seite 71 finden Sie eine Liste mit dem Vokabular der Körpersprache des Zuhörens. Kreuzen Sie an, was Sie als Sprecher stören bzw. inspirieren würde und überprüfen Sie dann, ob Sie eine dieser Haltungen selbst verinnerlicht haben. Neigen Sie beim Zuhören eher zu anteilnehmender oder abwehrender Körpersprache?

Was jetzt zu tun ist!

■ Überprüfen Sie zunächst einmal anhand der Liste auf Seite 71, ob das beschriebene Verhalten Sie als Sprecher stören würde oder nicht. Dann versuchen Sie herauszufinden, welche dieser Haltungen Sie selbst einnehmen, wenn Sie zuhören. Wenn Sie sich in einem Punkt nicht sicher sind, bitten Sie andere Menschen um ihre Einschätzung oder lassen Sie sich bei einem Meeting auf Video aufnehmen.

Obwohl Körpersprache im Allgemeinen eher vieldeutig ist, hat man festgestellt, dass die Signale des Zuhörens recht klar erkannt werden. Dabei ist auffällig, dass Körperhaltungen, die Aufmerksamkeit signalisieren, gleichzeitig solche sind, die uns das Zuhören erleichtern. Eine Führungskraft, die sich dem Sprecher mit dem ganzen Körper zuwendet, ihm in die Augen sieht und nebenbei Notizen macht, wirkt nicht nur, als würde sie gut zuhören: Sie hört tatsächlich zu.

Die Körpersprache des Zuhörens

Gegen Ende des Kapitels finden Sie Formulierungen, die signalisieren, dass Sie zugehört haben. Doch während des Zuhörens selbst können Sie ja nicht reden. Gutes Zuhören findet in der Stille statt. Was also können Sie tun, um dem Redner zu zeigen, dass Sie aufmerksam zuhören?

Achten Sie auf Ihre Körpersprache!

1. Schauen Sie Ihrem Gegenüber in die Augen!

Zuhören wird einfacher, wenn Sie in die Augen des Sprechers blicken und seine Mimik und Gestik wahrnehmen können. Wählen Sie also einen Platz, der Ihnen genau das erlaubt.

2. Wenden Sie sich dem Sprechenden zu!

Sich dem anderen zuwenden, ist eine Power-Geste, die Sie unbedingt lernen sollten, wenn Sie Ihre Autorität als Führungskraft stärken möchten. Achten Sie darauf, dass Sie keine »Barriere« aufbauen, zum Beispiel durch verschränkte Arme. Durch Ihre Körpersprache sollten Sie Offenheit und Anteilnahme signalisieren: die Schultern halten Sie gerade und locker, die Augen suchen den Kontakt mit dem Redner, die Arme liegen offen auf der Lehne, die Handflächen öffnen sich ebenfalls. (Natürlich nur, wenn Sie keine Notizen machen.)

3. Zeigen Sie, dass Sie aufmerksam sind!

Es gibt Menschen, die besser zuhören können, wenn sie die Augen schließen und das Kinn auf die Brust sinkt. Normalerweise jedoch signalisiert diese Form der Körpersprache mangelndes Interesse, ja Feindseligkeit. Behalten Sie also den Kopf oben und sehen Sie Ihr Gegenüber an.

4. Nehmen Sie Augenkontakt auf!

Augenkontakt ist die Geheimwaffe jeder Kommunikationssituation. Wenn Sie häufig den Blick des anderen suchen (ohne ihn anzustarren!), schenken Sie Ihrem Gegenüber Aufmerksamkeit und können sich ganz auf den Sprecher konzentrieren. Wie Sie später noch sehen werden, spielt der Augenkontakt auch beim Halten von Reden eine entscheidende Rolle.

5. Signalisieren Sie Aufmerksamkeit!

Nicken Sie, lächeln Sie, schütteln Sie den Kopf. Gesten, die auf das Gesagte eingehen, zeigen, dass Sie zuhören, und zwingen Sie andererseits, genau aufzupassen.

6. Tragen Sie immer Ihr Notizbuch bei sich!

Zu Anfang einer Sitzung wissen Sie ja noch nicht, ob Sie Notizen machen müssen. Daher ist es besser, auf alle Eventualitäten vorbereitet zu sein und stets ein Notizbuch in der Nähe zu haben.

7. Machen Sie sich präzise Notizen!

Wenn die Fallbeispiele in diesem Buch lebendig wirken, dann liegt das daran, dass sie aus dem Leben gegriffen sind. Wenn ich auf Reisen bin, habe ich meine Notizbücher immer dabei. Wann immer ich etwas interessant oder spannend finde, schreibe ich es auf. Auf diese Weise erwerben Sie ein regelrechtes Schatzkästlein mit Beispielen aus dem wahren Leben. Wenn Sie wollten, könnten

Sie daraus ein Buch machen! Präzision beim Notieren fördert unsere Konzentration und unsere Gedächtnisleistung.

Wie Sie nun gesehen haben, können Sie auch Signale senden und Botschaften übermitteln, wenn Sie schweigen (sogar als Chef!). Nonverbale Signale unterstreichen Ihre Art des Zuhörens. Aber natürlich gibt es noch andere Techniken des Zuhörens, die Sie in Gesprächen und Meetings sinnvoll einsetzen können.

	Finde ich angenehm	**Finde ich störend**	**Trifft auf mich zu**
Kopf auf den Tisch legen	☐	☐	☐
Augen schließen	☐	☐	☐
Einnicken	☐	☐	☐
Stift in der Hand halten und scheinbar Notizen machen	☐	☐	☐
Flüstern bzw. anderen Zettelchen schreiben	☐	☐	☐
An die Wand oder Decke starren	☐	☐	☐
Augenkontakt mit dem Redner suchen	☐	☐	☐
Stift auf die Tischplatte knallen und demonstrativ die Arme verschränken	☐	☐	☐
Redner anstarren	☐	☐	☐
An anderen Dingen arbeiten	☐	☐	☐
Lächeln und zustimmend nicken oder Unentschiedenheit signalisieren	☐	☐	☐
Auf Papier kritzeln	☐	☐	☐
Mit der Zehenspitze auf den Fußboden klopfen	☐	☐	☐
Die Beine übereinander schlagen und mit der Fußspitze wippen	☐	☐	☐
Zusammengesunken dasitzen	☐	☐	☐
Mit hocherhobenem Kopf und offenen Handflächen dasitzen	☐	☐	☐
Kaugummi kauen	☐	☐	☐
Mit dem Handy hantieren oder telefonieren	☐	☐	☐
Im Raum herumgehen	☐	☐	☐
Während der Präsentation den Raum verlassen	☐	☐	☐
Auf die Uhr schauen	☐	☐	☐

Hören Sie aktiv zu!

Im letzten Kapitel haben Sie die Technik des genauen Lesens gelernt, bei der Sie das Gemeinte nicht in eigenen Worten, sondern in den Worten des Autors zusammenfassen. Ähnlich funktioniert das genaue Zuhören: Sie machen Notizen und verwenden dabei so weit als möglich die Worte des Sprechers. (Versuchen Sie nie, alles mitzuschreiben. Niemand kann so schnell schreiben wie sprechen.)

Diese einfache Technik bietet viele Vorteile für Führungskräfte: Sie vermeidet Filter, sorgt für Genauigkeit, verhindert Konflikte, entlastet das Gedächtnis, fördert die Konzentration, wirkt überzeugend, sorgt für eine verlässliche Aufzeichnung, auf die man jederzeit zurückgreifen kann, zum Beispiel, um Anweisungen zu klären. Doch gerade für Führungskräfte bringt das genaue Zuhören noch einen weiteren Vorteil: Sie macht anderen deutlich, dass Sie sich für das, was sie zu sagen haben, wirklich interessieren.

In unseren Seminaren für Führungskräfte machen wir immer ein kleines Experiment, das sich sicher auch in Ihrem Büro nachstellen lässt. Man versammelt mehrere Leute zu einem Meeting. Jeder Einzelne stellt sich kurz vor. Die Zuhörer werden angewiesen, der einen Hälfte der Redner aufmerksam zuzuhören und bei der anderen Hälfte die Technik des **genauen** Zuhörens anzuwenden (das heißt so viel wie möglich in den eigenen Worten des Sprechers festzuhalten). Dann legen alle ihre Notizen beiseite. Nach zwei Tagen kommen alle zusammen, um festzustellen, wie viel sie behalten haben. Dabei kommt es zu den erstaunlichsten Resultaten.

Diejenigen, die Notizen gemacht haben, erinnern sich nicht nur an die Inhalte, sondern auch an die Art, wie sie präsentiert wurden. Wer hingegen nur »aufmerksam« zuhörte, verallgemeinerte zu sehr, erinnerte sich nur an wenige oder falsche Einzelheiten und kaum an die genaue Wortwahl des Sprechers. Danach beschließt beinahe jeder Teilnehmer, sich künftig genaue Notizen zu machen.

Was jetzt zu tun ist!

- **Organisieren Sie ein Zuhör-Experiment wie das oben beschriebene. Die Teilnehmer können sich dabei selbst vorstellen, laut etwas vorlesen oder sich untereinander unterhalten. Die Aufgabenstellung lautet, das Gehörte zu behalten. Die Hälfte der Zeit hören Sie aufmerksam zu, die andere Hälfte der Zeit widmen Sie der Technik des genauen Zuhörens. Warten Sie ein paar Tage ab, bis Sie überprüfen, was Sie von beidem behalten haben. Stellen auch Sie fest, dass es sich lohnt, Notizen zu machen und dabei die genauen Worte des Sprechers aufzuschreiben?**

Wiederholen oder Paraphrasieren?

Wenn Sie während eines Gesprächs sichergehen wollen, dass Sie alles richtig verstanden haben, sollten Sie das Gesagte in Ihren eigenen Worten (Paraphrase) oder in denen Ihrer Gesprächspartner wiederholen. Eine Wiederholung klärt den Sachverhalt, zeigt Ihrem Gegenüber, dass Sie ihm Aufmerksamkeit schenken, und hat zudem den Vorteil, dass sich der Inhalt des Gehörten besser einprägt. Darüber hinaus drücken sich viele Sprecher klarer aus, wenn sie erst einmal ihre eigenen Worte aus anderem Mund vernommen haben. Wenn Sie die Botschaft nicht verballhornen wollen, sollten Sie zumindest die Schlüsselwörter, also die vom Sprecher benutzten Verben und Substantive, genau wiederholen. Zur Paraphrase greifen Sie am besten, wenn die Botschaft in einer Ihnen wenig vertrauten Sprache formuliert oder schwer verständlich ist. Auch bei beleidigenden Worten verbietet sich eine Wiederholung von selbst.

Hier stelle ich Ihnen einige Vorlagen für Satzanfänge vor, mit denen Sie Paraphrasen bzw. Wiederholungen einleiten können.

Wie Sie Wiederholungen und Paraphrasen einleiten

Wiederholung:
Lassen Sie mich wiederholen, was Sie soeben sagten ...

Ich möchte sicher sein, Sie richtig verstanden zu haben. Sie sagten ...
Wenn ich Sie richtig verstanden habe, sagten Sie eben ...

Paraphrase:
Anders ausgedrückt ...
In anderen Worten ...
Ich habe das so verstanden, dass ...
So wie ich Sie verstanden habe ...
Ich möchte nur überprüfen, ob ich das richtig verstanden habe ...

Formulieren Sie hier Ihre Sätze:

....

....

....

....

Zeigen Sie Verständnis!

Verständnis zeigen bedeutet, dass Sie sich in die Situation eines anderen einfühlen, bis Sie sie verstehen. Wenn Sie einfühlend zuhören, lassen Sie alle Urteile, Ratschläge oder Anweisungen aus dem Spiel. Sie gehen nur von dem aus, was Ihr Gegenüber Ihnen durch verbale und nonverbale Signale zu verstehen gibt. Diese Art des empathischen Zuhörens hat ihre Wurzeln in der Psychoanalyse. Sie zielt auf die Gefühlsebene des Sprechers ab. Auch wenn Sie eine Führungsposition innehaben, hat diese Art des Zuhörens mitunter ihren Sinn: wenn jemand weinend in Ihr Büro kommt, wenn Sie schlechte Nachrichten überbringen müssen, wenn Sie jemanden entlassen müssen. Ich arbeite häufig mit Menschen, die im Zuge der Rationalisierungsmaßnahmen der letzten Jahre ihren Job verloren haben. Diese Menschen sind meist weniger wütend über die Entlassung als über die **Art und Weise**, mit der sie umgesetzt wurde. Natürlich können Sie als Führungskraft nicht nur gute Nachrichten übermitteln. Das bedeutet jedoch nicht, dass Sie in schweren Zeiten kein Mitgefühl zeigen dürfen. Die Technik des einfühlenden Zuhörens hilft Ihnen dabei. Sie gehen dabei auch dem aus dem Weg, was Professor Stephen Carter als »aggressives Zuhören« bezeichnet hat: »Ein aggressiver Zuhörer hört eigentlich gar nicht zu. Er zeigt keinen Respekt und das Gespräch mündet nicht in einen Dialog.«[14]

Wie Sie Verständnis zeigen

Oje.
Das muss für Sie sehr schwer gewesen sein.
Sie scheinen in Sorge (traurig, verärgert, wütend) zu sein.
Wie frustrierend!
(Einen Satz sollten Sie allerdings auf jeden Fall vermeiden: *Ich weiß, wie Sie sich fühlen.* Damit werten Sie zum einen die Erfahrung des anderen ab, zum anderen ist das schlechterdings unmöglich!)

Ihre Sätze:

....

....

....

....

Klare Verhältnisse

Wenn Sie nicht sicher sind, dass Sie das Gehörte richtig verstanden haben, sollten Sie um Klarstellung bitten. Dieser Vorgang geht über das bloße Wiederholen der Sätze des Sprechers hinaus. Mit der Bitte um Klarstellung ersuchen Sie den Redner um Erläuterung der von ihm vorgetragenen Botschaft.

Wie Sie um Klarstellung bitten

Würden Sie das bitte näher erläutern ...?
Was meinen Sie mit ...?
Bitte erklären Sie näher, was Sie unter »Wohnungsgenossenschaft« verstehen.
Der Begriff »Führungsqualitäten« muss in diesem Zusammenhang näher bestimmt werden.

Ihre Sätze:

....

....

....

....

Haken Sie nach!

Wenn Sie zusätzliche Informationen brauchen, scheuen Sie sich nicht, nachzuhaken. Nachhaken bedeutet, um weitere Informationen zu bitten ohne jedoch vorher schon eine festgelegte Meinung vom Gehörten zu haben. Anders als bei der Klarstellung aber bleibt die Antwort weitgehend offen.

Hier finden Sie probate Fragen für den geschäftlichen Kontext. Vielleicht möchten Sie ja noch ein paar hinzufügen, die für Ihren speziellen Fall interessant sein könnten:

Wie Sie nachhaken

Bitte informieren Sie mich über die Einzelheiten.
Was genau ist geschehen?
Was passierte als Nächstes?
Wo lag das Problem?
Wann geschah das?
Wer war daran beteiligt?
Wo hat sich das abgespielt?
Ihre Sätze:

....

....

....

....

Was jetzt zu tun ist!

■ **In der folgenden Liste sind die Faktoren aufgezählt, die erfolgreiches Zuhören verhindern. Schreiben Sie neben jeden der aufgeführten Punkte eine Situation, in der Ihnen eben das passiert ist.**

Hindernisse	Und was sie bewirken
Vorurteile	
Ungenaues Zuhören	
Mangelnde Aufmerksamkeit	
Kulturelle Verständnisprobleme	
Mangelnde Flexibilität beim Zuhören	

Was jetzt zu tun ist!

■ **Führen Sie sich eine Situation vor Augen, in der Sie als Zuhörer nicht die gewünschte Wirkung erzielt haben. Schreiben Sie einen kurzen Bericht über das, was geschehen ist. Dann lassen Sie die Situation noch einmal vor dem Hintergrund dessen, was Sie hier gelernt haben, Revue passieren: Was genau lief falsch? Haben Sie den falschen Filter eingesetzt? War das Problem ein kulturelles? Haben Sie den Kommunikationsrahmen falsch eingeschätzt? Solche Analysen erfolgreicher bzw. erfolgloser Kommunikation sind sehr hilfreich, um ähnliche Fehler künftig zu vermeiden.**

Was jetzt zu tun ist!

■ **Im Folgenden finden Sie eine Liste von häufigen Kommunikationssituationen, die von einer Führungskraft verlangen, dass sie zuhört. Notieren Sie bei jeder Situation, welche Techniken guten Zuhörens Sie hier anwenden, welche körpersprachlichen Signale Sie einsetzen würden. Schreiben Sie dann auf, welche Antwort Ihrer Ansicht nach hier angemessen wäre.**

Situationen des Zuhörens:

Situation 1

Bei einer Teamsitzung sagt ein Sprecher verärgert: »Wann immer meine Gruppe einen Vorschlag einbringt, wird er vom Rest des Teams kritisiert. Anscheinend spielen wir in diesem Unternehmen keine Rolle!«

Welche Körpersprache des Zuhörens würden Sie einsetzen?

....

Wie sieht hier die Technik des aktiven Zuhörens aus?

....

Welche verbale Antwort wäre angebracht?

....

Situation 2

Ein feindseliger Angestellter grinst Sie höhnisch an: »Tun Sie mir einen Gefallen? Treten Sie zur Seite, wenn die wirklich guten Jungs am Ball sind.«

Welche Körpersprache würden Sie einsetzen?

....

Wie sieht hier die Technik des aktiven Zuhörens aus?

....

Welche verbale Antwort wäre angebracht?

....

Situation 3

Eine Ihrer Mitarbeiterinnen fängt an zu weinen, als Sie sie in einem Gespräch kritisieren.

Welche Körpersprache des Zuhörens würden Sie einsetzen?

....

Wie sieht hier die Technik des aktiven Zuhörens aus?

....

Welche verbale Antwort wäre angebracht?

....

Situation 4

Die Programmierer halten eine Präsentation ab. Sie werfen ein völlig unverständliches Schaubild an die Wand und geben dazu folgenden Kommentar: »Sie können einen zusätzlichen Key-Port implementieren, damit die Error-Correction besser funktioniert. Auf diese Weise wird das Carrier-Signal umgangen und das Correction-Protokoll enabled ...«

Welche Körpersprache des Zuhörens würden Sie einsetzen?

....

Wie sieht hier die Technik des aktiven Zuhörens aus?

....

Welche verbale Antwort wäre angebracht?

....

Situation 5

Sie halten eine Präsentation bei einer öffentlichen Versammlung. Ein offenkundig Verrückter erhebt sich und schreit, dass das Unternehmen noch Bankrott gehen werde, weil die Reimanns, seit sie es übernommen haben, es an die Wand fahren würden.

Welche Körpersprache des Zuhörens würden Sie einsetzen?

....

Wie sieht hier die Technik des aktiven Zuhörens aus?

....

Welche verbale Antwort wäre angebracht?

....

Kurz gesagt: Zuhören ist nur scheinbar ein passiver Vorgang. In Wirklichkeit können die Signale, die Sie während des Zuhörens aussenden, Ihre Stellung als Führungskraft entweder stärken oder schwächen. Kein Wunder, dass der Journalist Glenn Rifkin in der *New York Times* über eine weltbekannte weibliche Führungskraft schrieb: »Ihren Kollegen zufolge ist ihre hervorstechendste Eigenschaft, dass sie wirklich zuhört und auf das eingeht, was ihr Gegenüber sagt.«

5

So führen erfolgreiche Menschen ohne Worte: Die Körpersprache des Erfolgs

Auf Gesten reagieren wir quasi unmittelbar ... einem hochkomplexen, geheimen Code folgend, der nirgendwo geschrieben steht, den niemand genau kennt und den doch jeder versteht.
Edward Sapir

Die passiven kommunikativen Fähigkeiten des Lesens, Zuhörens und Beobachtens spielen in der Vorstandsetage eine gewichtige Rolle. Doch ob Sie sich wirklich zur Führungskraft eignen, entscheidet sich an Ihrem aktiven Ausdruck – und die unmittelbarste Form des Ausdrucks ist jene ohne Worte: Ihre Körpersprache und Ausstrahlung. Die Präsenz einer Führungspersönlichkeit spiegelt das ganze Spektrum nonverbaler Ausdrucksmöglichkeiten wider: Erscheinungsbild, Körperhaltung, Körpersprache, Augenkontakt, Gestik, Berührungen und Schweigen. In diesem Kapitel werden Sie lernen, wie kleine Drehungen an den jeweiligen Schrauben Ihre Präsenz und Ihr Charisma als Führungskraft steigern.

Kleider machen Leute: Achten Sie auf Ihr Erscheinungsbild!

In meinen Aufzeichnungen finden sich zahlreiche Geschichten zum Thema »äußere Erscheinung« – lustige, traurige, ja sogar dramatische Geschichten. Doch am Ende gehen alle gut aus. Von all den Veränderungen, die ein erfolgreicher Führungsstil Ihnen unter Umständen abverlangt, fallen die, welche Ihr Erscheinungsbild betreffen, am leichtesten – und sie machen am meisten Spaß.

Ein Berater hatte ein Treffen mit zwei Geschäftsleuten vereinbart. Der eine war ein erfahrener Manager, der andere ein Angestellter, der befördert werden sollte. Keinen der beiden hatte er je zuvor gesehen. Da er jedoch am Ende einer weitläufigen Eingangshalle auf die beiden wartete, hatte er ausreichend Gelegenheit, die beiden zu beobachten, während sie auf ihn zukamen. Beide Männer hatten ein gepflegtes Erscheinungsbild, und doch konnte der Berater sofort sagen, wer der Manager und wer der Untergebene war. Indiz dafür war die Kleidung: Der Manager trug einen gut geschnittenen Anzug aus erstklassigem Material, der Angestellte nicht. Der Unterschied spiegelte jedoch nicht nur die unterschiedliche Gehaltsklasse wider: Der eine der beiden Männer wusste anscheinend, dass er Führungsqualitäten ausstrahlen musste, der andere nicht.

Eine andere meiner Geschichten zum Thema Stil und äußere Erscheinung ist wesentlich dramatischer. Nach einem Seminar über kommunikative Fähigkeiten sprach mich eine junge Frau an. Sie erzählte mir, dass ihr die Entlassung drohe, und bat mich um Hilfe. Dabei meinte sie, dass sie gerne ins Marketing wechseln würde. Ein Blick auf sie sagte jedoch, dass niemand ihr je etwas abkaufen würde. Sie trug ein buntes Baumwollkleidchen, das auch noch Flecken hatte. Ihre Körperhaltung war eine Katastrophe und ihre Frisur vermutlich schon aus der Mode, als sie geboren worden war. Glücklicherweise hatte ihr Vorgesetzter ihre beruflichen Qualitäten erkannt und war bereit, sie auf Firmenkosten zu verschiedenen Kurse zu schicken. Ich riet ihr eine Stilberatung zu machen. Die Anregungen, die sie dort bekam, schienen auf fruchtbaren Boden zu fallen. Drei Jahre später tauchte ihr Name auf der Teilnehmerliste eines Kurses über Führungsqualitäten auf. Als sie den Raum betrat, war sie nicht nur gut frisiert, sondern auch noch gut gekleidet. Sie trug einen geschmackvollen hellen Blazer über einem dunklen Rock und einer passenden Bluse. Beides betonte ihre gertenschlanke Figur und zeigte außerdem, wie viel sie über Stil gelernt hatte. Zu jener Zeit war sie gerade dabei, befördert zu werden. Schließlich ist das Wissen darum, wie Sie Ihre äußere Erscheinung verbessern können, keine Quantenphysik. Jeder kann dies lernen und tut sich selbst damit einen großen Gefallen.

Natürlich ist es auch möglich zu gut angezogen zu sein. Eines Tages rief mich die frisch gebackene Geschäftsführerin einer Firma im nördlichen Teil des Staates New York an. Sie erzählte, dass ihre neuen Mitarbeiter ihr signalisiert hätten, sie wirke einschüchternd auf ihre neue Umgebung. Nun wollte sie von mir wissen, wie sie dieses Problem aus der Welt schaffen konnte, und so vereinbarten wir einen Termin. Wie sich herausstellte, war an jenem Tag »Casual Day« in ihrer Firma, was bedeutet, dass sich die Mitarbeiter einen Tag lang leger kleiden können. Als meine Klientin auf mich zukam, trug diese wunderschöne Frau einen Kaschmirpulli zu einer Wildlederhose und ein einziges, perfekt passendes Designerschmuckstück. Sie wirkte umwerfend, absolut untadelig – und in ihrer Umgebung vollkommen unpassend. Bei unserem Gespräch stellte sich heraus, dass sie ihre Sachen in Paris kaufte. Nun, für New York oder San Francisco mag das in Ordnung sein, doch in Rochester, einer Kleinstadt im Staate New York, wirkt es völlig unangebracht. Also lernte sie, ihren Stil ihrem Umfeld anzupassen. Diese und ein paar andere Veränderungen halfen ihr, in ihrem Umfeld jene Akzeptanz zu finden, die sie brauchte. Es geht also nicht nur darum, sich gut anzuziehen, sondern den eigenen Stil auf die Umstände und die Umgebung abzustimmen.

Eine andere meiner Geschichten ging nicht so gut aus: Die Teilnehmer einer Wochenendkonferenz gehörten durchweg einer Gruppe an, die gerne auch äußerlich signalisiert, was sie erreicht hat. Man trug Anzug, Krawatte, Kostüm und schickes Schuhwerk. Das Erscheinungsbild der gesamten Gruppe drückte aus, wie stolz jeder Einzelne auf seine Stellung war. Unglücklicherweise hatte die Vorstandsvorsitzende der Firma sich nicht über die Gruppe, zu der sie sprechen sollte, informiert. Für sie war einfach Samstag, ein Tag, an dem man lockere Kleidung trägt. Und so stand sie am Rednerpult in einem T-Shirt und jener Art von Hose, die schreckliche Knitterfalten bekommt, wenn man sie im Flugzeug trägt. Sie war also weit schlechter angezogen als die Menschen, die sie zu führen gedachte, was ihre Autorität und ihre Glaubwürdigkeit untergrub.

Stil zählt! Der beste Ingenieur kann anziehen, was er will, solange er nur in der Forschungsabteilung arbeitet. Sobald er jedoch in die Führungsetage wechselt, muss er auf sein Erscheinungsbild achten. Natürlich musste Einstein sich über sein Äußeres keine Gedanken machen. Aber Sie sind nicht Einstein! Das hat nichts mit den rigiden Vorschriften der »Dress for Success«-Typen zu tun, aber Sie wollen ja auch nicht herumlaufen wie Homer Simpson, oder? Für geschmackvollen Stil gibt es keine einfache Formel. Was in welcher Situation am besten wirkt, hängt von vielen Faktoren ab: Land, Region, Branche und so weiter. Die folgenden Tipps sollen Ihnen helfen, die gröbsten Fehler zu vermeiden. Wenn Sie damit überhaupt nichts anfangen können, dann gehen Sie ins beste Geschäft Ihrer Heimatstadt und lassen sich dort beraten. Oder vereinbaren Sie einen Termin mit einem Stilberater.

Die zehn Gebote guten Stils

1. Holen Sie sich professionellen Rat von einem Stilberater.
2. Ihre Frisur sollte nicht ins Auge fallen, sondern harmonisch zu Ihrem Gesamterscheinungsbild passen.
3. Achten Sie auf den Schmuck, den Sie tragen: Hier gilt, weniger ist mehr.
4. Das lockere Outfit am Arbeitsplatz ist nicht dasselbe wie das legere Outfit bei einer Grillparty.
5. Achten Sie auf absolute Sauberkeit.
6. Ziehen Sie sich für die Rolle an, die Sie zu spielen gedenken.
7. Versuchen Sie nicht, Ihre ethnische Herkunft zu verbergen.
8. Keine Duftmischungen! Wenn Sie einen Duft tragen, dann wirklich nur einen. Heute reagieren viele Menschen allergisch auf zu starke oder gemischte Düfte.
9. Denken Sie an Schneewittchen im Haus der sieben Zwerge. Was für die Betten im Märchen gilt, gilt auch für Ihren Stil: nicht zu klein und nicht zu groß. Gerade richtig ist am besten.
10. Kaufen Sie sich einen Ratgeber zu Stil-Fragen.

Senden Sie Signale der Stärke!

Er hat eine hohe Position in einem international tätigen Unternehmen inne. Seinen Aufstieg verdankte er in erster Linie seinen enormen technischen Fähigkeiten. Als er in einem Seminar über »Präsentation für Führungskräfte« vor den anderen Teilnehmern sprechen sollte, blickte er an die Decke, hielt die Arme eng am

Körper und sagte: »Ich bin ein langweiliger Redner!« Und er entpuppte sich tatsächlich als Langweiler, vor allem, weil er so unsäglich steif wirkte. Von diesem Herrn würde wohl niemand ein gebrauchtes Auto kaufen. Dabei war es sein Ziel in diesem Seminar, ein Budget von 15 Millionen Dollar genehmigt zu bekommen. Würde es ihm gelingen, die nonverbale Führungssprache zu lernen? Und ob.

Der große Anthropologe und Sprachwissenschaftler Edward Sapir meinte dazu: »Auf Gesten reagieren wir quasi unmittelbar ... einem hochkomplexen, geheimen Code folgend, der nirgendwo geschrieben steht, den niemand genau kennt und den doch jeder versteht.« Dieser Geheimcode ist natürlich auch in den Führungsetagen bekannt. Ihre Ausstrahlung, Ihre Glaubwürdigkeit, Ihre Macht beruhen letztlich darauf, ob Sie diesen Code anzuwenden wissen. So ist in einer Studie zum Thema »Charisma« zu lesen: »Die charismatischen Persönlichkeiten waren einfach viel lebhafter als die anderen. Sie lächelten häufiger, sprachen schneller, hatten eine deutlichere Aussprache und begleiteten ihre Worte mit Bewegungen des Kopfes bzw. des Körpers. Außerdem berührten sie andere Menschen sehr viel öfter, wenn sie sie begrüßten. Dies zeigt deutlich, was Charisma eigentlich ist: menschliche Ausdrucksfähigkeit.«[15] Nehmen Sie sich diese Worte zu Herzen und arbeiten Sie an Ihrem Charisma!

Was jetzt zu tun ist!

■ **Wenn Sie feststellen wollen, ob Sie Charisma besitzen, sollten Sie sich eine Aufzeichnung von einer Ihrer Sitzungen oder einer Ihrer Präsentationen ansehen. Drehen Sie den Ton ab. So wird schnell deutlich, welche nonverbalen Botschaften Sie senden.**

Selbst wenn Sie die Aufzeichnung ohne Ton ansehen, werden Sie erkennen, ob die Sitzung ein Erfolg war und ob der Redner die Führungssprache verinnerlicht hat. Eine meiner Aufzeichnungen zeigt einen Redner, der mit seinem Stift spielt. Ein anderer steckt ständig die Hände in die Taschen und zieht sie wieder heraus. Der Dritte blickt während der gesamten Präsentation an die Decke. Ein anderer zuckt jedes Mal zusammen, wenn ihm ein Fehler unterläuft. Eine Rednerin gebraucht anscheinend genau die richti-

gen Worte – und dreht sich dabei zu dem Dia um, das sie an die Wand geworfen hat. Videoaufzeichnungen ohne Ton sind die besten Lehrmeister, die Sie haben.

Fünfzehn Grundregeln für eine Körpersprache des Erfolgs

Was, wenn Sie nicht nur kein Charisma haben, sondern auch fest davon überzeugt sind, Sie könnten nie welches entwickeln? Oder besser: Kann man ohne Charisma erfolgreich sein? Nun, es gibt erfolgreiche Unternehmensführer, die keinerlei Charisma besitzen und vermutlich auch nie welches haben werden. Sie haben ihre Anhänger offensichtlich durch strategisch kluge Entscheidungen gewonnen. Es macht also nichts, wenn Sie kein Charisma entwickeln können. Zumindest ist es aber einen Versuch wert. Und falls Sie wirklich gar kein Charisma haben sollten: Das bedeutet nicht, dass Sie sich nicht zur Führungskraft eignen.

Sie finden hier in erster Linie allgemeine Tipps zur nonverbalen Kommunikation von Führungskräften. Doch denken Sie an das Janus-Prinzip, die Widersprüchlichkeit des Lebens. Vermutlich kennen Sie selbst genug Situationen, in denen die hier genannten Prinzipien keinen Erfolg erzielten. Wichtig ist vor allem, dass Ihr Auftreten und Ihr Erscheinungsbild zum Umfeld passen: Im Fitness-Studio benimmt man sich anders als am Rednerpult.

1. Es geht nicht um Sie!

Machen Sie sich zunächst einmal klar, was diese Grundregel für Folgen hat. Der Gegenstand Ihrer Rede ist ja nicht Ihre Person und auch Ihre Körpersprache sollte nicht um Sie kreisen. Je mehr Sie sich Ihrem Publikum zuwenden, je mehr Sie den Inhalt Ihrer Rede reflektieren, desto selbstbewusster und entspannter wirken Sie. Je mehr sich Ihre Gedanken nur um Sie drehen, desto angespannter sind Sie. Ein unaufmerksamer, unsicherer Redner signalisiert Schwäche, Arroganz, Desinteresse oder Aggression.

Wissenschaftliche Untersuchungen haben gezeigt, dass das Verhalten einer Führungskraft sich auf deren Umfeld auswirkt. Wenn der Chef den Redner ansieht, nickt, ihm in die Augen sieht und auf diese Weise Interesse zeigt, wird auch der Redner angemessen reagieren.

2. Öffnen Sie sich körperlich zum Publikum hin!

Diese Grundregel passt auf fast jede Situation. Untersuchungen über die Körpersprache bei Präsentationen zeigen, dass ein entspannter Körper, der sich dem anderen zuwendet, Stärke signalisiert. Ein verspannter Körper, der sich vor dem Publikum verschließt, lässt hingegen Schwäche erkennen. Ihre Mutter hatte also Recht: Kopf hoch, Augen geradeaus, lächeln und Arme, Ellbogen und Handflächen locker lassen.

3. Berühren Sie Ihr Gegenüber mit den Augen!

Wissenschaftliche Studien zeigen, dass »verstärkter Augenkontakt als dynamisch, dominant, glaubwürdig und überzeugend wahrgenommen wird«, während »Menschen, die den Blick abwenden, als weniger glaubwürdig« gelten.[16] Daher ist der Augenkontakt das wohl wichtigste Instrument in unserem Repertoire. In informellen Gesprächssituationen erlaubt der Augenkontakt Ihnen, Verbindung zu Ihrem Gegenüber aufzunehmen. Das verleiht Ihnen Charisma, denn Sie werfen sozusagen einen Blick in die Seele des anderen. Um genau zu klären, was mit »Augenkontakt« überhaupt gemeint ist, lassen Sie uns doch einmal einen Blick auf das Wort »Kontakt« werfen. Es besteht aus zwei Teilen: der Vorsilbe *kon*, die so viel heißt wie »mit« oder »zusammen«, und dem Wortstamm *takt*, der auf das lateinische *tangere*, also »berühren«, zurückgeht. Augenkontakt bedeutet also, dass Sie das Publikum mit den Augen berühren. Dabei huschen Sie nicht über die Gesichter der anderen hinweg oder überfliegen Sie prüfend. Sie sehen jemanden so lange an, dass Sie ihn tatsächlich »berühren« können. Bei einem persönlichen Gespräch bringen Sie etwa die Hälfte der Zeit damit zu, Ihrem Gesprächspartner in die Augen zu sehen. Suchen Sie sich bei öffentlichen Vorträgen Menschen, die an verschiedenen Stellen im Publikum sitzen. Ist Ihre Zuhörerschaft sehr groß, richten Sie Ihren Blick zumindest »auf« die Augen der Menschen, wenn Sie Ihnen schon nicht direkt »in« die Augen sehen können. Augenkontakt ist ungeheuer wichtig. Daher sollten Sie immer folgende Regel beherzigen: Sagen Sie jedes Ihrer Worte zu einem Menschen und sehen Sie ihm dabei in die Augen. Was nicht bedeutet, dass Sie andere anstarren sollen. Halten Sie den Blick Ihrer Zuhörer nie zwanghaft fest. (Das könnte Ihnen als Aggression oder Feindseligkeit ausgelegt werden.) Gemeint ist vielmehr, dass Sie den Menschen, an den Sie sich wenden, ansehen. Diese Regel gilt für öffentliche wie auch für informelle Anlässe; sie gilt für Gespräche, Präsentationen und Reden gleichermaßen. Andere Ländern hingegen haben andere Gebräuche und Sitten. Informieren Sie sich darüber, bevor Sie auf Reisen gehen, damit Sie hier keinen Fauxpas begehen.

4. So sitzen erfolgreiche Menschen.

Menschen, die keinen Erfolg im Berufsleben haben, ist eines gemeinsam: eine entsprechende Körpersprache. Sie sinken im Sessel zusammen, sitzen verdreht, spielen mit dem Kugelschreiber, halten ihre Ellbogen nah am Körper und lassen die Knie auf und ab wippen oder sitzen breitbeinig da. Führen Sie sich nun die Körpersprache einer Führungskraft vor Augen, die Sie bewundern: Sie sitzt gerade, Hände und Arme bequem auf den Stuhllehnen. Der Rücken lehnt sich nur leicht an. Sie hält den Kopf hoch, während die Füße fest auf dem Boden ruhen. Solch eine Führungspersönlichkeit strahlt Würde aus – die sich in der Körpersprache widerspiegelt.

Wissenschaftliche Untersuchungen haben gezeigt, dass sich der Wunsch, geschätzt zu werden, in einer ganz bestimmten Haltung reflektiert: Man beugt sich zu seinem Gesprächspartner und sucht direkten Augenkontakt. Wenn Sie als Führungsperson geschätzt werden wollen (was nicht jedermanns Sache ist), sollten Sie diese Haltung ausprobieren.

5. Kopf hoch!

Richten Sie Ihre größte Aufmerksamkeit auf Ihre Kopfhaltung: Wenn Sie diese korrigieren, ändert sich auch Ihr Image. Es gibt verschiedene Kopfhaltungen, die Schwäche signalisieren. Die am weitesten verbreitete ist jene, bei der wir das Kinn auf die Brust sinken lassen, während unser gesenkter Blick sich nur hin und wieder verstohlen nach oben richtet. Diese Demutshaltung ist für eine Führungskraft absolut unangebracht. Achten Sie auch auf einen offenen, interessierten Gesichtsausdruck, der Ihnen besser steht als das viel zitierte »Pokerface«. Menschen, die während des Sprechens nicken, lächeln und störende Gesichts- oder Körperbewegungen vermeiden, erhöhen die Chance, dass ihre Botschaft ankommt und sie somit andere Menschen beeinflussen.

6. Lächeln Sie!

Der große Rhetoriker Roger Axtell wird in seinem Buch *Nie wieder Redeangst*[17] nicht müde zu betonen, dass Lächeln die gewinnendste Geste überhaupt sei. Es ist auf der ganzen Welt verbreitet und wird nur selten falsch verstanden. Wieso aber bringt man uns dann bei, man müsse ernst dreinblicken, um ernst genommen zu werden? Nun, das ist schlichtweg falsch. Einer meiner Kursteilnehmer lernte durch seine Enkelin, was für ein ungemein erfolgreiches Instrument das Lächeln ist. Obwohl er eigentlich ein sehr netter Mann war, lächelte er bei Geschäftsbesprechungen oder Präsentationen so gut wie nie. Als eine seiner Präsentationen bei einem Rhetorikseminar aufgezeichnet wurde, spielte er diese Aufnahme zu Hause seiner Enkelin vor. Und das Kind meinte: »Opa, du siehst ja richtig böse aus.« Von diesem Moment an bemühte sich der Großvater, während seiner Auftritte oft zu lächeln. Wenn Lächeln angemessen ist, strahlt es Glaubwürdigkeit aus, schafft Vertrauen und heitert die Atmosphäre auf. Nur eines sollten Sie sich merken: Lassen Sie das berüchtigte »Zahnpastalächeln«. Wenn Sie lächeln, dann sollte dies so natürlich wie möglich aussehen.

7. Stimmen Sie Gesten und Worte aufeinander ab!

In der Wissenschaft nennt man die Übereinstimmung von verbaler und nonverbaler Aussage »Kongruenz«. Wenn Worte und Gesten zueinander passen, kommt Ihre Botschaft klar und glaubwürdig an. Andernfalls ist es für Ihr Publikum schwierig herauszufinden, was Sie eigentlich sagen wollen. Denken Sie an einen leitenden Angestellten, der verkündet: »Die Geschäftszahlen für das kommende Quartal lassen uns optimistisch in die Zukunft blicken!« und dabei die Hände ringt. Glauben Sie ihm, was er da sagt?

Wenn Ihre Gestik auf den Inhalt Ihrer Worte abgestimmt ist und mit ihm übereinstimmt, dann werden Ihre Worte **und** Ihre Körpersprache zu Trägern Ihrer Botschaft. So entsteht ein einheitliches Gesamtbild, durch das Sie glaubwürdig wirken und Erfolg haben werden.

8. Lernen Sie die Körpersprache der Aufrichtigkeit!

»Sagen Sie immer ehrlich, was Sie denken, auch wenn's gelogen ist!« Dieser alte Witz stammt von einem englischen Komiker-Duo der 1950er Jahre und wie jeder Scherz enthält auch er ein Körnchen Wahrheit. Menschen glauben anderen Menschen, wenn sie diese für aufrichtig halten. Wir haben das grundlegende Vokabular der Aufrichtigkeit bereits erwähnt: Halten Sie Augenkontakt, signalisieren Sie Interesse, nehmen Sie eine offene Körperhaltung ein, gehen Sie auf Ihren Gesprächspartner ein. Studien zeigen, dass Menschen, die sich nicht aufplustern, keine Arroganz ausstrahlen und sich an die oben erwähnten Grundstrategien halten, von anderen als aufrichtiger wahrgenommen werden als solche, die all das nicht tun. Doch sollten wir auch hier das Janus-Prinzip nicht vergessen – zu jeder Regel gibt es eine Ausnahme: Muhammad Ali plusterte sich auf wie kein Zweiter. Er war alles andere als bescheiden. Und trotzdem gewann er mit seiner auffälligen, selbstbewussten Art Millionen Fans.

9. Behalten Sie die Kontrolle!

Für gelungene Kommunikation im Beruf ist es entscheidend, die Kontrolle über sich und sein Verhalten zu behalten. Vergessen Sie nie die Kontrolle über Ihre Worte, Ihr Äußeres, Ihre Körpersprache zu haben. Nur so werden Sie es schaffen, andere zu überzeugen und zu führen. Schlechte Redner verlieren leicht die Kontrolle. Sie rudern mit den Armen, verlieren sich in überflüssigen Gesten (Nase jucken, mit Münzen spielen, über die Haare streichen und so weiter). Sie wippen mit den Zehen und gehen im Raum auf und ab. Wenn Sie jedoch selbstsicher wirken wollen, kontrollieren Sie Ihre Bewegungen. Dies gilt vor allem, wenn Sie durch ausladende Gesten Ihre Worte unterstreichen möchten: Gerade hier ist Einüben besonders wichtig.

10. Berühren Sie die Menschen – körperlich!

Wir haben bereits gelernt, wie man Menschen mit den Augen berührt. Doch echter Körperkontakt schafft eine noch tiefere Bindung. Achten Sie darauf, dass diese Berührungen kurz bleiben, nicht zu intim wirken und in den Kontext passen. (Deshalb sollten Sie in Geschäftsbeziehungen Ihr Gegenüber nicht umarmen, sondern ihm vielmehr die Hand schütteln. Natürlich können Sie zusätzlich Ihren Gesprächspartner leicht am Arm berühren, wenn Sie ihm die Hand schütteln.)

11. Nutzen Sie die Geheimnisse der nonverbalen Kommunikation!
»Redner, die ihr Publikum überzeugen wollen, 1) halten mehr Augenkontakt mit ihren Zuhörern, 2) gestikulieren mehr, 3) nicken des Öfteren bestätigend, 4) besitzen eine ausdrucksstarke Mimik, 5) machen weniger selbstbezogene Gesten und 6) lehnen sich weniger häufig zurück.«[18] Sie wirken entspannt und halten geringeren Abstand zu ihrem Publikum.

12. Zeigen Sie durch Statussymbole, wer Sie sind!
Jeder von uns hat schon von Statussymbolen gehört: mein Haus, meine Yacht, mein Auto. Auch ein teurer Anzug oder edler Schmuck gehören dazu. Wenn Sie als Führungskraft akzeptiert werden wollen, sollten Sie Insignien wählen, die zu Ihrem Umfeld passen. Das könnten beispielsweise sein: ein edles Schreibgerät, eine tolle Uhr, Designerkleidung, ein Anstecker am Revers, Khakihosen, Designerkrawatten oder -tücher oder ein ganz bestimmtes Schmuckstück.

13. Verhalten Sie sich so, wie Sie es sich von Ihren Mitarbeitern wünschen!
Wissenschaftliche Untersuchungen zeigen, dass auch Erwachsene Verhalten nachahmen, das sie bei anderen sehen. Sie möchten, dass man in Ihrem Unternehmen offen ist? Dass man Besuchern freundlich die Hand schüttelt? Dass man höflich ist? Nun, Sie sind der Chef: Gehen Sie mit gutem Beispiel voran, und bald werden Sie merken, dass man Sie nachahmt.

14. Nutzen Sie die Geheimnisse der nonverbalen Kommunikation, um andere zu bestärken oder zu tadeln!
Versuchen Sie, das Verhalten Ihrer Mitarbeiter (oder Kunden oder Vertreter) zu verändern, indem Sie deutlich auf sie reagieren. Ni-

cken Sie während einer Präsentation zustimmend. Lächeln Sie freundlich, schreiben Sie mit und klopfen Sie dem (nicht der!) Betreffenden am Ende ermutigend auf die Schulter. Für gute Arbeit gibt es schon mal Applaus. Setzen Sie umgekehrt negative Gesten ein, wenn Sie Ihren Unmut kundtun wollen. Blicken Sie verwirrt drein, wenn bei einer Präsentation etwas unklar ist. Verengen Sie die Augen zu Schlitzen. Mustern Sie den anderen kühl. Ballen Sie die Faust. Verschränken Sie die Arme über der Brust oder wenden Sie die Augen ab. Jedoch nur, wenn Sie Missfallen signalisieren wollen. Hin und wieder können Sie auch das probate »Pokerface« einsetzen.

15. Machen Sie Pausen!

Gute Redner wissen es. Gute Führungskräfte wissen es. Gute Zuhörer ebenso. Kunstpausen verleihen Ihren Reden mehr Profil. Sie machen Ihre Botschaft deutlicher und geben anderen Zeit zum Nachdenken. Bauen Sie solche Kunstpausen in Ihre Gespräche, Präsentationen und Reden ein. Hören Sie sich Aufzeichnungen von Ihren Vorträgen an, um herauszufinden, ob Sie an einem Stück sprechen oder hin und wieder eine Pause einlegen, um einzelne Punkte nachwirken zu lassen. Auf Videoaufzeichnungen können Sie außerdem überprüfen, ob Sie Ihre Macht dazu einsetzen, auch jene zu Wort kommen zu lassen, denen dies nicht leicht fällt: die Ruhigen, die Scheuen, die Schüchternen.

Vom Schreibtischstuhl aufs Podium

Je höher Sie auf der Karriereleiter steigen, desto öfter werden Sie vor großem Publikum sprechen müssen, was wiederum bedeutet, dass Sie Ihre Botschaft auf ein breites Publikum zuschneiden müssen. Denn am Rednerpult stehen nicht einfach Herr X oder Frau Y, nein: Sie stehen dort für ihr Unternehmen. Wenn Herr X die Körpersprache des Erfolgs nicht beherrscht, dann lässt er dadurch Unternehmen A wie einen unbedeutenden, kleinen Betrieb aussehen. Wenn Frau Y mit Charisma und Schwung spricht, dann macht Unternehmen B einen vertrauenswürdigen Eindruck. Wenn Sie Ihr Unternehmen oder Ihre Branche glaubwürdig vertreten wollen, sollten Sie sich ein Repertoire an Power-Gesten zulegen und dieses erweitern, wenn Ihr Publikum größer wird. Wenn Sie ohnehin schon »mit Händen und Füßen« sprechen, müssen Sie Ihre Gestik möglicherweise nur verfeinern und zielgerichteter einsetzen. Sind Sie als Redner hingegen eher ein steifer Typ, garnieren Sie Ihre Auftritte mit nicht mehr als zwei oder drei Gesten. In ihrem mittlerweile zum Standardwerk avancierten Klassiker *Körperstrategien*[19] gibt Nancy Henley zu bedenken, dass Gesten nur dann wirken, wenn sie natürlich erscheinen und zur verbalen Botschaft passen. Wenn Sie sichergehen wollen, dass Ihr Gestenrepertoire wirkt, sollten Sie diese so lange einüben, bis sie ganz natürlich wirken und jeden Hauch von Künstlichkeit verloren haben. Die Tipps, die ich Ihnen hier vorstelle, stammen vom Regisseur Ron Mix und meiner eigenen Trainerin, der Schauspielerin Vicki Casarett.

Zwölf wirkungsvolle Gesten für das Podium

1. Nehmen Sie eine starke »Ruheposition« ein!

Der Begriff der »Ruheposition« wurde vom Regisseur Ron Mix geprägt. Der Großteil Ihrer Sprechzeit wird nicht von Gesten ausgefüllt, sondern von Ihrer Ruheposition. Stellen Sie sich also bequem hin und gehen Sie in die Ausgangslage zurück, wenn Sie eine Power-Geste gemacht haben. Wenn Sie ein Rednerpult haben, beziehen Sie dieses in Ihre Ruheposition ein: Legen Sie beispielsweise die Arme locker darauf. Stehen Sie in der Nähe eines Computers, können Sie auch dort einen Arm ablegen. Sie können auch eine Hand in der Tasche lassen. Wofür Sie sich auch immer entscheiden mögen: Die Ruheposition sollte bequem und entspannt wirken.

2. Achten Sie auf eine stabile Standposition!

Bei dieser Power-Haltung stehen die Füße etwa dreißig Zentimeter auseinander und flach auf dem Boden. Sie sehen nach vorn. Stehen Sie nie mit überkreuzten Beinen. Wippen Sie nicht auf und ab. Lassen Sie beide Beine am Boden. Wenn Sie in dieser Position ins Schwanken kommen, sind Sie nicht gut verankert. Komfortables Schuhwerk wirkt hier Wunder.

3. Sehen Sie ins Publikum!

Wenn Sie Schaubilder benutzen, setzen Sie diese so ein, dass Sie sie mit einem Seitenblick erfassen können, beim Sprechen aber dem Publikum zugewandt stehen. Benutzen Sie einen Laserpointer und stehen Sie mit dem Rücken zur Wand direkt neben dem Schaubild, damit Sie Ihren Zuhörern nicht den Rücken zeigen.

4. Achten Sie auf eine »offene« Körperhaltung!

Wenn Ihre Videoaufzeichnung zeigt, dass Sie die Ellbogen häufig zu nah am Körper halten, lernen Sie, die Ellbogen anzuheben. Einer meiner Kursteilnehmer hat dafür einen witzigen Ausdruck gefunden: Er nennt diese Geste »die Achselhöhlen lüften«.

5. Nehmen Sie sich an den Olympiasiegern ein Beispiel: Strecken Sie Ihre Arme hoch in die Luft!

Fast jeder Sportler reißt im Augenblick des Triumphs die Arme nach oben. Es gibt keinen Grund, diese Siegergeste nicht nachzuahmen. Allerdings sollten Sie bedenken, dass sie recht dramatisch wirkt. Wenn Sie nur nach der Uhrzeit fragen wollen, wäre diese Geste wohl ein wenig übertrieben.

6. Zeigen Sie Größenverhältnisse mit beiden Händen an!

Wenn Sie Wachstum signalisieren wollen, bewegen Sie die Handflächen auseinander. Geht es hingegen um Rückgang, dann bewegen Sie die Handflächen aufeinander zu. Lassen Sie danach die Arme einfach locker fallen.

7. Unterstreichen Sie Ihre Worte mit passenden Gesten!

Gut geeignet sind dafür: die schwungvolle Handbewegung von einer Seite zur anderen oder die Hackgeste, bei der Sie mit geöffneter Handfläche von oben nach unten »hacken«.

8. Gehen Sie auf das Publikum zu und wieder zurück!

Wenn Sie sich an einen bestimmten Zuhörer wenden, gehen Sie ruhig auf ihn zu. Gehen Sie nach dieser »Einlage« wieder ans Pult zurück.

9. Machen Sie Kunstpausen!

10. Zeigen Sie nie mit dem Finger auf jemanden!

Wenn Sie auf etwas oder jemanden zeigen müssen, tun Sie das mit offener Handfläche und nicht etwa mit dem Finger. (Der ausgestreckte Finger erinnert zu sehr an ein Gewehr und wird meist als feindselig empfunden.)

11. Das sollten Sie niemals tun!

Tabu sind: mit der Faust auf den Tisch schlagen, mit dem Finger zeigen, den Zuhörern den Rücken zuwenden, mit den Schultern zucken, sich breitbeinig hinstellen und die Fäuste in die Taille stemmen, auf die Uhr schauen, mit Brille, Haaren, Taschen, Stiften spielen.

12. Erweitern Sie das Repertoire Ihrer Gesten!

Lassen Sie sich von erfolgreichen Rednern und Rednerinnen inspirieren. Beobachten Sie sie und nehmen Sie neue Gesten in Ihr Repertoire auf. (Sie können sich natürlich auch an einen professionellen Sprechtrainer wenden.)

Wenn Sie Ihren Fundus an Gesten gut beherrschen, sollten Sie sich um die Erweiterung Ihres Repertoires bemühen. Die folgende Geschichte stammt von einer professionellen Rednerin, die letztes Jahr eine große Präsentation vor 1200 Zuhörern halten musste. Es handelte sich um eine jener Konferenzen, die aus fünf Sektionen mit mehreren Sitzungen bestehen, was die Gefahr birgt, dass die Zuhörer bereits deutliche Anzeichen von Erschöpfung zeigen, wenn die Präsentation beginnt. Daher entschied unsere Rednerin sich für einen witzigen Einstieg. Mit Vicki Casaretts, der Körpersprachetrainerin, studierte sie ein paar neue und schwierige Gesten ein. Diese Gesten sollten mangelndes Selbstvertrauen, Angst und Unterlegenheit signalisieren. Der Moderator wurde überredet mitzuspielen: Er schien schockiert, als er die Vorstellung der Rednerin übernahm. Die Rednerin saß auf einem Stuhl auf dem Podium. Die Fußspitzen zeigten nach außen, während die Knie eng aneinander gepresst waren. Die Ellbogen hielt sie eng am Körper. Wenn sie die Oberarme hob, dann nur, um mit ihrem Stift zu spielen. Dabei sah sie an die Decke, rückte ihr Schulterpolster zurecht und strich immer wieder die Blätter ihres Skripts glatt. Das

Publikum verstand und begrüßte diese Negativvorstellung mit schallendem Gelächter. Eine ungewöhnliche, aber sehr erfolgreiche Art, eine Rede zu beginnen. Und ein unwiderlegbarer Beweis für die Macht der nonverbalen Kommunikation.

Was jetzt zu tun ist!

■ Bitten Sie fünf Kollegen, Ihr Erscheinungsbild im Büro einzuschätzen. Oder engagieren Sie eine Stilberaterin, die Ihren Kleiderschrank überprüft.

Zeichnen Sie eine Rede ohne Ton auf Video auf: nur Gesten, nichts sonst. Dann probieren Sie die oben empfohlenen Tipps aus. Machen Sie auch davon eine Aufzeichnung. Üben Sie immer nur eine neue Geste auf einmal ein. Lassen Sie sich bei Ihrer nächsten Präsentationen aufnehmen. Sehen Sie sich die Aufzeichnung an und stellen Sie dabei den Ton ab. Welche Gesten machen Sie? Wie wirken diese? Wenn Ihre persönlichen Gesten hier nicht genannt sind, listen Sie diese auf und geben Sie ihnen Namen. So wird es Ihnen leichter fallen, diejenigen zu benennen, die besonders gut funktioniert haben.

Alles in allem bietet sich Ihnen durch nonverbale Kommunikation ein sehr effektiver Weg, Ihre Autorität zu unterstreichen und als Vorbild für Ihre Umgebung zu wirken. Denken Sie daran: Als Führungskraft stehen Sie im Rampenlicht.

Doch wie Sie wissen, genügt es nicht, einfach nur gut auszusehen. Natürlich müssen Sie auch wie eine Führungskraft sprechen!

6
So sprechen erfolgreiche Menschen

Wenn Sie eine Idee oder eine Strategie nicht klipp und klar in einem oder zwei Sätzen darstellen können, sind Sie selbst nicht von ihr überzeugt. Und wenn Sie nicht überzeugt sind, wird sich auch niemand anderer davon überzeugen lassen oder ... erkennen, welche Persönlichkeit dahinter steht.

Stanley Fish

Nonverbale Führungsqualitäten beeinflussen den allgemeinen Eindruck, den andere von Ihnen gewinnen. Doch letztlich ist die Fähigkeit, andere zu überzeugen, immer von Ihrer sprachlichen Kunstfertigkeit abhängig. In diesem Kapitel geht es um jene Sätze und Wörter, die Ihre Autorität untergraben, und um solche, welche Ihre Führungsqualitäten stärken. Trotzdem sollten Sie wissen, dass es hier nicht vorrangig um Grammatik und ihre Regeln geht, sondern letztlich darum, wie unsere Äußerungen unsere Führungsqualitäten formen und widerspiegeln. Kleine Veränderungen in unseren sprachlichen Gewohnheiten reflektieren eine neue Art, mit der Welt umzugehen. Glauben Sie mir, es ist sehr viel leichter, sprachliche Unarten abzulegen als charakterliche. Jedenfalls haben wir bei Tausenden von Kursteilnehmern beobachtet, wie sich mit ihrer Sprache auch ihr Charakter veränderte.

Vermeiden Sie Sätze, die Ihre Autorität untergraben!

Vermeiden Sie Ich-Sätze!

Bevor wir ins Detail gehen, lesen Sie doch bitte die unten stehenden Sätze und kreuzen Sie jene an, die Sie selbst häufig verwenden.

Ich bin nicht Ihrer Meinung. ☐
Sie liegen falsch. ☐
Ich finde die Idee gut. ☐
Ich erwarte von Ihnen, dass Sie den Bericht rechtzeitig abliefern. ☐
Ich bin mit Ihrer Leistung zufrieden. ☐
Ich werde das Unternehmen zum Erfolg führen. ☐
Ich werde nicht nachgeben. Ich werde nicht zurückweichen. Ich werde nicht ruhen. ... ☐

Nun fragen Sie sich vielleicht, was an diesen Sätzen falsch sein soll. Vermutlich haben Sie festgestellt, dass Sie solche oder ähnliche Sätze ständig verwenden. Gut: Genau dafür ist dieses Kapitel gedacht. Obwohl grammatikalisch korrekt sind die aufgeführten Sätze »schwach«. Denn was hat der Sprecher in all diesen Fällen vergessen? Die wichtigste Frage von allen, nämlich: »Worum geht es hier **nicht**?« Analysieren wir also die einzelnen Sätze, um herauszufinden, was sie zu »schwachen« Sätzen macht und wie man sie besser formulieren könnte. Zu diesem Zweck benutzen wir unsere drei Kernfragen: »Worum geht es hier nicht?« Und: »Worüber wird hier eine Aussage getroffen?« Und die letzte: »Was wird in diesem Satz ausgesagt?«

Ich bin nicht Ihrer Meinung. Sie liegen falsch.
Diese beiden Sätze haben den Nachteil, dass sie etwas personalisieren, was strikt im sachlich-beruflichen Rahmen bleiben sollte. Mit solchen Sätzen setzen Sie Ihrem Gesprächspartner gleichsam die Pistole auf die Brust. Unsere drei Fragen zeigen schnell, wo die Schwierigkeiten liegen.

Ich bin nicht Ihrer Meinung. Worum geht es hier nicht? Um Sie, auch wenn es auf den ersten Blick so aussieht. Worum geht es dann aber? Nun wird der grundlegende Mangel des Satzes deutlich: Der Satz hat keine sachliche Grundlage. Worüber Sie mit Ihrem Gesprächspartner nicht einer Meinung sind, müssen wir erraten. Vielleicht das Forschungsprojekt, das Ihr Gesprächspartner gerade vorgestellt hat. In diesem Falle würde der bessere Satz so beginnen: Das (Ihr) Forschungsprojekt ... Und was wollten Sie über das Projekt sagen? Vielleicht: *Das Forschungsprojekt überschreitet die Planungsvorgaben.* Ah, darum geht es also! Der veränderte Satz drückt immer noch mangelnde Übereinstimmung aus, aber mit einem Mal ist die Feindseligkeit daraus verschwunden. Die Aussage steht im Raum und die Gesprächspartner können sich damit auseinander setzen – ohne Zorn, ohne Feindseligkeit, ohne persönliche Angriffe.

Lassen Sie uns auf dieselbe Weise den nächsten Satz überprüfen: *Sie liegen falsch.* Diese Worte werden in beinahe jedem denkbaren Kontext als unfreundlich und persönlich beleidigend empfunden. Worum geht es hier nämlich nicht? Es geht nicht um den Gesprächspartner. Worum geht es? Zum Beispiel darum, dass ein Schriftsatz Fehler aufweist. Besser wäre es, den Satz so zu beginnen: Ihr (oder: dieser) Schriftsatz ... Und was soll über diesen nun ausgesagt werden? Vielleicht, dass die Argumentation des Schriftsatzes von der geltenden Rechtsprechung nicht gedeckt wird? Ein entsprechend abgewandelter Satz ist nicht mehr feindselig und vergleichsweise vage formuliert, sondern hat einen konkreten Inhalt, der auf neutrale Weise vermittelt wird.

Ich finde die Idee gut.
Mittlerweile sollten Sie in der Lage sein, klar herauszustellen, weshalb dieser eigentlich nett klingende Satz die Führungsqualitäten des Sprechers untergräbt.

Ich erwarte von Ihnen, dass Sie den Bericht rechtzeitig abliefern.
Auch dieser Satz hat eine »schwache« Struktur, die nahe legt, dass es hier um Sie geht. Mit unserer ersten Kernfrage finden Sie dies leicht heraus. Mit der zweiten Frage gehen Sie dem eigentlichen Gegenstand der Aussage nach (grammatikalisch ausgedrückt: dem Subjekt). Worüber wollten Sie also sprechen? Offensichtlich über »den Bericht«. Und was sagt uns die dritte Frage? Dass dieser Bericht »rechtzeitig« in Ihrem Büro landen soll. Wäre es nicht besser, klipp und klar zu sagen: *Dieser Bericht muss bis Dienstag auf meinem Schreibtisch liegen.* Auf diese Weise erteilen Sie eine unmissverständliche Anweisung. War es nicht das, was Sie eigentlich sagen wollten?

Ich bin mit Ihrer Leistung zufrieden.
Das hört sich doch recht gut an. Wie aber können wir mit diesem

Satz mehr Führungsqualität ausstrahlen? Auch hier hilft uns die erste Frage weiter: Sie wollten doch keine Aussage über sich selbst treffen, oder? Worum geht es also: um die Leistung Ihres Gesprächspartners. Aber was ist die konkrete Aussage, wenn Sie sich aus dem Satz herausnehmen? Vielleicht: *Ihre Leistung hat unsere Rechnungslegung stark beschleunigt.* (Hier können Sie dem Mitarbeiter ruhig für sein Engagement danken.) Nun vergleichen wir einmal den ersten mit dem geänderten Satz: »Ich bin mit Ihrer Leistung zufrieden« versus »Ihre Leistung hat unsere Rechnungslegung stark beschleunigt. Vielen Dank.«

In meinen Aufzeichnungen findet sich auch der Brief eines hoch qualifizierten Wissenschaftlers, der seine Bedenken hinsichtlich eines neuen Projektes ausdrückt. Der Absender fragte sich, weshalb er mit diesem Brief keinerlei Wirkung erzielte. Doch der Brief ist voll mit Ich-Sätzen, welche die Aussage abschwächen: »Ich habe kürzlich gehört ... was ich sehr hoffe ... Ich bin bestürzt über ... denn dessen bin ich mir sicher ... ich habe das Thema im Gespräch angeschnitten ... ich kann Ihnen versichern ... einmal habe ich ... ich möchte unterstreichen ... ich habe von einer Reaktion gehört ... wenn ich mir vorstelle ... ich wäre dazu nicht in der Lage ... ich bitte Sie dringend ... ich bin absolut sicher ... ich verstehe einfach nicht ... ich würde erst einmal ... ich fordere Sie auf ...« All diese Ich-Sätze umrahmen die eigentlichen Aussagen. Für sich genommen wirken sie ja recht harmlos, doch die Anhäufung nimmt dem Brief seine Aussage- und Überzeugungskraft.

Nun zu den letzten beiden Sätzen unseres Beispiels: *Ich werde das Unternehmen zum Erfolg führen.* Und: *Ich werde nicht nachgeben. Ich werde nicht zurückweichen. Ich werde nicht ruhen ...* stammen aus wichtigen Reden von Führungskräften. Sie zeigen einmal mehr, dass auch professionelle Redenschreiber sich der abschwächenden Qualität von Ich-Sätzen nicht bewusst sind. Wer dauernd über sich selbst spricht, signalisiert den Menschen, die er führen soll, dass er sich für sie letztlich nicht interessiert. Und so strahlen diese Sätze eher Selbstbezogenheit aus als Führungsstärke.

Die Psychologin Renana Brooks[20] ist sogar der Ansicht, dass solch eine Sprache andere zu Opfern macht und sie zu dominieren sucht. Sie spricht von einer »Sprache, die Abhängigkeit schafft ...

einer Sprache der Einschüchterung und Missachtung, die andere zu beschämen und sie so in die Unterwerfung oder in eine Art verzweifelter Bewunderung zu drängen sucht«. Brooks nennt solche sprachlichen Strukturen »Personalisierung«: »... die Aufmerksamkeit des Zuhörers wird auf die Persönlichkeit des Sprechers gelenkt ... den man für die einzige Person halten soll, welche in der Lage ist, bestimmte Ergebnisse zu erzielen.« Und so gehorcht auch der Ich-Satz dem Janus-Prinzip: Er kann die Aussage des Sprechers abschwächen, gleichzeitig aber zur Dominanz über andere führen.

Betrachten wir nun eine berühmt gewordene Anwendung des Ich-Satzes: Martin Luther Kings großartige Rede, die er 1962 auf den Stufen des Lincoln-Denkmals hielt. Jeder Abschnitt dieser Rede begann mit: »Ich habe einen Traum ...« Warum wirkt hier der Ich-Satz nicht schwach? Weil der große Führer der Afro-Amerikaner nicht von sich spricht. Das »Ich« steht symbolisch für die gesamte Menschheit und nicht für Martin Luther King alleine.

Heißt die Schlussfolgerung nun, dass Sie Ich-Sätze grundsätzlich aus Ihrem Repertoire verbannen müssen? Natürlich nicht. Wenn Sie beispielsweise einen dominanten Führungsstil praktizieren, wird das »Ich« in Ihren Äußerungen weiterhin vorherrschen. Auch wenn Sie wenig Selbstvertrauen und Führungsstärke besitzen, werden die Ich-Sätze nicht verschwinden. Vielleicht möchten Sie nett und freundlich erscheinen und setzen deshalb auf das »Ich« – allerdings im falschen Glauben, dass Sie so Ihr Ziel eher erreichen. Wenn Sie jedoch fair und zugleich »stark« führen wollen, wenn Sie Ihre Mitarbeiter zur Selbstständigkeit anleiten, wenn Sie anderen Selbstvertrauen vermitteln wollen, dann sollten Sie »Ich-Aussagen« weitgehend meiden. Verwenden Sie das »Ich« nur dann, wenn Sie wirklich über sich selbst sprechen wollen. Manchmal dient eine Geschichte aus dem eigenen Leben der Veranschaulichung einer Aussage oder hebt den menschlichen Aspekt hervor. In solchen Fällen ist eine Ich-Aussage angemessen und strahlt Autorität und Klarheit aus.

Aus gutem Grund finden Sie in guten politischen Reden kaum Ich-Sätze. In der berühmten Gettysburg-Rede von Präsident Lincoln[21] fällt das Wörtchen »ich« kein einziges Mal. Tony Blairs bedeutende Rede, die er am 18. Juli 2003 vor dem US-Amerikanischen Kongress[22] hielt, zählte beinahe 3500 Worte. Auch hier nahm das Wort »Ich« weniger als ein halbes Prozent des Textes ein.

Was jetzt zu tun ist!

■ **Suchen Sie im Internet nach einer guten Rede eines Politikers oder Unternehmensführers. Zählen Sie, wie oft darin das Wörtchen »ich« vorkommt. Wenn Sie das Skript zu einer Ihrer Reden fertig gestellt haben, zählen Sie, wie viele Ich-Sätze die Rede umfasst. (Meine Kursteilnehmer kommen dabei in der Regel auf circa zehn Prozent aller Worte.) Machen Sie eine Videoaufzeichnung von einem kleineren Meeting. Lassen Sie von Ihren Beiträgen eine Abschrift anfertigen. Zählen Sie auch darin die Ich-Sätze. Zu viele? Wirkt Ihr »ich« dominant? Oder schwächt es Ihre Aussage ab? Ist es vielleicht sogar angemessen?**

Je mehr Sie lernen, Ihre sprachlichen Äußerungen zu kontrollieren, desto weniger Ich-Sätze werden Sie verwenden.

Wenden Sie Pronomen überlegt an!

»Ich« ist beileibe nicht das einzige Pronomen (Fürwort). Pronomen sind Wörter, die für jemand oder etwas stehen, zum Beispiel: »Sie«, »wir«, oder »uns«. Meist machen wir uns über die Pronomen, die wir verwenden, keine Gedanken: dabei können sie viele verschiedene Botschaften haben und sind ein aussagekräftiger Bestandteil eines Satzes. Pronomen signalisieren nämlich keineswegs immer dasselbe. Wie wir bereits gesehen haben, gehört »ich« zu jenen Wörtern, die mit Vorsicht zu gebrauchen sind. Auch das »Sie« ist problematisch: Es erfüllt seinen Zweck in einem Satz wie: »Sie stehen für die Führungskraft unseres gesamten Unternehmens.« In einem anderen Kontext jedoch macht es die Botschaft zunichte, zum Beispiel in folgendem Fall: »Sie ruinieren jedes einzelne Projekt.« Die bereits erwähnte Rede von Tony Blair enthielt Sätze wie: »Sie können eine ganz außerordentliche Bilanz ziehen ...« Oder: »... mein Land, das beobachtete, wie Sie zur Größe heranreiften, das nun Seite an Seite mit Ihnen kämpft, wie Sie Seite an Seite mit uns gekämpft haben ...« Hier unterstreicht das Wort, die Botschaft, die übermittelt werden soll. Einen gravierenden Fürwort-Lapsus gab es während des Präsidentschaftswahlkampfs 2004 in den USA. Einer der Kandidaten sprach vor der NAACP *(National Association for the Advancement of Colored People)* und wandte sich an seine Zuhörer mit den wenig respektvollen Worten »Liebe Leute«. Kein Mensch hörte mehr auf die wirtschaftspolitischen Grundlagen seiner Rede. Jeder erinnerte sich später nur noch an seine unglücklich gewählte Anredeformel, die von vielen als diskriminierend empfunden wurde. Kein Wunder also, dass der Kandidat bald aus dem Rennen war. Lassen Sie nicht zu, dass Ihnen dasselbe geschieht.

Ein Pronomen, das immer seinen Zweck erfüllt, ist »wir«. Linguistische Forschungsarbeiten ergaben, dass Teams, bei deren Sitzungen und Meetings häufiger das Wörtchen »wir« fällt als »ihr« oder »ich«, erfolgreicher zusammenarbeiten. Zusammenfassend heißt es in diesem Bericht: »Die Art, in der Teammitglieder miteinander sprechen, verrät, inwieweit sie sich vernetzt fühlen.«[23]

Daher kann der Wert des Wörtchens »wir« gar nicht hoch genug angesetzt werden. Eine Führungskraft, die ihr Team, ihre Gruppe oder ihr Unternehmen mit dem Wort »wir« einbezieht, wird sehr viel schneller akzeptiert. Wie stark dieses Wort wirkt, zeigt Ihnen ein Ausschnitt aus der Radioansprache, die Winston Churchill hielt, als die Deutschen während des Zweiten Weltkriegs drauf und dran waren, England zu besetzen: »Wir werden bis zum Ende gehen. Wir werden in Frankreich kämpfen. Wir kämpfen auf Meeren und Ozeanen. Auch in der Luft werden wir mit wachsender Zuversicht und wachsender Stärke kämpfen.« Wollte Churchill selbst ins Flugzeug steigen? Wohl kaum. Er saß sicher in seinem Bunker, doch er war klug genug zu wissen, dass niemand ihm folgen würde, wenn er gesagt hätte: »Ihr werdet kämpfen müssen.« Die Rede von Tony Blair zum Beispiel enthält doppelt so viele Wir- als Ich-Sätze: »Mehr denn je zuvor sind wir miteinander verbunden ... wenn wir uns täuschen ... wir werden gemeinsam ... wir werden es schaffen ...« Wenn Sie andere also inspirieren wollen, sollten Sie klug genug sein, auf die Kraft des schlichten Wörtchens »wir« nicht zu verzichten. Natürlich darf auch dadurch der Sinn Ihrer Aussage nicht entstellt werden. Sätze wie: »Wir müssen nur kurz zu Hause anrufen« sind unsinnig.

Vermeiden Sie »schwache« Satzkonstruktionen!

Überprüfen Sie die unten stehenden Sätze: Gehören einige davon auch zu Ihrem Repertoire?

Ich habe ein gutes Gefühl bei diesem Projekt. ☐
Wie geht es Ihnen damit, Thomas? ☐
Meinen Sie, wir sollten diese Computer kaufen? ☐
Wir haben das Gefühl, dass das reine Verschwendung wäre. ☐
Wir haben die Informationen gründlich geprüft und finden, dass sie unsere Position stützen. ☐
Mir gefällt Ihre Leistung im letzten Vierteljahr. ☐
Ich werde Sie nun an diesem Millionendeal teilhaben lassen. ☐
Wir bräuchten einen Neuanfang. ☐
Ich finde diesen Vorschlag gar nicht gut. ☐

Ich-Sätze sind nicht die einzigen Stolpersteine auf dem Weg zu einer starken Führungssprache. In letzter Zeit ist es in Mode gekommen, im Geschäftsleben eine weniger steife Ausdrucksweise zu gebrauchen. Führungskräfte bemühen sich um einen weniger förmlichen sprachlichen Ausdruck (Gute Idee!) und um eine persönlichere Herangehensweise (Superidee!). Meist versuchen sie dies mit »Kuschelwörtern« wie den oben genannten (Keine gute Idee!). Natürlich ist es wichtig, wie sich Menschen am Arbeitsplatz fühlen. Daher sollte die interne Unternehmenskommunikation von Höflichkeit und Freundlichkeit geprägt sein. Das bedeutet aber nicht, dass plötzlich nur noch schwammige, gefühlsbetonte Sprachmuster gepflegt werden sollten, die im Übrigen auch ungenaues Denken fördern.

Vermeiden Sie »Puffer«!

Mit »puffern« ist hier eine Ausdrucksweise gemeint, die es dem Sprecher erlaubt, sich nicht festzulegen. Einige Menschen brauchen das, weil sie eigentlich nicht genau wissen, worüber sie sprechen. Andere tun es, weil sie vor anderen verbergen wollen, was sie zu sagen haben. Wieder andere tun es, weil sie – fälschlicherweise – glauben, so die Ecken und Kanten ihrer Persönlichkeit abpolstern zu können. Den Wenigsten aber ist bewusst, dass Puffer den Sätzen ihre Power vorenthalten. Unten finden Sie eine Liste von Pufferwörtern, die oft verwendet werden. Welche davon benutzen auch Sie? Schreiben Sie daneben, warum Sie auf solche Pufferwörter und -sätze zurückgreifen. Was wollen Sie damit erreichen? Haben Sie etwas zu verbergen? Oder fehlt Ihnen Selbstvertrauen?

Puffer	**Grund**
Grundsätzlich ...	....
Meiner Meinung nach ...	....
Ich sehe das so ...	....
Nun ...	....
Ich nehme an ...	....
Eigentlich ...	....
Ich würde gerne wissen ...	....

Schlimmer jedoch sind Puffer, mit denen Sie sich selbst herabsetzen. Diese Füllwörter schaden mehr als andere. Überprüfen Sie mit Hilfe der unten stehenden Liste, welche Sie benutzen und warum.

Puffer	**Grund**
Ich bin nicht sicher, wie ich dazu stehe, aber ...	....
Vielleicht könnten Sie mir sagen ...	....
Ich verstehe ja eigentlich nichts von Bilanzen, aber ...	....
Es ist ja nur meine persönliche Ansicht, aber ...	....
Da ich nicht viel darüber weiß ...	....
Das mag ja nur meine Meinung sein ...	....
Ehrlich gesagt ...	....
Wissen Sie, was ich meine?	....

Es gibt auch Frageformen, die den Fragesteller von vornherein klein und schwach erscheinen lassen:

Puffer	Grund
Ich habe mich nur eben gefragt ...	....
Meinen Sie, Sie könnten vielleicht ...	....
Ich wollte ja eigentlich nur erfahren ...	....
Das ist ja vielleicht eine dumme Frage ...	....

Lassen Sie solche Puffer künftig sein – mit einer Ausnahme: wenn Sie tatsächlich Unsicherheit ausdrücken wollen. In diesem Fall können Sie auf eine der zahlreichen Ausdrucksformen zurückgreifen, die unsere Sprache uns für diesen Fall zur Verfügung stellt: kann, sollte, vielleicht, scheint, angeblich und so weiter. Auf diese Weise können Sie schwache Sätze wie »Ich bin nicht sicher, wie ich das finden soll, aber ...« verwandeln in ein starkes: »Dieser Flyer kommt unseren Vorstellungen am nächsten.« Oder in die berechtigte Frage: »Wie konnte das passieren?«

Passiv im Passiv: Die Welt, in der niemand etwas tut

Für die Beschäftigung mit dem Passiv müssen wir zunächst einmal unsere Grammatikkenntnisse auffrischen.

In den europäischen »Standardsprachen« benutzt man vorzugsweise das **Aktiv**. Dies gilt für das Englische ebenso wie für das Deutsche. Die Sätze stehen dabei in der so genannten SPO-Stellung: Auf das Subjekt folgt das Prädikat und dann das Objekt. (Beispiel: Der Geschäftsführer schrieb eine Rede.) Aktiv nennt man diese Form, weil hier das Subjekt (der Geschäftsführer) mit Hilfe des Verbs (schrieb) handelt, während das Objekt (die Rede) der Teil des Satzes ist, mit dem etwas geschieht. Manche Menschen glauben, dass im Aktiv nur Personen als Subjekt agieren können. Das ist aber ein Missverständnis, das zur übermäßigen Verwendung des Passivs führt. Das Subjekt kann sowohl belebt (ein Mensch bzw. eine Gruppe von Menschen) als auch unbelebt (ein Gegenstand oder eine Gruppe von Gegenständen) sein. Ein Beispiel: »Die Rede brachte das Thema auf den Punkt.« In unserer Welt können nicht nur Menschen aktiv sein. Es gibt eine Menge unbelebter Elemente, die trotzdem etwas tun können: Unternehmen, Produkte, Ausrüstungsgegenstände, Computer (die ganz besonders!), Statistiken und so weiter.

Passiv (auch »Leideform« genannt) bedeutet, dass wir das Objekt zum Subjekt machen. In unserem Beispiel wandert also »die Rede« an die Stelle, an der gewöhnlich das Subjekt steht. Das Verb muss dann ins Passiv gesetzt werden und zwar mit den Hilfsverben »sein« oder »werden«. Auf diese Weise verwandelt sich der Aktivsatz: »Der Geschäftsführer schrieb eine Rede« in den Passivsatz: »Die Rede wurde geschrieben.« Sogar wenn wir den Handelnden (den Geschäftsführer) in den Satz einbauen, bleibt dieser doch passiv.

Beachten Sie bitte, dass man im Passiv zwischen Vorgangs- und Zustandsform unterscheidet. Das Vorgangspassiv wird mit dem Hilfsverb »werden«, das Zustandspassiv mit dem Hilfsverb »sein« gebildet. Wie der Name sagt, betont das Vorgangspassiv den »Vorgang« und wirkt also weniger »passiv« als das Zustandspassiv, das nur den fertigen Endzustand verdeutlicht. Ein Beispiel: »Der Patient wurde von dem Medikament geschwächt« weist auf die Aktivität des Medikaments hin. Der Satz: »Der Patient ist von dem Medikament geschwächt« rückt dagegen den Zustand des Patienten in den Vordergrund.

Außerdem kann nicht jedes Verb ins Passiv gesetzt werden. Im Allgemeinen können nur so genannte »transitive« Verben problemlos passivisch verwendet werden. Transitive Verben sind solche mit einem Objekt im Akkusativ (dem 4. Fall, den man mit »Wen oder was?« abfragt). Intransitive Verben (also solche, die kein Akkusativobjekt nach sich ziehen) können nur dann ins Passiv gesetzt werden, wenn sie mit einem belebten Subjekt verbunden sind. Auch dafür möchte ich Ihnen ein Beispiel geben. Der Satz: »Diese Aussage beruht auf einem Irrtum« kann nicht ins Passiv gesetzt werden.

So weit, so gut. Sie müssen nicht zum Grammatikprofi werden, um diesen Unterschied zu verstehen und die Passivkonstruktion erfolgreich einsetzen zu können. Die folgenden Beispiele sollen Ihnen ein Gespür dafür vermitteln, was den Unterschied zwischen Aktiv- und Passivsätzen ausmacht.

Aktiv	Passiv
Unternehmen A eroberte neue Marktanteile.	*Neue Markanteile wurden von Unternehmen A erobert.*
Bitte erstellen Sie ein Angebot.	*Ein Angebot sollte erstellt werden.*
Der Verkaufsmanager setzt neue Geschäftsideen um.	*Neue Geschäftsideen wurden umgesetzt.*
Die Ergebnisse suggerieren ein Anwachsen des Verschmutzungsgrades.	*Ein Anwachsen des Verschmutzungsgrades wird von den Ergebnissen suggeriert.*

In diesen Beispielen wirkt der Passivsatz zu lang, zu kompliziert und schwer verständlich. Doch in manchen Fällen **soll** die eigentliche Bedeutung einer Aussage verschleiert werden. In diesen Fällen nämlich empfiehlt sich das Passiv. Das Weiße Haus hat hier ein paar meisterhafte Beispiele geliefert. Beliebt ist vor allem der Satz: »Es wurden Fehler gemacht.« So muss der Schuldige, der die Fehler begangen hat, nicht genannt werden. Das Passiv ist auch dann angebracht, wenn es zu einer Handlung keinen Handelnden gibt bzw. derselbe nicht bekannt ist. (»Während des Einbruchs wurden große Schäden verursacht.«) Im Allgemeinen aber sollten Sie das Aktiv mit der Kraft seiner Handlungsverben vorziehen.

Zwei Arten, Passivsätze zu benutzen

Wenn Sie bei der Durchsicht Ihrer sprachlichen Erzeugnisse auf zu viele Passivkonstruktionen stoßen, dann sollten Sie etwas ändern, denn es ist unwahrscheinlich, dass Sie mit solch einer Rede Ihre Mitarbeiter von den Stühlen reißen. Es gibt zwei Arten, wie Sie einen Satz ins Aktiv zurückholen können. Bei der ersten Variante wird einfach der Originalsatz wieder hergestellt. Sie verschieben das Objekt von der Subjektposition zurück in seine ursprüngliche Stellung. Zum Beispiel so:

Passiv	Aktiv
Das Produkt wurde entworfen.	***Die Entwickler entwarfen das Produkt.***
Das Produkt wurde im Süden auf den Markt gebracht.	***Wir haben das Produkt im Süden auf den Markt gebracht.***

Bei der zweiten Möglichkeit bleibt das Objekt in der Subjektposition und wird mit einem Handlungsverb versehen:

Passiv	Aktiv
Das Produkt wurde entworfen.	***Das Produkt ging aus der Werkstatt der Entwickler hervor.***
Das Produkt wurde im Süden auf den Markt gebracht.	***Das Produkt eroberte den Markt im Süden.***

Verben und der Wille zum Handeln

Im vorigen Abschnitt konnten Sie sehen, wie Passivsätze Ihre Autorität untergraben. Nun geht es darum, wie Sie mit Hilfe von Handlungsverben Ihre Führungsstärke unter Beweis stellen können. Wenden wir uns also dem großen amerikanischen General Ulysses S. Grant[24] zu, auch wenn dieser auf den ersten Blick ein ungewöhnliches Vorbild für Führungskräfte im Geschäftsleben zu sein scheint. Der Historiker James McPherson jedenfalls hebt in seiner Laudatio auf den berühmten General des amerikanischen Bürgerkrieges eben die Klarheit von Grants Führungssprache hervor. McPherson legt nahe, dass Grants Erfolge auf dem Schlachtfeld nicht nur seinen sprachlichen Gewohnheiten im Allgemeinen, sondern im Besonderen seinem Geschick bei der Verwendung von **Handlungsverben** zuzurechnen ist. McPherson schreibt von dessen »Willen zum Handeln, der sich in der Dominanz von Sätzen mit Handlungsverben in Grants Schriften belegen lässt«. So zitiert er beispielsweise einen seiner Befehle: »Vergessen Sie den Nachschub und werfen Sie alles nach vorn!« In den Augen des Historikers spiegelt diese Klarheit einen anderen Charakterzug des Generals wider, nämlich das, was Grant selbst »den Mut der Moral« nannte.

Wenn Sie eine Führungsposition innehaben, müssen Sie Anweisungen und Befehle erteilen. Die Auflistung unten zeigt Ihnen, wie eine schwache Führungskraft Grants Befehl wohl formuliert hätte. Wie hätten Sie's gesagt?

- *Glauben Sie, Sie könnten den Nachschub beiseite lassen und alles nach vorne werfen?*
- *Ich erwarte von Ihnen, dass Sie den Nachschub beiseite lassen und alles nach vorne werfen.*
- *Ich bin nicht sicher, was ich davon halten soll, aber ich denke, Sie sollten den Nachschub beiseite lassen und alles nach vorn werfen.*
- *Ähm, äh, ich hätte gerne, dass Sie den Nachschub beiseite lassen und alles nach vorn werfen.*
- *Wenn Sie sich freimachen könnten, könnten Sie dann wohl den Nachschub beiseite lassen und alles nach vorne werfen?*
- *Ich möchte, dass Sie mir einen Gefallen tun: Würden Sie wohl den Nachschub beiseite lassen und alles nach vorne werfen?*
- *Liebe Leute, ihr solltet den Nachschub beiseite lassen und alles nach vorne werfen.*
- *Nun, es wäre gut, wenn Sie den Nachschub beiseite lassen und alles nach vorne werfen würden.*
- *Ich glaube wirklich, Sie sollten den Nachschub beiseite lassen und alles nach vorne werfen.*
- *Der Nachschub sollte beiseite gelassen und alles nach vorne geworfen werden.*
- *Wir sollten den Nachschub beiseite lassen und alles nach vorne werfen.*
- *Bitte lassen Sie den Nachschub beiseite und werfen Sie alles nach vorne.*

  (Außerhalb des Schlachtfeldes allerdings ist die Verwendung des Wortes »Bitte« durchaus empfehlenswert, weil es die Anordnung leichter verdaulich macht.)

Handlungsverben beleben nicht nur Ihre Ausdrucksweise. Sie stehen sowohl für den **Mut der Moral** als auch den **Willen zum Han-**

deln – also für die Kernelemente der Führungssprache des Erfolgs. Wenden wir uns also den Verben zu, die in unserer Sprache eine so wichtige Rolle spielen. Sie zeigen an, was geschieht, in welchem Zustand sich etwas befindet und darüber hinaus markieren sie den Fluss der Zeit. Ich betrachte sogar »wissen« oder »verstehen« als Handlungsverben, obwohl Sie nicht unbedingt etwas tun, wenn Sie etwas wissen oder verstehen. Zustandsverben hingegen signalisieren, was Menschen oder Dinge **sind**, nicht was sie **tun**. Sagen Sie zum Beispiel: »Ich bin der Teamleiter«, dann verwenden Sie das Zustandsverb »sein«, um zu signalisieren, was Sie **sind**. Sagen Sie dagegen: »Ich leite dieses Team«, dann zeigt das Verb »leiten« an, was Sie **tun**. Aus diesem Grund klingt es so merkwürdig, wenn man in einem Bericht liest, dass jemand für die Firma »verantwortlich ist«. Sie erfahren nicht, was diese Person nun tatsächlich tut: Ist er oder sie Direktor dieser Firma? Oder Manager? Oder Finanzchef? Wenn es zu Ihren Gewohnheiten gehört, Sätze wie diesen zu bilden: »Das E-Business-Programm ist erfolgreich«, sollten Sie überlegen, diese Gewohnheit zu ändern. Sagen Sie doch lieber: »Das E-Business-Programm eröffnet uns neue Perspektiven.«

Zustandsverben signalisieren, was Menschen oder Dinge **sind**. Daher kann das Verb »sein« in dem Satz: »Ich bin ein Mensch« durch nichts ersetzt werden. Hier wird auf einen Zustand verwiesen. Zustandsverben zu verwenden, ist durchaus sinnvoll, doch wenn wir dort, wo Handlungsverben präziser und lebendiger sind, mit den ausdrucksschwachen Zustandsverben operieren, nehmen wir unserer Sprache die Ausdruckskraft und Power. So sagen wir zum Beispiel: »Es ist wichtig …« statt auf Ausdrücke zurückzugreifen wie: »Es kommt darauf an …« oder »Es gilt …«

Ersetzen Sie die Zustandsverben mehr und mehr durch ausdrucksstarke Handlungsverben. Wählen Sie dabei jenen Begriff, der am klarsten ausdrückt, was Sie sagen wollen. Statt des eher vagen Verbs »beeinflussen« geben Sie genau an, wie der Einfluss aussah: »untergraben«, »unterstützen«, »zerstören« oder »fördern«. Präzise Verben sind auch nicht länger als unpräzise (selbst wenn das durchaus vorkommen kann). Und Winston Churchill meinte schon: »Kurz gesagt ist gut gesagt.« Ich möchte Ihnen hier zeigen, dass Handlungsverben die Führungssprache des Erfolgs mit Klarheit und Kürze füllen. Sie haben eine solch herausragende Position oder möchten in eine Spitzenposition gelangen, weil Sie den Willen und die Macht zum Handeln haben. Das sollte sich auch in einer aktionsreichen, dynamischen Sprache widerspiegeln.

Überzeugen Sie mit Worten!

Warum sollten Sie sich überhaupt die Mühe machen, schwache Sprachstrukturen zu vermeiden und starke einzuüben, wenn nicht, um andere zu überzeugen? Wenn Sie andere führen wollen, müssen Sie sie davon überzeugen, das Richtige zu tun. Wollen Sie etwas verkaufen, ist es Ihre Aufgabe, den Kunden davon zu überzeugen. Alle Schritte, die Sie bislang gelernt haben, dienen einzig dazu, Ihre Überzeugungskraft zu stärken. In diesem Abschnitt möchte ich Sie in die Kunst des Überzeugens einführen.

Wenn Ihr stärkstes Argument allerdings der Holzhammer ist, dann sind Sie hier auf der falschen Baustelle. Wollen Sie hingegen lernen, wie man überzeugt und dabei die Rechte anderer achtet, dann sollten Sie lesen, was die Kolumnistin Ellen Goodman zu diesem Thema sagt:

»Es gibt zwei Möglichkeiten, andere zu überzeugen: Zum einen sollten Sie aufgrund Ihrer Fähigkeiten führen. Zum anderen sollten Sie transparent machen, wie Sie zu Ihren Schlussfolgerungen gelangt sind. Schließlich wollen Sie Skeptikern Ihre Sicht ja nicht mit Gewalt aufzwingen. Sie müssen andere den Weg entlang führen, den Sie selbst gegangen sind. Es nützt nichts zu sagen: ›So denke ich nun mal, du Arsch!‹ Führen Sie sie durch Ihre Argumente und zeigen Sie dadurch Respekt vor anderen Meinungen. Auf diese Weise zeigen Sie, wie Ihr Denken funktioniert, sodass andere Sie unterstützen, selbst wenn sie anderer Meinung sind ... Hier kommt es nicht darauf an, mit welcher Lautstärke Sie Ihre Argumente vorbringen. Hinterfragen Sie vorher, was Sie genau wollen. Wo liegt Ihr Ziel? Möchten Sie andere überzeugen? Wollen Sie, dass man Ihnen zuhört? Oder möchten Sie einfach nur Dampf ablassen? Wenn Letzteres Ihr Ziel ist, fahren Sie nach Hause, stellen Sie sich unter die Dusche und fangen Sie an, laut zu schreien! Wenn Sie sich jedoch eine sachliche Diskussion und einen echten Dialog wünschen, in dem andere Menschen Ihnen wirklich zuhören und Sie im Gegenzug wirklich die Argumente Ihres Gegenübers verstehen wollen, dann geben Sie sich bitte schön Mühe.«[25]

Wie aber lernt man, andere zu überzeugen? Hier liefert uns die sozialpsychologische Forschung wichtige Erkenntnisse. Wissenschaftler haben getestet, wie verschiedene Überzeugungstechniken auf andere wirken. Robert Cialdini,[26] der den Ehrentitel eines Regents' Professor für Psychologie an der Arizona State Universität innehat, empfiehlt, sich sechs Ausdrucksformen menschlichen Verhaltens zunutze zu machen, die bei anderen Menschen eine positive Reaktion auslösen. Diese werde ich Ihnen im Folgenden vorstellen – lassen Sie sich von ihnen inspirieren! Er stellte Testpersonen die Aufgabe, andere einmal mit diesen Ausdrucksformen zu überzeugen und einmal ohne. Menschen lassen sich beispielsweise leichter von Menschen überzeugen, die sie mögen. Ein gutes Beispiel ist der ehemalige Präsident der USA, Ronald Reagan. Obwohl so viele Menschen keineswegs seine politischen Ansichten teilten, mochten sie ihn und suchten die Zusammenarbeit mit ihm.

Verinnerlichen Sie die vorgestellten Gesetze und suchen Sie nach Möglichkeiten, sie in Ihrer Führungsposition anzuwenden. Sie werden sehen, dass der Erfolg nicht lange auf sich warten lässt.

Sechs Überzeugungsstrategien

1. Geben und Nehmen:

Dieses Gesetz der Gegenseitigkeit besagt, dass Menschen etwas zurückgeben wollen, wenn sie etwas erhalten haben. Aus diesem Grund verteilen gemeinnützige Organisationen, die auf Spenden angewiesen sind, so häufig kleine Geschenke. Doch beim Gesetz der Reziprozität (Gegenseitigkeit) geht es um mehr: Es bezieht sich nämlich auf jede Form von Zugeständnissen. Genau darum geht es bei allen Verhandlungen: »Ich gebe Ihnen dies,

Sie geben mir dafür jenes.« Wie können Sie dieses Gesetz sinnvoll in Ihre Führungssprache einbauen?

....

....

....

....

2. Das Gesetz der Konsequenz:

Wenn Sie andere Menschen dazu bringen, offen die Verpflichtung einzugehen, Sie zu unterstützen, können Sie damit rechnen, dass diese auch erfüllt wird. Bei einem von Professor Cialdini durchgeführtem Experimente versuchte ein Restaurant die Anzahl nicht eingehaltener Vorbestellungen zu verringern. Offensichtlich erfüllte die Aufforderung: »Bitte rufen Sie uns an, wenn sich Ihre Pläne geändert haben!« ihren Zweck nicht, sodass am Ende viele Tische leer blieben. Also formulierte man die Frage neu: »Würden Sie uns bitte anrufen, wenn Sie Ihre Pläne ändern?«, und signalisierte so, dass man darauf eine Antwort erwartete. Wie können Sie die Menschen in Ihrem Umfeld dazu bringen, die eindeutige Verpflichtung einzugehen, das zu tun, was getan werden muss? Welche sprachlichen Möglichkeiten sehen Sie, dies in Ihre Sitzungen und Präsentationen einzubauen?

....

....

....

....

3. Das Gesetz der sozialen Bestätigung:

Menschen neigen dazu, ein Verhalten, das sie an anderen beobachten, nachzuahmen. Die Tests zeigten, dass Menschen, die andere auf der Straße stehen und in den Himmel blicken sahen, auch stehen blieben und ihren Blick zum Himmel richteten. Wie können Sie diese Tendenz nutzen, um Ihre Überzeugungskraft zu stärken?

....

....

....

....

4. Das Gesetz der Sympathie:

Eine positive soziale Bindung zwischen zwei Menschen ist eine enorm überzeugende Kraft. Menschen schließen sich jenen an, die sie mögen. Cialdini nennt als Beispiel die weltweit beliebten Tupperware-Partys, bei denen im Freundeskreis dieser Artikel verkauft wird. Sympathie wird verstärkt durch äußerliche Attraktivität, Komplimente, Zusammenarbeit oder das Gefühl, einen Gleichgesinnten vor sich zu haben. Haben Sie dergleichen nicht schon selbst erlebt? Wie reagieren Sie, wenn der Verkäufer in einem Geschäft Ihnen ein Kompliment über Ihren Geschmack macht? Kaufen Sie nicht auch lieber dort? Bei einem der Experimente wurden junge Leute zum Spendensammeln auf das Universitätsgelände geschickt. Es stellte sich heraus, dass die Spenden sich verdoppelten, wenn die Sammler zu erkennen gaben, dass sie auch Studenten seien. Wie können Sie die vier Schlüsselelemente Attraktivität, Komplimente, Teamwork und das Gefühl, einen Gleichgesinnten vor sich zu haben, für Ihre Führungsstärke nutzen?

....

....

....

....

5. Das Gesetz der Autorität:

Bei einem Experiment versuchte ein Mann, die Menschen an einer Ampel dazu zu bewegen, bei Rot über die Straße zu gehen. Er stellte fest, dass die Zahl derjenigen, die sich überreden ließen, sich verdreifachte, wenn er statt Jeans und T-Shirt Anzug und Krawatte trug. Dieses Outfit wurde als äußerlich sichtbares Zeichen der Autorität verstanden. Vergessen Sie das nicht, wenn Sie Ihre Führungsinsignien auswählen. Natürlich verleihen Ihnen Bildung und Erfahrung ebenso viel Autorität, wenn Sie diese in einer Präsentation zum Ausdruck bringen. (Prahlerei sollten Sie allerdings vermeiden.) Welche Möglichkeiten sehen Sie noch, sich dieses Gesetz für Ihre Führungsstärke zunutze zu machen?

....

....

....

....

6. Das Gesetz des Mangels:

Wenn Knappheit droht, reagieren wir alle gleich. Objekte und Chancen werden umso begehrenswerter, je weniger sie verfügbar sind. Diese betrübliche Erfahrung macht jeder Mensch, der versucht, die zerbrochene Tasse eines Kaffeeservices nachzukaufen, das nicht mehr hergestellt wird. Doch das Gesetz des Mangels gilt natürlich nicht nur für Gegenstände, Rohstoffe oder Ähnliches, sondern auch für Informationen. Exklusive Informationen wirken sehr viel überzeugender. Können Sie diese Information nutzen, um Ihre Überzeugungskraft in der Vorstandsetage zu steigern?

....

....

....

....

Professor Cialdinis Gesetze werden uns noch des Öfteren begegnen, wenn wir uns mit den besten Verhandlungstechniken und der erfolgreichsten Art Gespräche zu führen oder eine Rede zu schreiben, beschäftigen. Lassen Sie uns diese Gesetze also im Hinterkopf behalten, wenn wir uns jetzt der sprachlichen Seite der Überzeugungskunst zuwenden.

Setzen Sie rhetorische Kunstgriffe ein!

Ihre Führungssprache gewinnt an Ausdruckskraft, wenn Sie schwache Wörter und Struktur durch solche ersetzen, die Dynamik und Power ausdrücken. Doch die Führungssprache des Erfolgs verlangt noch mehr. Sie müssen andere anleiten, inspirieren und mitreißen. Auch wenn der Begriff »Rhetorik« manchmal einen negativen Beiklang hat (»Das ist doch nur Rhetorik!«), ist es die Rhetorik, deretwegen Sie dieses Buch gekauft haben: Denn Rhetorik ist nichts anderes als »die Lehre von der wirkungsvollen Gestaltung einer Rede«. Kathleen Hall Jamieson, Professorin für Kommunikationswissenschaft, meinte einmal: »Rhetorik bringt Ordnung in unausgereifte Gedanken. Sie hilft uns zu strukturieren, zu ordnen und zu fokussieren.« Welche gelungene Rede Sie auch immer analysieren, Sie werden bald bemerken, dass es keine

Rede ohne rhetorische Stilmittel gibt. Acht dieser Stilmittel möchte ich Ihnen hier vorstellen – zusammen mit Anwendungsbeispielen und Mustersätzen. Wenn Sie diese anwenden, sind Sie auf dem Weg zur Beherrschung der Führungssprache schon ein ganzes Stück vorwärts gekommen.

Aufzählungen

Die Aufzählung ist das einfachste Stilmittel in Ihrem rhetorischen Werkzeugkasten. Auf diese Weise verleihen Sie einzelnen Sätzen, Absätzen oder der ganzen Rede Struktur. Außerdem brauchen Sie sich dann keine Gedanken mehr über gelungene und griffige Überleitungen zu machen. Aufzählungen sind ein ausgezeichnetes Mittel der Strukturierung, das trotzdem niemals langweilig wirkt. Die einzige Regel, die es zu beachten gilt, lautet: Benutzen Sie nicht dasselbe Aufzählungsmuster zwei Mal innerhalb einer Rede.

- *So werden wir vorgehen: Erstens: Wir verlassen das Gebäude. Zweitens: Wir rufen die Feuerwehr. Drittens: Wir informieren die Polizei.*
- *In diesem Redebeitrag geht es um drei Schlüsselelemente. Erstens: Analyse der Gewinneinbußen. Zweitens: Suche nach Gründen. Drittens: Mögliche Lösungen.*

Das Geheimnis der Parallelkonstruktionen

Im Duden können wir über dieses Stilmittel, das auch als *Parallelismus* bekannt ist, Folgendes nachlesen: »semantisch-syntaktisch gleichmäßiger Bau von Satzgliedern, Sätzen, Satzfolgen.« Was bedeutet das? Dass Sie Satzglieder, Sätze und Satzfolgen, die einander in Bedeutung oder Aufbau gleichen, zur Steigerung der Aussage aneinander reihen oder an parallelen Stellen einsetzen. Das ist ein eher technischer Ausdruck für die Tatsache, dass gleichartige Satzteile dazu benutzt werden, gleichartige Ideen zu präsentieren. Parallelfiguren umfassen einfache Aneinanderreihungen ebenso wie Aufzählungen und Listen, aber auch Sätze und Satzteile, die durch gleichartige Konstruktionen miteinander verbunden sind. Parallelfiguren sind in jeder Form sprachlicher Äußerung von Nutzen. Die Linguistin Sheridan Baker empfiehlt in ihrem Handbuch der Stilkunde: »Verwenden Sie Parallelfiguren, so oft Sie können! Parallelstrukturen bringen Ausgewogenheit und Übersichtlichkeit in Ihre Sätze. Und Sie lernen, den Satz als Ganzes zu betrachten, als intellektuelle Einheit.«[27]

Gedankliche Geschlossenheit verleiht jeder Form sprachlicher Äußerung, von der Rede über die Power-Point-Präsentation bis hin zur einfachen Übersichtsliste, Kraft und Klarheit. Außerdem sind Parallelkonstruktionen einprägsamer als andere Stilmittel, da die einzelnen Elemente der Parallelfigur sich gegenseitig mit Sinn anreichern. Trotzdem muss das Denken in Parallelfiguren geschult werden: Sie müssen verstehen, worum es dabei geht, dann die Ideen auswählen, die Sie auf diese Weise verbinden wollen, und am Ende erst entsteht die Parallelfigur, die Ihrem Satz mehr Glanz verleiht. Der Klang der Worte spielt dabei eine wichtige Rolle. Lesen Sie die unten stehenden Sätze laut, dann werden Ihnen die Parallelen sofort ins Auge fallen. Anfangs können Sie für Ihre eigenen Reden die folgenden Strukturen kopieren. Die politischen Statements stammen von Abraham Lincoln, Tony Blair und Martin Luther King jr.

- *Wir haben unseren Markanteil gesteigert durch:*
  Fernsehwerbung
  Webauftritt
  Zeitungsberichte
  neue Kundenkontakte
- *John zeigt seine Qualitäten im Lesen, Schreiben, Sprechen und Zuhören.*
- *Auf dass die Regierung des Volkes durch das Volk und für das Volk niemals von der Erde verschwinden möge.* (Lincoln)
- *Wir alle wurden mit Schlachten groß: zwischen großen Kriegern, großen Nationen, mächtigen Kräften und Ideologien ...* (Blair)
- *Mit diesem Glauben werden wir fähig sein, gemeinsam zu arbeiten, gemeinsam zu beten, gemeinsam zu kämpfen und gemeinsam für die Freiheit einzutreten ...* (King)[28]

- *Lasst also die Stimme der Freiheit ertönen von den lieblichen Gipfeln New Hampshires. Lasst die Stimme der Freiheit erschallen von den mächtigen Hügeln New Yorks. Lasst die Stimme der Freiheit erklingen von den Höhen der Alleghenies in Pennsylvania.* (King)

Das Polysyndeton ist eine Sonderform der Parallelkonstruktion, bei der Satzteile mit gleichem Gewicht aneinander gereiht werden.

- *Washington ist eine Stadt von nördlichem Charme und südlicher Effizienz.* (John F. Kennedy)
- *Unsere eigentlichen Waffen aber sind nicht die Gewehre, sondern unsere Überzeugungen.* (Blair)
- *Wir leben alle unter dem gleichen Himmel, aber wir haben nicht alle den gleichen Horizont.* (Konrad Adenauer)
- *Als wir die Taliban und Saddam Hussein verjagt haben, war dies keineswegs ein Akt des Imperialismus, für die betroffenen Völker war es vielmehr ein Akt der Befreiung.* (Blair)

Rhetorische Fragen

Eine rhetorische Frage ist eine Frage, auf die Sie keine Antwort erwarten. Sie ist ein ausgezeichnetes Organisationselement und wird häufig als Parallelkonstruktion gebraucht, was ihre Wirksamkeit noch steigert. Wenn Sie Ihren Vortrag mit rhetorischen Fragen gliedern, gewinnt er dadurch an Dynamik. Mit dieser Art der Fragen zeigen Sie, dass Sie gut organisiert sind und auf Ihr Publikum einzugehen wissen.

- *Wir haben uns mit zwei entscheidenden Fragen auseinander zu setzen:*
  Wie sind wir in diese Sackgasse geraten?
  Und wie kommen wir wieder heraus?
- *Mein heutiger Beitrag soll drei Fragen klären:*
  Warum brauchen wir die neue Initiative?
  Wie sieht die neue Initiative aus?
  Und wie können wir sie in unsere Arbeitsabläufe integrieren?

Eindringlichkeit durch Dreierparallelen

Eine Dreier-Parallelfigur (Trikolon) ist ein Stilmittel, das rhetorisch besonders wirksam ist. Warum? Wir hören und sehen gerne Dreiergruppen, weil wir sie als angenehm und leicht verständlich wahrnehmen. Wenn Sie Informationen, die Sie vermitteln möchten, in Dreierschritten gruppieren können, dann tun Sie das. Bei nochmaliger Betrachtung werden Sie feststellen, dass der Großteil der oben angeführten Beispiele mit der Dreierfigur arbeitet. Wenn Sie sie benutzen, zeigen Sie damit, dass Sie auf die Aufnahmefähigkeit Ihrer Zuhörer Rücksicht nehmen und sich die Mühe gemacht haben, Ihre Ideen zu organisieren.

- *Und zur Aufrechterhaltung dieser Erklärung verbürgen wir uns, mit festem Vertrauen auf den Schutz der göttlichen Vorsehung, wechselseitig mit unserem Leben, unserem Vermögen und unserer unverletzten Ehre.* (Amerik. Unabhängigkeitserklärung)[29]
- *... wird unserem Kunden, unseren Vertretern und unserem Vertrieb nützen.*

Arbeiten Sie mit anschaulichen Vergleichen!

Vergleiche legen nahe, dass eine Sache einer anderen ähnelt. Dies dient vor allem dazu, abstrakte Ideen oder schwer fassliche Informationen klarer werden zu lassen.

- *Unsere Meetings sind wie Zirkusveranstaltungen.*
- *Hier in der Firma geht es zu wie im Kindergarten.*
- *Dieser bedeutsame Beschluss war für uns alle wie ein Leuchtfeuer der Hoffnung ...* (King)
- *Politik ist die Kunst des Möglichen.* (Bismarck)
- *Das Leben ist wie Zeichnen ohne Radiergummi.*

Metaphern

Metaphern sind verkürzte Vergleiche. Eine Metapher ist sozusagen ein Vergleich ohne »wie«. Sie tun so, als wäre ein Ding in Wirklichkeit ein anderes. Auch Metaphern tragen dazu bei, abstrakte Vorstellungen klarer zu machen. Eine Metapher kann einen ganzen Text durchziehen, was die gedankliche Geschlossenheit fördert.

- *Als die Bauherren der Republik die wunderbaren Worte der Verfassung und der Unabhängigkeitserklärung niederlegten, haben sie einen Schuldschein ausgestellt, den jeder einzelne Amerikaner einlösen kann.* (King)
- *In gewisser Weise sind wir heute in die Hauptstadt unseres Landes gekommen, um einen Scheck einzulösen.* (King)
- *Ein neues, tödliches Virus macht sich breit. Dieses Virus trägt den Namen »Terrorismus« ...* (Blair)
- *Amerika sollte nicht zum Land der »kleinen Träume« werden.* (Reagan)

Alliterationen

Der Duden definiert »Alliteration« als »Gleichheit des Anlauts«. Was wiederum bedeutet: eine Reihe von Wörtern beginnt mit demselben Laut. So basiert ein allseits beliebter Zungenbrecher auf Anlauten: **F**ischers **F**ritz **f**ischt **f**rische **F**ische. Wie dieses Beispiel zeigt, sind die Anlässe zum ausgedehnten Alliterieren dünn gesät. Kurze Alliterationen benutzt jedoch jeder: »**h**ier und **h**eute«; »**F**reund und **F**eind«, »mit **K**ind und **K**egel« oder »bei **W**ind und **W**etter«.

William Safire,[30] langjähriger Kolumnist der *New York Times,* liefert einige einprägsame Beispiele, wie wir die Alliteration auch in Reden einsetzen können: »**p**rinzipientreue **P**artnerschaft« oder »**m**uskelbetonter **M**ultilateralismus«, »**K**riminalität, **K**orruption und **K**orpsgeist«.

Auch in der Werbung, in der es darum geht andere zu überzeugen und die eigenen Ideen einprägsam vorzustellen, werden Alliterationen gerne verwendet (»**M**ilch **m**acht **m**üde **M**änner **m**unter«).

Auch unsere Kursteilnehmer haben einige schöne Alliterationen gefunden, die zeigen, dass man nicht unbedingt einen

Ghostwriter braucht, um gut zu formulieren: »**ver**trackt, **ver**wickelt und **ver**zwickt« oder »**M**enschen, **M**ächte, **M**einungen«.

Sie sollten den Alliteratonspfeil also durchaus im rhetorischen Köcher haben, wenn Sie etwas Besonderes sagen wollen.

In der Folge möchte ich Ihnen einige Mustersätze an die Hand geben, mit deren Hilfe Sie Ihr Repertoire an sprachlichen Kunstgriffen erst einmal erweitern können, bis Sie selbst in der Lage sind, kreativ zu werden.

Die Macht der Worte

All die Stilmittel, die Sie eben gelernt haben, können Sie in gesprochener oder geschriebener Kommunikation anwenden. Doch sind sie nur das Instrument, mit dem Sie von nun an Ihre Führungsqualitäten ausdrücken können. Dieses Instrument müssen Sie so einsetzen, dass es Ihren Zielen dient. Natürlich sind die folgenden Beispiele nur Vorschläge. Sie dürfen Sie jederzeit kopieren und für Ihre Zwecke abwandeln.

Wie Sie Ihre Mitarbeiter motivieren

Mitarbeitermotivation ist eine wichtige Aufgabe, die Sie als Führungskraft erfüllen müssen. Sie trägt zu einem besseren Arbeitsklima bei und steigert die Effizienz Ihres Unternehmens. Hier stelle ich Ihnen Sätze vor, wie Sie Ihr Team inspirieren und ermutigen können. Üben Sie sich danach in der Formulierung eigener Sätze.

Sie sind talentiert und für Ihre Stelle genau die/der Richtige. Sie bringen Enthusiasmus mit. Sie besitzen alle Qualitäten, die den Erfolg sichern werden.

Lasst die Botschaft von hier und heute hinaus in die Welt gehen, zu Freund und Feind gleichermaßen: Die Fackel wurde weitergegeben an eine neue Generation von Amerikanern, in diesem Jahrhundert geboren, vom Krieg gemäßigt, von einem harten und bitteren Frieden diszipliniert, stolz auf ihr Erbe und nicht bereit, dem allmähli-

chen Abbau jener Menschenrechte zuzusehen, denen diese Nation sich immer verpflichtet fühlte und sich noch verpflichtet fühlt – zu Hause und im Rest der Welt. (John F. Kennedy)

....

....

....

Sätze, die Mut machen

Ihr Talent verspricht, unser Forschungsteam entscheidend zu bereichern. Meine besten Wünsche begleiten Sie.

....

....

....

Ein starkes Nein

Das Reglement erlaubt uns nicht, dieser Bitte nachzukommen / die Gebühr zurückzuerstatten / in den Ablauf einzugreifen.

Das ist nicht möglich (machbar, legal, sinnvoll).

Der Finanzrahmen erlaubt in diesem Jahre keine Erhöhung.

....

....

....

Sätze, die Kritik üben

Diese Art des Verhaltens schädigt die Moral, unterminiert die Zusammenarbeit und wird unweigerlich zur Entlassung führen.

....

....

....

Sätze, die Ärger zeigen

Wir werden keine wirtschaftliche Entwicklung dulden, welche arme Menschen ihrer Würde beraubt, die Reichen auf Kosten der Armen noch reicher macht und älteren Menschen die angemessene Versorgung im Krankheitsfall nimmt.

Das ist nicht akzeptabel (erlaubt, legal, hinnehmbar).

....

....

....

Wie Sie schwache und starke Wörter unterscheiden können

Mark Twain meinte einmal, das richtige Wort verhalte sich zum fast richtigen wie der Blitz zum Glühwürmchen. Der Unterschied zwischen einer normalen sprachlichen Äußerung und der Führungssprache des Erfolgs liegt darin, sich für das richtige Wort zu entscheiden. Handlungsverben sind »Blitzwörter«. Wenn Sie ausdrucksschwache Zustandsverben durch einprägsame Handlungsverben ersetzen, holen Sie das mächtige Licht des Blitzes in Ihre Sätze. Je unpräziser Ihr Wortschatz ist, desto schwächer wirkt Ihre Aussage. Wie Sie an der Liste unten aufgeführter Wörter sehen, sind die schwachen Wörter fast immer auch vage, kompliziert und unpräzise, die starken hingegen klar und präzise. Hier zeige ich Ihnen wie Sie schwache durch starke Wörter ersetzen können.

Schwache Wörter	**Starke Wörter**
konzeptualisieren	***durchdenken***
umsetzen	***machen***
Zielsetzung	***Ziel***
terminieren	***einen Termin vereinbaren***
proaktiv	***vorausschauend***
anpassen	***zuschneiden***

Schwache Wörter (Fortsetzung)	**Starke Wörter** (Fortsetzung)
beeinflussen	***verringern, vergrößern, beschleunigen, verlangsamen***
mitteilen	***erläutern, erklären, berichten***
Konzept	***Idee***
projektieren	***entwerfen, schaffen, planen***
sehr, sehr wichtig	***essenziell, bedeutsam, unabdingbar***
so bald wie möglich	***bis zum 17. September***
nur (in Sätzen wie: *Ich möchte Ihnen nur ...*)	**Lassen Sie das Wörtchen *nur* in solchen Sätzen weg.**
brauchen (außer es geht um Nahrungsmittel, Wärme oder Liebe)	***erfordern, benötigen, verlangen***

Umgangssprache und Fachchinesisch

Wenn es um die Führungssprache des Erfolgs geht, müssen wir uns auch mit umgangssprachlichen und nur in Fachkreisen verständlichen Begriffen auseinander setzen. Was aber versteht man genau unter Umgangssprache und wie kann sie unsere Führungsqualitäten untergraben? Der Duden bezeichnet sie als »salopppe, unpräzise Ausdrucksweise«. Wer aber bestimmt darüber, ob eine bestimmte Ausdrucksweise passend oder unangemessen ist? Ganz recht: das Publikum! Wenn Sie zum Beispiel einen Vortrag über die Geschichte Ihres Unternehmens halten sollen, sollten Sie sich vorher über Ihre Zuhörerschaft informieren. Ist anzunehmen, dass das Publikum Fachausdrücke versteht? Oder ist vielmehr damit zu rechnen, dass der Großteil der dort versammelten Menschen sie schlichtweg unverständlich findet? Ein Versicherungsangestellter hatte hier eine bittere Lektion zu lernen. Im Gespräch mit einem künftigen Kunden gebrauchte er einen hausinternen Begriff für »Teilkaskoversicherung«. Der Kunde verstand diesen Begriff nicht und glaubte, Vollkasko versichert zu sein. Als er die Wahrheit herausfand, kündigte er den Gesamtvertrag.

Was jetzt zu tun ist!

- **Gehen Sie noch einmal die Sätze durch, die wir als Beispiel für schwache Strukturen aufgezählt haben. Finden Sie mit Hilfe der drei Kernfragen heraus (s. S. 31f.), worin deren Schwäche liegt, und**

formulieren Sie sie so um, dass emotional aufgeladene Wörter durch kraftvolle, handlungsorientierte Wörter ersetzt werden.

- *Ich habe ein gutes Gefühl bei diesem Projekt.*

Worum geht es nicht?

....

Worum geht es (Subjekt)?

....

Was wird ausgesagt? (Hier nach Möglichkeit ein Handlungsverb benutzen.)

....

- *Wie geht es Ihnen damit, Thomas?*

Worum geht es nicht?

....

Worum geht es (Subjekt)?

....

Was wird ausgesagt? (Hier nach Möglichkeit ein Handlungsverb benutzen.)

....

- *Haben Sie den Eindruck, wir sollten diese Computer kaufen?*

Worum geht es nicht?

....

Worum geht es (Subjekt)?

....

Was wird ausgesagt? (Hier nach Möglichkeit ein Handlungsverb benutzen.)

....

- *Wir haben das Gefühl, dass das reine Verschwendung wäre.*

Worum geht es nicht?

....

Worum geht es (Subjekt)?

....

Was wird ausgesagt? (Hier nach Möglichkeit ein Handlungsverb benutzen.)

....

■ *Wir haben die Informationen gründlich geprüft und finden, dass sie unsere Position stützen.*
Worum geht es nicht?

....

Worum geht es (Subjekt)?

....

Was wird ausgesagt? (Hier nach Möglichkeit ein Handlungsverb benutzen.)

....

■ *Mir gefällt Ihre Leistung im letzten Vierteljahr.*
Worum geht es nicht?

....

Worum geht es (Subjekt)?

....

Was wird ausgesagt? (Hier nach Möglichkeit ein Handlungsverb benutzen.)

....

■ *Ich werde Sie nun an diesem Millionendeal teilhaben lassen.*
Worum geht es nicht?

....

Worum geht es (Subjekt)?

....

Was wird ausgesagt? (Hier nach Möglichkeit ein Handlungsverb benutzen.)

....

■ *Wir bräuchten einen Neuanfang.*
Worum geht es nicht?

....

Worum geht es (Subjekt)?

....

Was wird ausgesagt? (Hier nach Möglichkeit ein Handlungsverb benutzen.)

....

■ *Ich finde diesen Vorschlag gar nicht gut.*
Worum geht es nicht?

....

Worum geht es (Subjekt)?

....

Was wird ausgesagt? (Hier nach Möglichkeit ein Handlungsverb benutzen.)

....

Was jetzt zu tun ist!

■ **Untersuchen Sie mit Hilfe der drei Kernfragen den Satz:** ***Ich finde diesen Vorschlag gut.***

Worum geht es nicht?

....

Worum geht es (Subjekt)?

....

Was wird ausgesagt? (Verwenden Sie hier ein Handlungsverb.)

....

Verwandeln Sie ihn dann von einer persönlichen, auf den Sprecher bezogenen, vagen Aussage in einen Satz, der Autorität ausstrahlt:

....

Was jetzt zu tun ist!

■ **Nehmen Sie sich nachträglich die Abschrift einer Ihrer Reden und eines Ihrer Schriftstücke vor. Markieren Sie die »schwachen Wörter« und ersetzen Sie sie durch »starke Blitzwörter«.**

Besorgen Sie sich ein gutes Wörterbuch und überprüfen Sie die exakte Bedeutung jener Begriffe, die Sie zu häufig verwenden.

Überprüfen Sie Ihre E-Mails und achten Sie dabei darauf, welche Wörter aus der Fach- und Umgangssprache Sie verwenden. Fachbegriffe, die Ihr Kommunikationspartner vermutlich nicht verstehen wird, sollten Sie weglassen.

Nun haben Sie schon viel gelernt und beherrschen bereits einen Großteil der Führungssprache des Erfolgs. Grundlegende Prinzipien, Lesetechniken, die Fähigkeit zuzuhören, Körpersprache, rhetorische Mittel, Überzeugungstechniken und eine starke Wortwahl unterstützen Sie in Ihrem Vorhaben. Doch damit haben Sie sozusagen nur die Mikroebene abgedeckt. Denn bei der erfolgreichen Kommunikation in Wort und Schrift kommt es vor allem auf den Aufbau an. Ob Reden, Präsentationen, Kurzbeiträge, E-Mails, Briefe, Projektbeschreibungen oder Berichte, alle brauchen eine klare und logische Struktur. Daher zeige ich Ihnen im folgenden Kapitel, wie Sie Schritt für Schritt lernen, Ihre Botschaft an den Mann bzw. an die Frau zu bringen.

7
So bringen erfolgreiche Menschen Struktur in ihre Kommunikation

Der wichtigste Grundsatz der Komposition ist ...
die Form dessen, was entstehen soll,
zu bestimmen bzw. zu erkennen
und von diesem Gerüst
nicht mehr abzuweichen.
E. B. White

Warum verschlingen E-Mails so viel von Ihrer Zeit? Weshalb langweilen Sie sich bei Präsentationen? Warum finden Ihre Projektbeschreibungen keinen Anklang? Warum gähnt jeder bei Ihren Reden?

Weil es diesen sprachlichen Äußerungen an Struktur fehlt. Ein Schriftstück oder eine Rede ist wie ein Haus: Wenn das Gerüst nicht hält, fällt es in sich zusammen.

Was Struktur bewirkt

Stellen Sie sich einen Text, den Sie schreiben müssen, wie ein Haus vor. Sie selbst sind der Architekt. Wie jedes Haus besteht auch das Ihre aus unverzichtbaren, fakultativen und dekorativen Elementen. Fakultativ bedeutet, dass es bei Ihnen liegt, ob Sie sie verwenden wollen oder nicht.

Ein Beispiel: Jedes Haus braucht ein Dach und ein Fundament, ein Aufzug oder Balkon ist hingegen nicht unbedingt nötig. Zu den dekorativen Elementen würde man Farbe und Tapeten zählen.

Sie werden feststellen, dass manche Bestandteile in bestimmten sprachlichen Äußerungen nötig sind, in anderen fakultativ. Die Betreffzeile ist in E-Mails absolut sinnvoll, in Briefen können Sie diese auch weglassen.

Die Einleitung: Warum ein gelungener Einstieg so wichtig ist

Der Anfang ist die Hälfte des Ganzen.
Aristoteles

Eine Einleitung ist bei den meisten Reden und formalen Schriftstücken absolut unumgänglich. Bei weniger formalen Mitteilungen wie E-Mails kann darauf verzichtet werden. Die Einleitung erfüllt einen doppelten Zweck: Sie soll beim Publikum Interesse wecken und deutlich machen, dass es sich lohnt, Ihnen zuzuhören. Im Journalismus nennt man so etwas »Anreißer«. Auf diese Weise durchbrechen Sie die Barrieren zwischen sich und Ihren Zuhörern. Das können ganz konkrete Barrieren wie ein erhöhtes Podium oder eine Verstärkeranlage sein, aber auch nicht greifbare psychologische Barrieren: Man kennt Sie nicht, schätzt Sie aufgrund Ihres Äußeren vielleicht falsch ein, lehnt Sie ab für das, wofür Sie stehen, oder spürt ganz einfach den Unterschied in Bildung und Fachwissen. Mitunter führt die Einleitung auch schon zum Thema hin, vor allem bei geschäftlichen Präsentationen. Da die Einleitung vom eigentlichen Hauptteil getrennt ist, können Sie bestimmte Briefe oder Skripte immer wieder benutzen: Sie müssen nur die einleitenden Sätze ändern.

Eine meiner Klientinnen war bei einer ihrer Präsentationen mit einer ungewöhnlichen Situation konfrontiert. Sie hatte eine Marketingposition im gehobenen Management eines High-Tech-Unternehmens in Atlanta angenommen. Sie war die erste Frau und gleichzeitig die erste Afroamerikanerin in dieser Position. Im Rahmen dieser Präsentation sollte sie das erste Mal vor ihren Mitarbeitern sprechen. Daher war gerade die Einleitung von entscheidender Bedeutung. Und so vermied sie es peinlich genau, in den ersten Sätzen Ich-Aussagen zu treffen. Sie sprach vielmehr davon, was für eine großartige Gelegenheit es sei, mit einem solch erfahrenen Team arbeiten zu dürfen. Sie nannte einige ihrer künftigen Mitarbeiter beim Namen und lobte sie für ihre Verdienste, was gleichzeitig ihre Autorität unterstrich. Als sie dann zu ihren eigentlichen Plänen kam, war ihr die Aufmerksamkeit der Zuhörer sicher.

Acht kluge Schachzüge für eine gute Einleitung

Die Einleitung gibt das Thema vor: Sie zeigt dem Publikum sofort, ob Sie etwas Interessantes zu sagen haben, dies auf lebendige Weise tun, ob Sie Autorität besitzen und ob das, was Sie zu sagen haben, es wert ist, Ihnen Zeit und Aufmerksamkeit zu widmen. Ich habe zahlreiche Einleitungen unter die Lupe genommen und dabei festgestellt, dass die meisten sich auf das Publikum, den Ort, die Zeit der Rede beziehen. Mitunter wird darin auch schon der Inhalt des folgenden Vortrags kurz zusammengefasst. Natürlich spielen auch hier Überzeugungstechniken und rhetorische Mittel eine wichtige Rolle (aber das gilt ja schließlich für den gesamten Text). Ich möchte Ihnen nun einige klassische Einleitungen vorstellen, die Sie natürlich jederzeit verwenden und für Ihre Zwecke abändern können.

1. Bedanken Sie sich beim Gastgeber!

Mein Dank für die freundliche Einladung geht an den Organisator dieser Konferenz, den Verband der Ärzte Deutschlands e.V., im Besonderen an Jana Hoffmann.

2. Sagen Sie etwas Nettes über Ihren Gastgeber, die Stadt oder das Publikum!

Sehr geehrter Herr Vizepräsident, sehr geehrter Sprecher des Parlaments, verehrte Mitglieder des Senats und des Repräsentantenhauses der Vereinigten Staaten: In Erfüllung meiner Pflicht trete ich heute vor Sie alle, um Bericht über die Lage der Nation zu erstatten, und ich bin stolz, Ihnen mitteilen zu dürfen, dass das amerikanische Volk heute mehr denn je von jenem Geist erfüllt ist, der es auszeichnet. Die Staaten Amerikas waren nie enger miteinander verbunden als heute. Das Land zeigte nie mehr Entschlossenheit, sich den schwierigen Aufgaben der Zukunft zu stellen, als jetzt. (Franklin D. Roosevelt)

Eine Einladung ins südliche Orlando ist für jemanden, der aus Rochester und somit aus dem höchsten Norden kommt wie ich, gera-

de im Januar eine wahre Freude. Es ist mir ein Vergnügen, in Ihrer wunderschönen Stadt die warmen Strahlen der Sonne zu genießen.

Jeder Entwicklungsleiter wünscht sich, mit außergewöhnlich begabten Menschen zusammenzuarbeiten, und Sie, meine Damen und Herren, stellen auf diesem Gebiet die Crème de la Crème dar. Karl Johans entwarf den ersten ... der Welt; Hans Matthes ist Chef der zuverlässigsten Einheit für Qualitätskontrolle hier im Osten und Daniela Wilhelm hat den Prototyp für alle Grafikoberflächen schlechthin entwickelt.

Es ist eine Freude hier vor jenen Menschen sprechen zu dürfen, die ihre Zeit und ihr Geld ... zur Verfügung stellen. Ihre Großzügigkeit hat 235 Menschen das Leben gerettet.

Bevor ich vor diesem Publikum spreche, das in der Welt einmalig ist, möchte ich U Thant, dem Generalsekretär der Vereinten Nationen, meinen tiefempfundenen Dank für die Einladung aussprechen, den 20. Gründungstag dieser einzigartigen Organisation, in der die Völker der Welt sich um Frieden und internationale Zusammenarbeit bemühen, gemeinsam mit Ihnen zu feiern. (Papst Paul VI.)

3. Beginnen Sie mit einem Überblick über Ihre Rede!

Heute möchte ich Ihnen von meinen Hoffnungen für die Zukunft erzählen, von meinem Glauben an das amerikanische Volk und von meiner Vision des Landes, das wir zusammen aufbauen können. (Bill Clinton, Antrittsrede)

4. Beziehen Sie die Zeitgeschichte ein!

Ich werde heute Abend nicht viele Worte machen. Denn die Zeit ist gekommen, um Taten sprechen zu lassen. (Neville Chamberlain)

5. Erzählen Sie eine passende Anekdote!

Alle Menschen lieben gute Geschichten. Wollen Sie Ihren Vortrag mit einer Geschichte eröffnen, sollte diese kurz, interessant und eindeutig mit dem Thema verbunden sein.

Eine Geschichte als Einleitung:

Die Bemühungen, die Weltmärkte zu öffnen, kamen im Jahr 1993 beinahe zum Stillstand. Sowohl die Gespräche zum Handelsabkommen NAFTA als auch die Uruguay-Runde stießen bei denjenigen, die ihre lieb gewordenen Protektionsmechanismen nicht aufgeben wollten, weil sie deren Gefährlichkeit nicht erkannten, auf heftige Kritik.

Sie erinnerten mich alle ein wenig an jenen Vizeadmiral, der in einer besonders stürmischen Nacht mit seinem Kriegsschiff im Nordatlantik unterwegs war. Er sah ein Licht auf das Schiff zukommen und ließ einen Funkspruch absetzen: »Machen Sie den Weg frei! Setzen Sie Ihren Kurs zwanzig Grad Süd.« Prompt kam die Antwort zurück: »Kehren Sie um. Setzen Sie Ihren Kurs zwanzig Grad Nord.« Der Vizeadmiral war nicht daran gewöhnt, dass man seine Befehle missachtete, daher glaubte er, es müsse sich um ein Missverständnis handeln. Er ließ seinen Funkspruch noch einmal absetzen und wie zuvor folgte die Antwort auf dem Fuße: »Kehren Sie um. Setzen Sie Ihren Kurs zwanzig Grad Nord.« Nun war der Vizeadmiral wirklich beunruhigt und schickte eindeutige Anweisungen: »Ich bin Vizeadmiral eines Kriegsschiffes. Daher befehle ich Ihnen, den Weg freizumachen und den Kurs zwanzig Grad zu setzen.« Dieses Mal kam die Antwort nicht ganz so schnell. Und als sie kam, war sie ebenso eindeutig: »Ich bin Seemann erster Klasse und Leuchtturmwächter.« (Pause für Gelächter)

Heute können wir aufatmen, denn die Untiefen des Jahres 1993 sind überwunden. Doch viele der damit verknüpften Probleme begleiten uns noch heute. (Carla Hills, Commonwealth Club of California)

6. Beginnen Sie mit einem interessanten Zitat!

Nehmen Sie in Ihre Fachbibliothek ruhig ein paar Zitatsammlungen auf. Vergessen Sie auch nicht, ein paar Zitat-Datenbanken im Internet zu Ihren Favoriten bzw. Lesezeichen hinzuzufügen. Blättern Sie diese durch, wenn Sie ein Zitat für einen bestimmten Themenbereich suchen. Deutschsprachige Internetadressen mit Zitatsammlungen finden Sie im Anhang. Außerdem sollten Sie sich selbst eine Datenbank anlegen (oder einfach eine Textdatei), in der Sie interessante Zitate sammeln. Zitate verleihen einer Rede Schliff und Durchschlagskraft, weil sie auf den gemeinsamen Erfahrungsrahmen der Zuhörer zurückgreifen. Sie suggerieren, dass Sie sich aus demselben kulturellen Fundus bedienen wie Ihr Publikum. Wenn Sie Ihre Rede in einem anderen Land halten, sollten Sie Zitate aus Geschichte und Literatur dieser Region verwenden. Auf diese Weise geben Sie Ihren Zuhörern zu verstehen, dass Sie sich für sie interessieren. Ein Kommunikationstrainer leitete sein Seminar einmal so ein: »Jeder kennt die Klage: ›Der redet zu viel‹, aber haben Sie schon einmal gehört: ›Der hört zu viel zu.‹?« Was für eine gute Überleitung, um über das Zuhören zu sprechen.

Unten finden Sie eine Reihe von Zitaten, die fast für jede Form der Einleitung für Sie nützlich sein können. Speichern Sie sie ab und ergänzen Sie sie baldmöglichst um eigene Fundstücke.

Für Ihre Zitatsammlung:

- *Wir müssen neu denken und neu handeln. Wir müssen uns vom Alten befreien.* (Abraham Lincoln)
- *Das Wort ergreifen heißt immer auch handeln.* (Siegfried Lenz)
- *Wer weiß, wie etwas funktioniert, wird immer einen Job bekommen. Wer weiß, warum es funktioniert, wird immer sein Boss sein.* (Erziehungswissenschaftlerin Diane Ravitch)
- *Der Glaube versetzt Berge.* (1. Korintherbrief)
- *Strategische Planung ist sinnlos, wenn an ihrem Anfang keine strategische Vision steht.* (Zukunftsforscher John Naisbitt)
- *Entscheidend ist, was hinten rauskommt.* (Helmut Kohl)
- *Die Wahrheit ist immer konkret.* (Lenin)
- *Erzähle eine Geschichte nicht, weil sie wahr ist: Erzähle sie, weil sie gut ist.* (Reverend John Mahaffy)
- *Die Zukunft hat schon begonnen.* (Zukunftsforscher Robert Jungk)
- *Das Nebenprodukt ist manchmal wertvoller als das Produkt selbst.* (Schriftsteller Havelock Ellis)
- *Wenn die Arbeit eines guten Führers getan ist, sagen die Menschen: »Das haben wir allein vollbracht.«* (Laotse)
- *Was ist ein Manager? Ein Mann, der niemals auf morgen verschiebt, was er heute erledigen kann.* (Anonym)

- *Es gibt nichts Gutes, außer man tut es.* (Erich Kästner)
- *Tue immer, wovor du am meisten Angst hast.* (Ralph Waldo Emerson)
- *Es ist Arznei, nicht Gift, was ich dir reiche.* (Gotthold Ephraim Lessing)

7. Beziehen Sie sich auf ein Buch oder eine Erfahrung, die viele, wenn nicht alle Menschen kennen!

Wenn Sie sich auf einen bekannten Text beziehen, können Sie dies tun, indem Sie diesen Text direkt zitieren. Sie können aber auch nur auf einzelne Elemente anspielen. Ein berühmter Fall aus der amerikanischen Geschichte mag Ihnen hier als Beispiel dienen.

- Eine historische Einleitungsformel:

- Abraham Lincoln leitete die berühmte *Gettysburg Address,* jene Rede, in der sich das Selbstverständnis der amerikanischen Nation abzuzeichnen begann, mit der Formel ein: »Four score and seven years ago ...« Übersetzt heißt dies: »Vor siebenundachtzig Jahren ...«. Natürlich hätte er auch die einfachere Zahl benutzen können, doch indem er auf die in englischen Übersetzungen der Bibel übliche Zählweise zurückgriff, die in Zwanzigerschritten erfolgte, rief er seinen Zuhörern die Bibel ins Gedächtnis, ohne diese direkt zu zitieren. Diese sechs Worte überbrückten die Distanz zwischen dem Redner und seinem Publikum.

Einhundert Jahre später griff Martin Luther King jr. in seiner ebenso berühmten Rede *I Have a Dream* auf denselben Kunstgriff zurück. Er eröffnete mit: »Five score years ago ...«, also »Vor einhundert Jahren ...« Mit nur vier Worten stellte King sich damit in eine Reihe mit Abraham Lincoln. Er rief sowohl die amerikanische Geschichte zu Hilfe als auch den biblischen Kanon.

8. Beginnen Sie mit einer Definition!

Sie können beinahe jede Rede mit einem Verweis auf sprachliche Gegebenheiten eröffnen. Schlagen Sie eines Ihrer Schlüsselworte in einem guten Lexikon nach. Wie wird es im Normalfall verwendet? Welche Geschichte hat dieses Wort? Wie ist es zusammengesetzt? Mit solchen »Informationshäppchen« können Sie

Ihre Präsentation würzen. Eine meiner Kursteilnehmerinnen hatte einen Vortrag über »Nasskopierer«, also Tintenstrahldrucker, zu halten. Sie arbeitete für Xerox und das Unternehmen hatte sie eingeladen, auf der landesweiten Fachtagung ihrer Abteilung zu sprechen. Bei ihrer Suche nach einer interessanten Einleitung bat sie eine Bekannte, die Altgriechisch beherrschte, herauszufinden, ob der Firmenname »Xerox« tatsächlich irgendeine Bedeutung habe. Sie erfuhr zu ihrem Leidwesen, dass die Vorsilbe *xer* »trocken« bedeutet, doch in der Frühgeschichte des Wortes auch ein Gefäß für Flüssigkeiten bezeichnete. Und schon hatte sie ihre Einleitung gefunden!

Eine Kommunikationsberaterin wurde gebeten, bei der Verbandstagung der Allergologen einen Workshop zu halten. Ihr Ziel war es, das Interesse der teilnehmenden Ärzte zu wecken und dem ernsten Thema eine witzige Seite abzugewinnen. So las sie zunächst einmal verschiedene Fachblätter für Allergologen und fand heraus, dass es in der Arbeit dieser medizinischen Fachrichtung häufig um Staub geht. Nun besteht Staub aus weniger appetitlichen Ingredienzien: Fliegenflügel, tote Milben und so weiter. Also erzählte die Dame in ihrer Einführung, wie sie nach einem für diesen Berufsstand typischen Begriff gesucht habe und dabei auf »Staub« gestoßen sei. Dies reichte schon aus, um den anwesenden Allergologen ein herzliches Lachen zu entlocken. Natürlich hätte das Wort »Staub« in keinem anderen Kontext Anlass zur Heiterkeit gegeben.

Einer meiner Klienten ist Marketingexperte und wollte seine Rede eröffnen, indem er dem mittlerweile allgemein verbreiteten Begriff des *Brandings,* was auf Deutsch so viel heißt wie »Aufbau und Pflege von Marken«, nachging. Seine Einleitung war gerettet, als er herausfand, dass das englische Wort *branding* früher einfach bedeutete: »Vieh mit Brandzeichen versehen«.

Was jetzt zu tun ist!

- **Legen Sie sich eine Textdatei an, in die Sie alle Zitate aufnehmen, die Ihnen unter Umständen nützlich sein könnten. Suchen Sie auch im Internet nach Webseiten, die für Ihr Fachgebiet einschlägige Zitate bieten.**

Üben Sie sich im Verfassen kluger Einleitungen für Ihre Schriftstücke und Reden. Halten Sie in der Liste unten fest, was Sie im gegebenen Fall sagen würden. Versuchen Sie dabei, das anzuwenden, was Sie bisher gelernt haben: Benutzen Sie starke Verben, überzeugende Strukturen, kluge Stilmittel.

Bedanken Sie sich beim Gastgeber:

....

....

....

Sagen Sie etwas Nettes über Ihren Gastgeber, die Stadt oder das Publikum:

....

....

....

Geben Sie einen Überblick über Ihre Rede:

....

....

....

Beziehen Sie die Zeitgeschichte ein:

....

....

....

Erzählen Sie eine passende Anekdote:

....

....

....

....

....

Beginnen Sie mit einem interessanten Zitat:

....

....

....

Beziehen Sie sich auf ein Buch oder eine Erfahrung, die viele, wenn nicht alle Menschen kennen:

....

....

....

....

Beginnen Sie mit der Definition eines zentralen Begriffes:

....

....

....

....

So sollten Sie Ihre Rede nicht eröffnen

Bevor ich mit der Rede beginne,
habe ich etwas Wichtiges zu sagen.
Groucho Marx, amerikanischer Komiker

Was immer Sie auch vorbringen mögen, vermeiden Sie es auf jeden Fall, sich selbst herabzusetzen. Entschuldigen Sie sich nicht. Sagen Sie nicht: »Das wird ein langer und langweiliger Vortrag werden.« Oder: »Es tut mir Leid, ich hatte kaum Zeit für die Vorbereitung.« Oder: »Vermutlich können Sie diese Dias gar nicht richtig sehen.« Geben Sie nie und unter keinen Umständen dem Publikum zu verstehen, dass sich die Mühe, Ihnen zuzuhören, nicht lohnt.

Hüten Sie sich außerdem vor Scherzen! Wenn Sie nicht von Natur aus ein witziger Mensch sind und darüber hinaus nicht absolut sicher sein können, dass Sie mit Ihrer saloppen Bemerkung nicht in ein Fettnäpfchen treten, sollten Sie auf witzige Einleitungen verzichten.

Die hier vorgestellten Eröffnungsstrategien funktionieren sowohl in gesprochenen als auch in geschriebenen Texten, auch wenn ein Schriftstück nicht grundsätzlich einen »Anreißer« braucht. Bei E-Mails ist so etwas sogar völlig fehl am Platz.

Die These: Das Herzstück Ihres Textes

Wie lässt sich der Begriff »These« definieren? Eine These ist »eine Behauptung, die der Sprecher im Folgenden näher ausführt, verteidigt oder erläutert.« Eine These formuliert man in einem oder mehreren vollständigen Sätzen – nicht in einigen kurzen Wendungen oder Stichworten. Stellen Sie sich die These wie einen Schirm vor, der sich über die angesprochenen Themenkreise und das anvisierte Ziel spannt. Trotzdem bildet die These das große Ganze ab, nicht die Einzelheiten. Von allen Textteilen verdient die These am meisten Aufmerksamkeit. Sie sollte gut begründet und gut formuliert sein. Hier sind all Ihre rhetorischen Fähigkeiten gefragt, denn diesen Grundpfeiler müssen Sie im Gedächtnis der Zuhörer fest verankern. Wenn eine Rede am Publikum vorbeigeht, dann liegt dies meist daran, dass eine klare These fehlt oder weil sie an falscher Stelle präsentiert wurde.

Was jetzt zu tun ist!

- **Hier sind ein paar simple Thesen. Kopieren Sie ruhig die äußere Struktur und setzen Sie die Worte ein, die zu Ihrer jeweiligen Aufgabe passen. Formulieren Sie in den Zeilen darunter die Sätze um. Sie wissen ja: Übung macht den Meister.**

In den nächsten zwanzig Minuten werden wir den aktuellen Stand unseres Projekts diskutieren (überprüfen, analysieren, ausführen, in Augenschein nehmen). Wir werden die einzelnen Probleme besprechen und prüfen, wie wir den Prozess verbessern können.

....

....

....

Der heutige Vortrag geht den Vorteilen von ... auf den Grund, beschreibt die Nachteile und zeigt auf, weshalb wir ... übernehmen sollten.

....

....

....

Die Entwicklungsabteilung erforscht ständig neue Herstellungsmöglichkeiten, um im Fertigungsprozess zehn Prozent an Zeit einzusparen. Dieser Vortrag zeigt auf, wo wir stehen, welchen Herausforderungen wir uns stellen müssen und welche Lösungsansätze denkbar sind.

....

....

....

Unsere Erfahrung und unser Know-how auf dem Gebiet der Vakuumtechnik machen uns zum bestmöglichen Berater für Ihr neues Projekt. Wir werden Ihnen unser Unternehmen vorstellen und zeigen, wie wir Ihnen von Nutzen sein können, wie Sie von unserem Wissen profitieren und wie Sie Ihre Produktivität um zwanzig Prozent steigern können.

....

....

....

....

Wie sieht die Führungssprache des Erfolgs aus? Dieser Vortrag zeigt Ihnen, worum es dabei geht, stellt Ihnen sieben spezifische Anwendungsmöglichkeiten im globalen Markt vor und macht Sie mit den Einsatzmöglichkeiten in Ihrem Unternehmen bekannt.

....

....

....

In den nächsten zwanzig Minuten werden wir folgende Fragen beantworten: Erstens: Worum geht es in unserem neuen Internet-Auftritt? Zweitens: Wie kann das Management ihn unterstützen? Drittens: Wie wird er sich auf unser Bild in der Öffentlichkeit auswirken? Anschließend haben Sie zehn Minuten Zeit für Fragen. Darauf folgt eine kurze Zusammenfassung von zwei Minuten.

....

....

....

....

Denken Sie daran, dass Sie die These Ihrer Rede auch für den Schluss aufsparen können. Ein gutes Beispiel dafür ist die Rede des amerikanischen Präsidenten Lyndon B. Johnson aus dem Jahre 1968. Er wandte sich ans amerikanische Volk, um über den Vietnamkrieg zu sprechen.

These zum Schluss:

Ich werde mich nicht um die Präsidentschaftskandidatur meiner Partei bewerben und ich werde den Vorschlag nicht annehmen, ein zweites Mal als Ihr Präsident zu kandidieren. Doch die Menschen auf der ganzen Welt sollten wissen, dass ein starkes, selbstbewusstes und wachsames Amerika heute zu einem ehrenhaften Frieden bereit ist. Dass es bereit ist, eine ehrenhafte Sache zu verteidigen, wie hoch der Preis auch immer sein mag, wie schwer die Bürde wiegen mag, die man uns auferlegt, wie schlimm die Opfer sein mögen, die diese Pflicht uns abverlangt. Ich danke Ihnen, dass Sie mir zugehört haben. Guten Abend und Gott möge Sie alle schützen.

Für das Verständnis Ihres Vortrags allerdings ist es besser, Ihre These möglichst am Anfang der Rede und möglichst klar vorzustellen. Gute Reden wiederholen die These immer wieder in derselben oder in abgewandelter Form, damit sie sich den Zuhörern besser einprägt.

Leitsätze, Überleitungen und Gedächtnisstützen

Das innere Gerüst Ihres Textes bildet den roten Faden, der ihn zusammenhält. An ihm lässt sich der logische Ablauf Ihrer Argumentationskette verfolgen. **Sie** wissen, welche Argumente Sie aufgreifen wollen. **Sie** wissen, wie Sie diese zueinander in Bezug setzen, doch Ihr Publikum weiß das nicht. Leitsätze unterstreichen die wichtigsten Argumente Ihrer Präsentation. Sie machen den inneren Zusammenhang deutlich. Starke Leitsätze machen Ihren Vortrag zu einem flüssigen und in sich stimmigen Text. Beim geschriebenen Text weiß der Leser schließlich, wann ein neuer Absatz beginnt: Er sieht die Leerzeile, sieht die eingerückte erste Zeile, eine neue Überschrift oder ähnliche Strukturierungselemente. Bei einer Rede allerdings fehlen dem Zuhörer die genannten Signale. Daher müssen Sie als Vortragender deutlich machen, wo ein neuer thematischer Abschnitt beginnt. Dazu gibt es verschiedene Mittel: die Satzform, die Aufzählung, kluge Überleitungen oder Dias bzw. Schaubilder.

Jeder Absatz hat einen einleitenden Satz, der das behandelte Thema verdeutlicht. Außerdem obliegt diesem die Aufgabe, die logische Überleitung vom letzten Absatz geschickt in Szene zu setzen. Eine kluge Überleitung schafft einen nahtlosen Übergang.

Unten finden Sie einzelne Wörter oder Satzteile, die sich zur Überleitung eignen:

So formulieren Sie gelungene Überleitungen

und	*außerdem*	*obwohl*	*da*
sowie	*genauer gesagt*	*trotzdem*	*weil*
ebenso	*wieder*	*wie auch immer*	*so*
darüber hinaus	*aber*	*während*	*entsprechend*
zweitens	*bisher*	*nichtsdestotrotz*	*leider*
drittens	*immer noch*	*deshalb*	
zusätzlich	*zur selben Zeit*	*konsequenterweise*	

Das Fassungsvermögen des Kurzzeitgedächtnisses bestimmt, was Ihre Zuhörer sich merken können. Daher können Sie als Überleitung auch kurze Zusammenfassungen in Ihren Text einbauen. Weisen Sie danach auf den neu angeschnittenen Themenbereich hin. Hier finden Sie einige Beispiele.

Neuer Themenbereich:
So lösten wir das Marketingproblem ...

Neuer Themenbereich mit Überleitung:
Sobald wir das Ausmaß des Marketingproblems erkannt hatten, beschlossen wir folgende Lösungsansätze: ...

Neuer Themenbereich mit Überleitung und Zusammenfassung des letzten Abschnitts:
Als wir das Verpackungsproblem gelöst hatten, wurde deutlich, dass wir fast sechzig Prozent unseres Marktanteils verloren hatten. Dieses Marketingproblem lösten wir wie folgt ...

Der Schluss: Ende gut, alles gut

Aufhören können, das ist
nicht eine Schwäche, das ist eine Stärke.
Ingeborg Bachmann

Auch Ihren abschließenden Äußerungen sollten Sie die gebührende Aufmerksamkeit widmen. Welche Gestaltungsmöglichkeiten Sie dabei haben, hängt in erster Linie von der Länge, der Vielschichtigkeit und dem formellen bzw. informellen Charakter des Textes ab. Die Überleitung zum Schlussabschnitt sollte Ihren Zuhörern signalisieren, dass Sie nun bald zum Ende Ihrer Ausführungen kommen.

Schließen Sie mit einer Zusammenfassung

Eine kurze Zusammenfassung zum Schluss streicht Ihr Anliegen noch einmal deutlich heraus. Zum Beispiel können Sie an dieser Stelle Ihre Hauptthesen noch einmal wiederholen:

***Abschließend** möchte ich noch einmal **einen Überblick** über unsere heutige Sitzung geben: Es wurden die sieben Elemente einer erfolgreichen Finanzplanung vorgestellt: 1. xxx, was ...; 2. xxx, was ...; 3. xxx, was ...; 4. xxx, was ...; 5. xxx, was ...; 6. xxx, was ... und 7. xxx, was ...*

***Zusammenfassend** lässt sich sagen, dass wir heute die kristallinen Elemente der chemischen Reaktion erforscht haben: ..., ... und ...*

***Alles in allem** haben wir die Juni-Finanzdaten für alle Abteilungen sowie fünf Schritte zu ihrer Verbesserung im nächsten Quartal behandelt: 1. ..., 2. ..., 3. ..., 4. ... und 5. ...*

Schließen Sie mit einem Appell

Wenn Sie möchten, dass Ihre Zuhörer nach Ihrer Rede etwas Konkretes tun, sagen Sie ihnen ganz genau, was und wann:

Zusammenfassend lässt sich sagen, dass unser Team den Kauf des Venusprogrammes der Firma Galaxy empfiehlt. Bitte entscheiden Sie über den Antrag bis zum 10. Dezember.

Da Sie nun sämtliche Vorteile des Programmes kennen, bitten wir Sie, das Ihnen vorliegende Bestellformular zu unterzeichnen.

Abraham Lincoln sagte: »Wir müssen neu denken und neu handeln.« Das trifft auch auf uns zu: Wir müssen immer wieder ganz neue Denk- und Handlungsansätze finden, ja wir müssen sogar lernen, uns auf neue Weise auszudrücken, wenn wir in der Welt des globalisierten Handels bestehen wollen.

Ein starker Schluss

Sie können Ihrem Text mehr Geschlossenheit verleihen, indem Sie zum Abschluss den einleitenden Gedanken – zumindest teilweise – wiederholen.

Bill Clintons Rede auf dem Parteitag der Demokraten von 1992 endete mit einem Appell an die Hoffnung:

Und so schließe ich heute dort, wo alles für mich begann: Ich glaube immer noch an einen Ort der Hoffnung.

Nachstehend finden Sie einige gute Schlussabsätze, die meist einen nachdrücklichen Aufruf zum Handeln enthalten.

- Beispiele aus der neueren Geschichte:

- *Wir dürfen niemals vergessen, dass wir nicht für die Rassenintegration oder gegen die Rassentrennung kämpfen. Wir kämpfen für das Recht, als freie Menschen in dieser Gesellschaft zu leben. Tat-*

sächlich kämpfen wir um Rechte, die noch älter sind als die Bürgerrechte: Wir kämpfen um unsere Menschenrechte. (Malcolm X)

Und daher, meine lieben amerikanischen Mitbürger: Fragt nicht, was euer Land für euch tun kann. Fragt, was ihr für euer Land tun könnt.

Meine lieben Mitbürger auf der ganzen Welt: Fragt nicht, was Amerika für euch tun kann, sondern was wir gemeinsam für die Freiheit tun können.

Und schließlich, meine Mitbürger in Amerika und auf der ganzen Welt, fordert von uns, die wir hier versammelt sind, denselben hohen Grad an Stärke und Opferbereitschaft, den wir von euch verlangen. Im Bewusstsein, dass unsere einzige sichere Belohnung ein gutes Gewissen sein wird, im Bewusstsein, dass die Geschichte dereinst über unsere Taten richten wird, lassen Sie uns vorwärts schreiten, lassen Sie uns das Land führen, das wir lieben. Wir bitten um Gottes Segen und Gottes Beistand, doch wir wissen, dass Gottes Werk von unseren Händen getan werden muss. (John F. Kennedy)

Vor den Völkern der Welt möchte ich hier noch einmal Amerikas frommer und steter Hoffnung Ausdruck verleihen:

Wir beten darum, dass die Menschen aller Glaubensrichtungen, aller Rassen, aller Nationen ihre Bedürfnisse befriedigt sehen mögen. Dass jene, die keine Chancen hatten, sich uneingeschränkt entwickeln können mögen. Dass jene, die sich nach Freiheit sehnen, deren geistige Schätze erfahren mögen. Dass jene, die sich der Freiheit erfreuen, begreifen, welche Verantwortung ihnen daraus erwächst. Dass jene, die sich vom Mangel des anderen nicht rühren lassen, Mitgefühl lernen mögen. Dass die Menschheitsgeißeln Armut, Krankheit und Unwissenheit vom Angesicht der Erde verschwinden mögen. Dass im Laufe der Zeit alle Völker in Frieden zusammenleben lernen, aneinander geschmiedet durch gegenseitige Achtung und Liebe ... Ich danke Ihnen. Guten Abend. (Dwight D. Eisenhower)

Und wenn dies geschieht und die Glocken der Freiheit in jedem Dorf, in jedem Weiler erklingen, in jedem Staat und in jeder Stadt, dann ist der Tag nahe, an dem alle Kinder Gottes, weiße und schwarze, Juden und Nichtjuden, Protestanten und Katholiken einander die Hand reichen und die Worte des alten Spirituals anstimmen: »Endlich frei! Endlich frei! Danke, allmächtiger Gott, wir sind endlich frei!« (Martin Luther King jr.)

Was jetzt zu tun ist!

■ **Entwerfen Sie einen Schluss, den Sie für Ihre nächste Präsentation brauchen können.**

Halten wir zusammenfassend fest, dass Struktur sich in einem Text mehr als bezahlt macht: Sie spart Vorbereitungszeit. Sie spart Lese- bzw. Hörzeit. Sie untermauert Ihre Glaubwürdigkeit. Sie belegt Ihr Führungstalent. Sie zwingt Sie, klar zu denken. Sie ist ein ideales Führungsinstrument.

8
So organisieren erfolgreiche Menschen ihre Kommunikation

Er war einer jener Redner, von denen es so schön heißt:
»Wenn sie aufstehen, wissen sie nicht, was sie sagen wollen.
Wenn sie sprechen, wissen sie nicht, worüber sie reden.
Und wenn sie sich wieder setzen, wissen sie nicht,
was sie eigentlich gesagt haben.«
Winston Churchill

Nun kennen Sie die wichtigsten Strukturelemente einer Rede, doch wie wird daraus eine gute Präsentation?
Kennen Sie den alten Witz, dem zufolge Sie mehr Sorgen haben als der Bundeskanzler? Er muss sich um Krieg, Frieden und die Wirtschaft Sorgen machen. Sie aber sorgen sich um Krieg, Frieden, die Wirtschaft, wie Sie Ihre Arbeit schaffen, die Wäsche rechtzeitig in die Maschine stecken und so weiter. Diesen Witz kann man auch auf professionelle Redenschreiber/Texter und Sie und die Übrigen übertragen. Diese machen sich Gedanken über Klarheit, Kürze und Überzeugungskraft. Sie aber machen sich Gedanken über Klarheit, Kürze, Überzeugungskraft, Inspiration, Autorität, Glaubwürdigkeit und dergleichen mehr. Dem Bundeskanzler stehen ein Team von Redenschreibern und sämtliche Ressourcen des Kanzleramtes zur Verfügung. Doch wer nimmt Ihnen die Arbeit ab?

Vielleicht haben Sie ja auch ein Team, das Ihre Reden schreibt. Oder zumindest einen Kommunikationsberater. Vielleicht aber sind Sie auch ganz auf sich selbst gestellt. Wie dem auch sei: Sie werden in jedem Fall davon profitieren, wenn Sie wissen, wie man Kommunikation in Wort und Schrift am besten organisiert: Denken Sie daran, dass Überzeugungskraft auf der Liste der Führungsqualitäten meist ganz oben rangiert.

Auf den folgenden Seiten stelle ich Ihnen eine Methode vor, die Ihren Texten Durchschlagskraft, Inspiration und Autorität verleiht. Natürlich ist dies nicht der einzige Weg, wie Sie Ihren Reden und Text zum Erfolg verhelfen können.

Wenn Sie ein guter Redner sind und Ihre Texte allgemein gut ankommen, dann bleiben Sie bei der von Ihnen persönlich entwickelten Technik. Wenn Sie aber zu jenen Menschen gehören, deren Organisationsprinzip es ist, wild drauflos zu tippen, um den leeren Bildschirm schnell mit Zeichen zu füllen, beziehungsweise – was noch schlimmer wäre – zu jenen, die gleich frisch von der Leber weg ihre Vorträge halten, dann sollten Sie sich ein paar Stunden Zeit nehmen, um zu lernen, wie Sie auf sinnvolle und logische Weise Ideen in Worte und Schaubilder übertragen können.

Was jetzt zu tun ist!

- **Lesen Sie zunächst den folgenden Abschnitt zum Thema »Organisationssystem« durch. Dann wenden Sie das Gelesene Schritt für Schritt auf Ihre nächste Rede oder Ihre nächste Präsentation an. Im anschließenden Kapitel werde ich Ihnen dann ein Anwendungsbeispiel vorstellen.**

Organisation ist (fast) alles

Schritt 1: Machen Sie sich bereits im Vorfeld schlau: Wer ist Ihr Publikum?

Für diese Frage sollten Sie sich genügend Zeit nehmen. Die meisten kommunikativen Katastrophen entstehen, weil ein Redner (oder Autor) sein Publikum falsch einschätzt. Der leitende Angestellte, der seine Rede mit einem deftigen Witz beginnt, der Vorstandsvorsitzende, der sein Team herabqualifiziert, die Führungskraft, die sich nicht vom Fachchinesisch verabschieden will – all diese Menschen scheitern mit ihren Kommunikationsvorhaben, weil sie Schritt 1 nicht die nötige Aufmerksamkeit gewidmet haben.

Sind Ihre Zuhörer Männer, Frauen, Amerikaner, Europäer, Exilanten, Emigranten, Hochschulabsolventen, Hochschulabbrecher,

Menschen, die auf bestimmte Dinge sensibel reagieren? Sind sie älter bzw. jünger als Sie bzw. gleichaltrig? Wie wird ihre Reaktion wohl ausfallen? Können Sie Zustimmung erwarten oder müssen Sie mit Widerspruch rechnen? Wenn Sie an einem besonders wichtigen Text sitzen, sollten Sie Ihre Einschätzung des Publikums, der Zielgruppe schriftlich festhalten.

Wenn es um eine E-Mail geht, sollten Sie sich klar machen, dass solch ein Text sehr schnell weitergeleitet werden kann. Das Publikum kann also sehr viel größer werden, als Sie ursprünglich erwartet haben. Die schlimmsten (und manchmal auch die besten) Mails finden meist weite Verbreitung.

Schritt 2: Was wollen Sie mit Ihrem Text erreichen?

Was ist das Ziel Ihrer Botschaft? Wenn Sie genau wissen, was Sie wollen, wachsen Ihre Erfolgschancen und ein Misserfolg wird weniger wahrscheinlich. Denken Sie daran: Die Formulierung Ihres Zieles sollte mit Hilfe eines Handlungsverbs erfolgen:

- die Zuhörerschaft veranlassen, über die Auswirkungen neuer Maßnahmen nachzudenken
- eine neue Marketingstrategie vorschlagen
- die Grundlagen der Einstellungspolitik klären
- die Gewinne der letzten beiden Jahre vergleichen
- den Sinn von Neueinstellungen darlegen
- Unterstützung für die Einsparmaßnahmen gewinnen
- Gründe für die Budgetsteigerungen erläutern
- internationale Beziehungen fördern
- über neue Maßnahmen informieren
- ein Mentorenprogramm ins Leben rufen
- Mitarbeiter zu mehr Leistung inspirieren
- den neuen Stellvertreter der Geschäftsleitung vorstellen
- zu Produktivitätswachstum anregen
- ein neues System überzeugend verkaufen
- die Fortschritte bei den Einsparmaßnahmen in diesem Jahr aufzeigen
- die neuen Untersuchungsergebnisse vorstellen

Schritt 3: Beginnen Sie mit einem Brainstorming

Hier unterscheidet sich das von mir vorgestellte Organisationssystem von den meisten anderen. Wir beginnen quasi bei den Blättern statt bei den Ästen. Wir legen nicht zuerst die Themenbereiche fest, sondern machen ein klassisches Brainstorming: Notieren Sie erst einmal alles, was Ihnen hilft, Ihre Botschaft gut »rüberzubringen«.

Notieren Sie jeden Punkt auf einem Zettel und tapezieren Sie damit Ihren Fußboden. Oder benutzen Sie ein Programm wie Powerpoint oder MindManager. Am Ende sollten Sie jedenfalls jeden einzelnen Punkte vor sich haben. Hier geht es um die logische Fähigkeit zur Analyse, bei der das große Ganze in all seine kleinen Teile zerlegt wird.

Schritt 4: Gruppieren Sie die Details

Robert Louis Stevenson meinte einmal, dass ein Mensch, der fähig ist, seine Ideen zu gruppieren, automatisch ein guter Schriftsteller sei. Hier geht es um die logische Fähigkeit zur Synthese, die uns bereits bei den Lesefertigkeiten begegnete: die Vereinigung unterschiedlicher Elemente zu einem größeren Ganzen.

Dazu ist kreatives Denken nötig – auch dies eine unabdingbare Voraussetzung guten Führens. Schieben Sie Ihre Notizzettel herum: Welche Zusammenstellung ist für Ihre Botschaft am dienlichsten? Sie können die Gruppierungen jederzeit wieder auflösen und neu zusammenstellen. Dabei ergeben sich manchmal ganz erstaunliche neue Gesichtspunkte. Vielleicht sind Finanz- und Beschäftigungszahlen argumentativ stärker, wenn Sie sie zusammen präsentieren. Möglicherweise brauchen Sie auch nicht alle Details.

Schritt 5: Ordnen Sie die Details

Ordnen Sie die Details innerhalb der Ideengruppen richtig an. So bringen Sie noch mehr Struktur in Ihre Notizen.

Schritt 6: Legen Sie die Themenbereiche fest

Nun haben Sie die Informationen, die Sie verwenden wollen, zu Gruppen geordnet. Diese stellen die Themenbereiche Ihres Textes dar. Wenn Sie ein Buch schreiben, werden daraus später einmal die Kapitel. Nun geben Sie jedem Themenbereich einen Titel, so als wären sie tatsächlich Kapitel eines Buches. Zum Beispiel: Wo wir angefangen haben; Wie wir angefangen haben; Wo wir hin wollen.

Schritt 7: Ordnen Sie die Themenbereiche

Bringen Sie die Themenbereiche in eine sinnvolle Reihenfolge, die nicht unbedingt den üblichen Regeln und Konventionen folgen muss. So können Sie die oben beispielhaft formulierten Themenbereiche auch umgruppieren, zum Beispiel: »Wo wir hin wollen« vor »Wo wir angefangen haben«. So laufen Sie nicht Gefahr, Ihr Publikum zu langweilen.

Schritt 8: Formulieren Sie eine zentrale These

Nun kennen Sie Ihre Ziele, Ihre Themenbereiche und deren innere Ordnung. Nun können Sie Ihre These schriftlich niederlegen. Achten Sie darauf, dass Sie dynamische Wendungen benutzen. (Wenn nötig, greifen Sie auf die Mustersätze im letzten Kapitel zurück.) Manchmal ergibt die These einen perfekten Dreierschritt: »Heute prüfen wir die Resultate des ersten Quartals, besprechen unsere Pläne für das zweite Quartal und bitten Sie um Unterstützung für unsere Bemühungen zur Steigerung des Marktanteils im nächsten Jahr.«

Schritt 9: Schreiben Sie die Einleitung

Denken Sie daran, dass die Einleitung im Grunde nicht zum Text gehört. Sie können sie ganz auf das jeweilige Publikum zuschneiden.

Bei geschriebenen Texten ist sie ohnehin nur fakultativ. Bei einer mündlichen Präsentation aber ist sie unbedingt nötig. Wenn Sie jetzt auch schon die Strukturen festlegen, die Ihr Text am Ende haben soll, werden Sie feststellen, dass der Mittelteil Ihnen wesentlich leichter fallen wird als üblich.

Schritt 10: Planen Sie die einzelnen Abschnitte und schreiben Sie die Überleitungen bzw. Gedächtnisbrücken

Wenn Sie damit fertig sind, steht der Rohbau. Nun geht es an den Innenausbau.

Schritt 11: Stellen Sie den Text fertig

Schreiben Sie den Text Wort für Wort nieder, ganz egal, ob Sie ihn schriftlich oder mündlich verwenden wollen.

Schritt 12: Überarbeiten Sie den Text

Wenn Sie den Text in geschriebener Form verwenden wollen, überarbeiten Sie ihn wie üblich.

Wollen Sie ihn vortragen, dann schaffen Sie sich visuelle Hilfen, wie sie in Kapitel 10 vorgestellt werden.

Schritt 13: Nicht ohne Generalprobe

Bei einem geschriebenen Text: Lassen Sie ihn von jemand anderem gegenlesen.

Eine Rede aber sollten Sie regelrecht proben.

Setzen Sie das Organisationssystem in die Tat um!

Im nächsten Kapitel werden Sie mit mir jeden Schritt am konkreten Beispiel durchgehen. Denn bisher kennen Sie das Organisationssystem zwar, doch gemeistert haben Sie es damit noch nicht. Wenn Sie also ein wichtiges Schriftstück verfassen müssen oder eine größere Rede ansteht, lesen Sie sich das folgende Kapitel noch einmal durch. Auf diese Weise machen Sie sich ein System zu Eigen, das immer funktioniert. Wenn Sie die Grundtechniken beherrschen, können Sie sie immer noch nach Ihren eigenen Bedürfnissen abwandeln.

9 So sprechen erfolgreiche Menschen ihr Publikum an

Vor die Wahl gestellt, in heißem Öl geröstet zu werden oder vor Publikum zu sprechen, würden sich die meisten Menschen wohl für Olivenöl entscheiden.
Phyllis Mindell

Was immer Ihnen am Herzen liegt, welche Visionen, welche Inhalte Sie vermitteln wollen: am wichtigsten ist, dass Sie Ihre Ideen in eine Form bringen, die das Publikum nicht nur versteht, sondern auch annimmt. Jede Sprechsituation, ob zu zweit am Schreibtisch oder vor einer Menschenmenge am Rednerpult, ist ein Prüfstein für Ihre Qualitäten als Führungskraft. In diesem Kapitel lernen Sie praktisch anzuwenden, was Ihnen das vorige Kapitel theoretisch vermittelt hat. Darüber hinaus finden Sie Tipps, wie Sie nützliche Fähigkeiten einüben können und hilfreiche Redewendungen, die Ihnen auf dem Podium mehr Ausstrahlung und Überzeugungskraft verleihen.

Wie Sie erfolgreich vor großem Publikum sprechen

Studien haben nachdrücklich gezeigt, dass die Angst Nummer eins des Menschen das öffentliche Reden ist. Angst Nummer zwei ist der Tod.
Eric Bergman,
kanadischer Kommunikationsberater

Der Chefsessel bringt es nun einmal mit sich – ob Sie wollen oder nicht –, dass Sie vor großem Publikum Reden halten müssen. Und zwar nicht als Sie selbst: Sie stehen hier für Ihr Unternehmen. Wenn Sie zusammenhangloses Zeug reden und desorganisiert wirken, tut dies auch Ihre Firma. Es geht nämlich längst nicht mehr um **Ihre** Geschichte, sondern um die Geschichte Ihrer Abteilung, Ihres Unternehmens, Ihrer Firmengruppe. Lassen Sie den lockeren, spontanen, ungeplanten Auftritten von nun an Geschichte sein. (Ihre Reden können durchaus spontan wirken, doch das werden sie nur, wenn sie sorgfältig geplant sind.) Jetzt ist es an der Zeit zu zeigen, was Sie können. Jetzt können Sie Ihre Glaubwürdigkeit unter Beweis stellen – und damit auch die Ihres Unternehmens.

Meine Klienten aus der Vorstandsetage rufen mich meist an, wenn ihr erster größerer Auftritt vor Publikum ansteht. Die Fähigkeit, eine breit gestreute Zuhörerschaft anzusprechen, ist sozusagen der Lackmustest für die kommunikativen Fähigkeiten einer Führungskraft. Daher stellt dieses Kapitel gleich zu Beginn einige weniger geglückte Beispiele vor, Geschichten, die das Leben schrieb, deren Mitspieler aber zu ihrem eigenen Besten anonym bleiben. Danach werden wir die 13 Schritte des Organisationssystems anhand einer echten Präsentation gemeinsam durcharbeiten, denn auch Sie werden früher oder später eine Rede halten müssen. Im nächsten Kapitel erfahren Sie dann, welche Einzelheiten Sie beachten müssen, damit Ihr Auftritt ein voller Erfolg wird.

Geschichten, die das Leben schrieb

Der vertrauenswürdige Abteilungsleiter sollte vor jungen aufstrebenden Mitarbeitern seiner Abteilung eine Rede halten. Bevor er den Raum betrat, herrschte gespannte Aufmerksamkeit. Man flüsterte vor Aufregung, und als er eintrat, richteten sich aller Augen neugierig auf ihn. Er ging federnden Schrittes zum Podium, eine beeindruckende Gestalt in perfektem Outfit mit perfektem Haarschnitt. Dann nahm er seinen Platz auf dem Podium ein, stand aber dummerweise zwischen dem Projektor und der Projektionsfläche, sodass er unabsichtlich einen langen Schatten warf. Als er es bemerkte, trat er zur Seite. Da er sich keine Notizen gemacht hatte, sprach er frei: Zahlreiche »Ähs« und »Ähms« begleiteten seine Worte. Die Dias, die er zeigte, waren von seinen Mitarbeitern zusammengestellt worden. Leider behinderten sie ihn mehr, als dass sie ihm genutzt hätten. Der Wechsel der Dias wurde vollautomatisch gesteuert und der Takt konnte mit den

Sätzen nicht Schritt halten. Gleichzeitig hinderten sie den Mann am spontanen Sprechen. Er zeigte ein kurzes Übungsvideo und verkündete: »Wenn Sie sich diese Videoaufzeichnung nicht mindestens sieben Mal angesehen haben, werden Sie hier keinen Erfolg haben.« Dies war nur die erste von mehreren Drohungen, die mit der Formulierung: »Wenn Sie nicht ...« begannen. Im Laufe der Rede wurde sein Selbstbewusstsein immer kleiner. Das Publikum begann sich zu langweilen. Saß am Anfang noch jeder aufrecht auf seinem Stuhl und hatte gespannt nach vorne geblickt, so hingen nun die meisten zusammengesunken auf ihren Stühlen und dösten vor sich hin. (Es kam nicht zu Nebengesprächen, aber nur, weil da vorne schließlich der Chef stand.) Am Ende der Rede schien das Unheil förmlich mit Händen greifbar. Und tatsächlich wurde der Abteilungsleiter sechs Monate später entlassen.

Sie betrat den Raum. Die neue Präsidentin hatte ihre Accessoires klug gewählt und schritt stolz durch die Zuhörerreihen. Schließlich war dies die erste Präsentation vor den weiblichen Führungskräften in der neuen Firma. Doch ihre starken nonverbalen Signale wurden von einer Sprache der Schwäche überlagert. Fast jeder Satz begann mit »ich«, gefolgt von einem Verb der persönlichen Einschätzung wie »glauben«, »fühlen« oder »meinen«. Das ständig wiederholte »in gewisser Weise« legte fünfzehn Sätze lahm. Zum Beispiel: »Wir werden die Marketingabteilung in gewisser Weise neu ausrichten.« Kein einziges Mal kam ihr der Name der Gruppe oder einer der Frauen, vor denen sie sprach, über die Lippen. Beim anschließenden Empfang schwirrten Aussagen wie: »Von der würde ich mich nirgendwohin führen lassen« durch den Raum. Sie blieb nicht einmal ein Jahr im Amt.

Meine Aufzeichnungen sind voll von Geschichten wie diesen. Auch Sie kennen vermutlich die eine oder andere. Die oben genannten Fehler wurden gleichwohl von kompetenten und intelligenten Strategen begangen, die als Führungskraft versagten, weil sie es nicht schafften, andere Menschen dazu zu bringen, ihnen zu folgen. Letztlich offenbaren beide Beispiele nur einen erschreckenden Mangel an vorausschauendem Denken, vielleicht auch an Übung.

Wie Sie eine Präsentation vorbereiten

Lassen Sie uns also einmal der Frage nachgehen, was beide Personen hätten besser machen können.

Wir gehen die 13 Schritte des Organisationssystems durch, indem wir eine fiktive Rede vor einer Gruppe ausarbeiten, die Sie führen sollen.

Schritt 1: Wer ist Ihr Publikum?

Versuchen Sie herauszufinden, wie sich Ihr Publikum zusammensetzt, selbst wenn Sie eigentlich nur über sich sprechen sollen.

Unsere Präsentation soll eine Rede vor einer Gruppe junger, aufstrebender Angestellter sein, die gerade ihre erste einwöchige Weiterbildung hinter sich hat. Eine kurze Nachfrage hat ergeben, dass die jungen Leute quasi handverlesen wurden, weil sie ihren Vorgesetzten vielversprechend erschienen. Die meisten arbeiten nicht länger als drei Jahre für das Unternehmen. Die Teilnehmer kommen aus fünf Ländern. Sechzig Prozent von ihnen sind Männer. Dreißig Prozent gehören ethnischen Minderheiten an. Sie kommen aus den Fachbereichen Entwicklung, Finanzen und Marketing. Den Berichten zufolge sind die Teilnehmer begeistert von der Chance, die sich ihnen mit dieser Weiterbildung bietet.

Schritt 2: Was wollen Sie mit Ihrer Rede erreichen?

Hier geht es nicht um einen Bericht, eine Vorstandssitzung oder eine Rede vor Unbekannten. Sie persönlich waren an der Weiterbildung nicht beteiligt.

Ihre Ziele ließen sich also wie folgt formulieren: die Teilnehmer am neuen E-Marketing-Programm zu **begrüßen**; sie für die ehrgeizigen Ziele, die Sie gesetzt haben, zu **begeistern**; sie zu kreativen Lösungen in diesem neuen Geschäftszweig zu **inspirieren**.

Wie Sie sehen, endet jede Zielvorstellung mit einem Handlungsverb. In Verbindung mit einem Subjekt gibt jede einen eigenen Satz.

Schritt 3: Beginnen Sie mit einem Brainstorming

Im Brainstorming halten Sie jedes Detail fest, das Ihnen einfällt. Schreiben Sie jedes auf eine eigene Haftnotiz. Einige davon werden Sie später aussortieren, andere umformulieren. Am Ende haben Sie eine hübsche Sammlung von wichtigen Punkten, die zum Beispiel so aussehen könnte:

- *Willkommen heißen*
- *Hintergrund der neuen Gruppe: alte Marketingkonzepte haben sich im Web als wirkungslos erwiesen*
- *Ziel: 80 Prozent Umsatzsteigerung*
- *93 Prozent mehr Kundenkontakte*
- *Steigerung der Einkünfte um 45 Prozent*
- *Was geschieht, wenn die Ziele verfehlt werden*
- *Regeln, die befolgt werden müssen*
- *Erfolge der Telefon-Hotline*
- *Beispiele, wie andere Firmen dieses Problem gelöst haben*
- *Zwanzig andere Einzelheiten*

Schritt 4: Gruppieren Sie die Details

- *Willkommen heißen*

- *Hintergrund*
- *Alte Marketingkonzepte wirkungslos*
- *Lösungsansätze anderer Firmen*
- *Erfolge der Telefon-Hotline*

- *Zielvorstellungen*
- *80 Prozent Umsatzsteigerung*
- *93 Prozent mehr Kundenkontakte*
- *Steigerung der Einkünfte um 45 Prozent*

- *Regeln, die befolgt werden müssen*
- ~~*Was geschieht, wenn die Ziele verfehlt werden*~~

Diese Rede berührt also drei Themenkreise. Allerdings hätte man die Details auch anders gruppieren können: Der Themenbereich

»Hintergrund« würde auch gut zu den Themen »Regeln« und »Konsequenzen eines Misserfolgs« passen. Während Sie über die einzelnen Gruppen nachdenken, können Sie einzelne Details noch aufnehmen und andere weglassen. In diesem Fall wurde der letzte Punkt gestrichen, weil er zum Ziel des Begeisterns und Inspirierens nicht passt.

Schritt 5: Ordnen Sie die Details

Ordnen Sie die Details innerhalb der Gruppen richtig an. Die Reihenfolge der angesprochenen Punkte ist ein entscheidender Faktor in jeder Kommunikation. So könnte hier ein Überraschungseffekt entstehen, wenn man die »alten Marketingkonzepte« ans Ende des Abschnitts »Hintergrund« stellt. Ein weiteres mögliches Arrangement sehen Sie unten. Natürlich könnte das Ihre ganz anders aussehen:

- *Willkommen heißen*

- *Hintergrund*
- *Alte Marketingkonzepte wirkungslos*
- *Erfolge der Telefon-Hotline*
- *Lösungsansätze anderer Firmen*

- *Zielvorstellungen*
- *80 Prozent Umsatzsteigerung*
- *Steigerung der Einkünfte um 45 Prozent*
- *93 Prozent mehr Kundenkontakte*

- *Regeln, die befolgt werden müssen*

Schritt 6: Legen Sie die Themenbereiche fest

Wenn Sie mit Haftnotizen arbeiten, kleben Sie nun die einzelnen Punkte jeder Gruppe auf ein eigenes Blatt Papier. Ordnen Sie die Blätter dann in der von Ihnen festgelegten Reihenfolge an. Geben Sie jeder Gruppe einen Titel. Dies sind die Themenbereiche Ihrer Rede, die Sie in der ersten Zeile des Blattes notieren.

Willkommen

Entstehungsgeschichte und Hintergrund

Hintergrund
Alte Marketingkonzepte wirkungslos
Erfolge der Telefon-Hotline
Lösungsansätze anderer Firmen

Zielvorstellungen

80 Prozent Umsatzsteigerung
Steigerung der Einkünfte um 45 Prozent
93 Prozent mehr Kundenkontakte

Gedächtnisstützen

Regeln, die befolgt werden müssen

Schritt 7: Ordnen Sie die Themenbereiche

Wissenschaftliche Untersuchungen zeigen, dass die Anordnung der Information in einem Text dessen Akzeptanz enorm steigern kann. So bleiben meist der erste und der letzte Punkt am besten im Gedächtnis haften. Vorstellungen, mit denen das Publikum eigentlich nicht einverstanden ist, werden schneller angenommen, wenn der Sprecher bereits verschiedene Ideen vorgebracht hat, die auf Zustimmung gestoßen sind. Die drei Themenbereiche: »Geschichte und Hintergrund«, »Zielvorstellungen« und »Gedächtnisbrücken« folgen keiner logischen inneren Ordnung. Man könnte auch gut die Zielvorstellungen oder die Gedächtnisbrücken an die erste Stelle rücken. Wir haben uns für die vorliegende Rede so entschieden:

- *Willkommen*
- *Zielvorstellungen*
- *Entstehungsgeschichte und Hintergrund*
- *Gedächtnisstützen*

Schritt 8: Schreiben Sie Ihre These nieder

Nun haben Sie Ziele und Aufbau festgelegt und Sie können sich nun daranmachen, Ihre These zu formulieren. Denken Sie daran, dass sich die These im Laufe des Schreibprozesses auch wieder ändern kann. Die These bleibt bis zum Schluss ständig im Werden begriffen. Ein Beispiel:

Heute stellen wir Ihnen unsere ehrgeizigen Ziele vor. Wir werden Sie in Entstehung und Hintergrund des neuen Projekts einführen und Sie mit den Regeln bekannt machen, die das Unternehmen diesbezüglich aufgestellt hat.

Schritt 9: Schreiben Sie den Einleitungs- und Schlussteil

Da die Einleitung im Grunde nicht zum Text gehört, können Sie sie jederzeit ändern und ganz auf das jeweilige Publikum zuschneiden.

In unserem Beispiel haben wir uns für eine witzige Geschichte über eine Marketingidee entschieden, die nicht den gewünschten Effekt erzielte:

Vor drei Jahren haben wir beschlossen, uns einen neuen Markt zu erschließen. Dabei haben wir unsere Erfahrung im Marketing einfach aufs E-Business übertragen. Jeder Marketingspezialist weiß, dass menschliche Gesichter beim Publikum Aufmerksamkeit erwecken, also ließen wir auf unserer Webseite einen sprechenden Kopf unsere Firmengeschichte erzählen. Das führte dazu, dass unsere Seite zwar häufig angeklickt wurde, jedoch kam daraus kein einziger fruchtbarer Kundenkontakt zustande. Ihre Aufgabe wird es nun sein, solche Flops zu vermeiden.

Diese kleine Geschichte stimmt das Publikum ein. Darüber hinaus nimmt sie den Zuhörern die Angst vor Fehlern und bereitet sie jedoch zugleich auch auf die Schwierigkeiten ihres neuen Aufgabengebietes vor.

Im Schlussteil können Sie die wesentlichen Punkte der Rede nochmals zusammenfassen oder Sie schlagen eine elegante Volte zurück zu der Geschichte am Anfang.

Heute haben Sie erfahren, welche Entstehungsgeschichte und welchen Hintergrund dieses Projekt hat. Sie wissen nun, welch ehrgeizige Ziele Sie erfüllen sollen und worauf es dabei zu achten gilt. Unser Hauptbüro wird Ihnen jede nur erdenkliche Hilfe zur Verfügung stellen. Unsere besten Wünsche begleiten Sie. Wir wünschen Ihnen großen Erfolg und sind froh, Sie an Bord zu haben. Danke.

Schritt 10: Planen Sie die einzelnen Abschnitte und schreiben Sie die Überleitungen bzw. Gedächtnisstützen

Anfang (Einleitung und These) und Schluss (Zusammenfassung und Dankesgeste) stehen nun. Jetzt müssen Sie sich um die innere Struktur kümmern: Überleitungen und Thesen für die einzelnen Themenbereiche. Achten Sie darauf, dass Ihre Einleitung in die These mündet.

Was wir von Ihnen erwarten? Wir erwarten, dass Sie drei Ziele erfüllen: Umsatzsteigerung, Steigerung der Einkünfte und Kundenkontakte.

... (Details einfügen)

Damit Sie diese ehrgeizigen Zielvorstellungen erfüllen können, müssen Sie sich an folgende Regeln halten:

... (Details einfügen)

Nun, da Sie wissen, was wir erwarten und wie Sie dies erreichen können, möchte ich Sie mit der Entstehungsgeschichte und dem Hintergrund dieses Projekts bekannt machen.

... (Details einfügen)

Kurz gesagt, haben Sie heute erfahren ...

Schritt 11: Stellen Sie den Text fertig

Gleichgültig, wie Sie die Rede halten wollen, ob mit Hilfe von Notizblättern, Dias, Gliederung oder dem ganzen Skript: Schreiben Sie die Rede auf jeden Fall Wort für Wort nieder. Nur so können Sie sicherstellen, dass Sie in Ihrer Präsentation auch tatsächlich alle rhetorischen Kunstgriffe anwenden, die mittlerweile Ihr Repertoire bilden. Außerdem können Sie nur so testen, wie viel Zeit Sie genau brauchen.

Eine Rede von 90 bis 100 Worten dauert etwa eine Minute. Wenn Sie also fünfzehn Minuten Redezeit haben, sollte Ihr Text nicht mehr als 1500 Worte umfassen. Lassen Sie Ihr Textverarbeitungsprogramm zählen, wie viele Worte Ihre Rede umfasst. Normalerweise sprechen wir schneller als 100 Worte pro Minute, doch diese großzügige Schätzung lässt Ihnen noch genug Zeit für beiläufige Bemerkungen, Kunstpausen und einen starken Schluss. Außerdem hat sich noch nie jemand beschwert, wenn eine Rede zu kurz war.

Schritt 12: Arbeiten Sie mit Schaubildern

Nun sollten Sie entscheiden, ob Sie visuelle Hilfsmittel einsetzen wollen, um Ihre Botschaft zu vermitteln. Denken Sie daran: Es heißt »Hilfs-Mittel«. Leider sind die meisten Schaubilder dem Verständnis eher hinderlich. Bestimmte Informationen lassen sich visuell besser ausdrücken. Finanzielle Entwicklungen über einen gewissen Zeitraum hinweg lassen sich besser mit Hilfe eines Linien- bzw. Tortendiagramms veranschaulichen. Wenn Sie unserem Organisationssystem folgen und die Schaubilder erst auswählen, wenn die Rede als solche »steht«, dann ist die Chance größer, dass Sie Ihrem Publikum sinnvolle visuelle Hilfen an die Hand geben. Eine ausgezeichnete Hilfe stellt hierzu Edward Tuftes Standardwerk *The Cognitive Style of PowerPoint*[31] dar, das leider nur in Englisch erhältlich ist. Schlecht durchdachte Schaubilder sind Edward Tufte ein Gräuel. So bemängelt er beispielsweise, dass projizierte Information häufig die analytischen Qualitäten eines Vortrags schmälert. Die üblichen Formate unterstützen das menschliche

Verstehen und Begreifen nicht. Statistische Daten werden durch ihre grafische Aufbereitung oft regelrecht entschärft.

Tufte ist der Meinung (und die Forschung unterstützt ihn darin), dass ein traditionelles Handout sehr viel effektiver ist als ein projiziertes Bild. Er schreibt: »Gerade für wichtige Vorträge ist es sinnvoll, Dias oder Schaubilder durch ein Handout zu ersetzen, das Worte, Zahlen, Daten, Grafiken und Bilder gleichzeitig präsentiert ... Ein gut durchdachtes Handout zeigt Ihrem Publikum, dass Sie es ernst meinen und präzise sind. Dass Sie etwas bewirken und eine Spur hinterlassen wollen. Und dass Sie das Publikum respektieren.« Das Handout hat außerdem den Vorteil, dass es den »Frontalangriff Vortrag« aufbricht, weil es den Zuhörern erlaubt, interaktiv daran teilzunehmen: Sie lesen mit, notieren sich Fragen und Anmerkungen.

Am schlimmsten ist es, wenn visuelles Material offenkundig nicht von der Person zusammengestellt wurde, welche die Präsentation hält, was ja in der Vorstandsetage häufig vorkommt. Denn dann muss der Vortragende seine Rede illustrativ um die Schaubilder herumbauen. Tun Sie so etwas unter keinen Umständen! Das ist ein sicherer Weg zum Fehlschlag. Wenn Sie Schaubilder benutzen müssen, wählen Sie sie aus, **nachdem** Sie den Text verfasst haben.

Im Übrigen müssen Sie sich ja nicht nur auf Schaubilder verlassen. Auch ausdrucksvolle Gesten sind visuelle Hilfsmittel, die Ihren Vortrag auf einprägsame Weise umrahmen. Diese haben den Vorteil, dass sie nicht verloren gehen. Und dieses Ausdrucksmittel gibt auch nicht im unpassendsten Moment den Geist auf wie es der Beamer oder Tageslichtprojektor so gerne tut. (Zumindest passiert das äußerst selten!).

Schritt 13: Nicht ohne Generalprobe

Dieser Schritt nimmt das bedeutsame Ereignis gleichsam vorweg. Wenn Sie eine kurze Ansprache bei einem Mittagessen halten müssen, brauchen Sie wohl nicht lange zu proben. Doch der Tag wird kommen, an dem Sie auf einer internationalen Konferenz vor dreitausend Zuhörern sprechen müssen. Überlassen Sie so etwas nicht dem Zufall. Lernen Sie Ihre Rede auswendig. Üben Sie Ihre Bewegungen ein. Machen Sie sich ein Skript (siehe nächstes Kapitel). Machen Sie eine Probeaufzeichnung von Ihrem Auftritt und spielen Sie sie Ihrem Kommunikationstrainer vor. Ihre Mama hatte nämlich damals schon Recht: Übung macht wirklich den Meister. Natürlich auch die Meisterin.

Was jetzt zu tun ist!

- **Planen und organisieren Sie mit Hilfe der 13 Schritte des Organisationssystems eine Rede, die Sie tatsächlich halten müssen.**

10
So halten erfolgreiche Menschen eine Rede

Keine Angst: Organisation ist alles.
Florynce Kennedy

Vor der Rede

Die gerade vorgestellten 13 Schritte haben Sie zu dem Punkt geführt, an dem Sie jetzt stehen. Nun haben Sie eine wohl durchdachte, gut geschriebene Rede formuliert, in der rhetorische Mittel und – wenn nötig – visuelle Hilfsmittel einander perfekt ergänzen. Doch das war nur der Anfang. Denn bis Sie eine Rede als Erfolg verbuchen können, liegt noch eine ganze Reihe von Planungsschritten vor Ihnen.

Bereiten Sie Ihr Skript vor!

Der Volksmund und mit ihm einige populäre Berufsredner behauptet ja: »Reden sollten immer frei gehalten werden.« Nun, in diesem Fall tut Volkes Mund keine Wahrheit kund, sofern Sie kein Berufsredner sind. John F. Kennedy witzelte einmal: »Freie Reden sind das Papier nicht wert, auf dem sie geschrieben sind.« Auf Papier oder nicht – der Versuch, spontan zu sein, geht gewöhnlich nach hinten los. Hinter Reden, die spontan oder formlos wirken, steckt gewöhnlich stundenlange Arbeit. Was man spontan von sich gibt, hat im Normalfall keine durchschlagende Wirkung. Der brillante Rhetoriker Jeff Scott Cooks schreibt: »Jedes Publikum würde eine interessante, vom Blatt gehaltene Rede einer langweiligen, freien vorziehen.«[32] In jahrelanger Arbeit haben wir ein System erarbeitet, das Ihnen erlaubt, entweder genau nach Skript vorzugehen oder nach Belieben von diesem abzuweichen. Damit lösen sich zahlreiche Probleme des Redenhaltens wie von selbst.

Dieses System umfasst fünf Schritte, an deren Ende Sie ein vollständig ausgearbeitetes Skript in Händen halten. Nachdem Sie es durchgelesen haben, machen Sie das Skript zu Ihrer Rede und beginnen Sie dann, laut zu üben.

1. **Zählen Sie die Wörter in jedem Absatz sowie im ganzen Text!** Rechnen Sie mit einer Geschwindigkeit von 90–100 Worten pro Minute. Um einen Absatz von 100 Worten vorzulesen, brauchen Sie (in aller Ruhe und mit Pausen bzw. beiläufigen Bemerkungen) etwa eine Minute. Wenn Sie fünfzehn Minuten Redezeit haben, sollte Ihre Rede höchstens 1500 Worte umfassen.

2. **Wählen Sie eine ausreichend große, leicht zu lesende Schrift!** (Normalerweise ist das eine 14- bis 18-Punkt-Schrift.)

3. **Den Rand oben und an den Seiten sollten Sie schmal halten: etwa 1 cm. Stellen Sie den unteren Seitenrand aber auf 13 cm ein!** Erstellen Sie eine Kopfzeile mit: Titel der Rede, Publikum, Datum und Seitenzahl in der oberen rechten Ecke (Schriftgröße: 6 Punkt). Lesen Sie den Text laut. Markieren Sie die Stellen, an denen Sie eine Pause einlegen, und jene, die Sie besonders hervorheben wollen. Erarbeiten Sie ein Markierungssystem, das Sie leicht entziffern können, und bleiben Sie dabei. Vergessen Sie nicht: Diesen Text bekommen nur Sie selbst zu Gesicht und Markierungen erleichtern das Lesen.

Das unten stehende Beispiel zeigt Ihnen, wie Sie einen Text am besten markieren. Es handelt sich dabei um einen Ausschnitt aus einer Rede mit dem Titel *Führung in der Krise*.

Aus einem Skript:

Viertens: Führungskräfte können so ((Anführungszeichen mit den Fingern andeuten)) »nett« erscheinen, dass sie aufgrund ihrer Schwäche ihre Durchschlagskraft einbüßen. ///

Auf der Fakultätssitzung einer großen Universität äußerte der Leiter eines neuen und wichtigen Aufbaustudienprogramms neulich folgende Worte:

((Mit Quietschstimme weiter))

»Ich mache gerade eine schwere Krise durch und brauche Hilfe. Bitte vergeben Sie mir.« Ein anderer Manager auf höherer Ebene wollte dem Ego seiner Teammitglieder schmeicheln und sagte: »Ich weiß wirklich nicht viel über dieses Thema. Würden Sie bitte übernehmen, Herr Müller?«

((Pause ///////////////))

Beide Manager dachten im Ansatz richtig. Sie wollten sich bescheiden zeigen und Respekt vor ihren Mitarbeitern bekunden, doch da sie dies in einer Sprache der Schwäche taten, die ((Arme heben und sich klein machen)) sie selbst in den Augen der anderen herabsetzte, haben sie wohl kaum die Achtung erzeugt, die sie eigentlich suchten. ((Arme weit ausbreiten))

((Vor dem Weitergehen zum nächsten Absatz einen Schluck Wasser nehmen.))

[109 Worte]

4. **Setzen Sie den Schlussteil deutlich ab!**

Der obige Absatz zeigt klar, wie sich dies bewerkstelligen lässt: Der Sprecher hört nicht etwa bei der Frage auf, sondern macht eine lange Pause, nach welcher der eigentliche Schlussteil folgt. Dies gilt nicht nur für den einzelnen Absatz, sondern für die ganze Rede.

Zählen Sie, wie viele Worte Ihr Schlussteil umfasst und nehmen Sie sich genügend Zeit dafür. Eine Minute extra sollten Sie für die Pausen und den Applaus einrechnen.

5. **Proben Sie Ihren Text und vervollständigen Sie die Markierungen!** Danach drucken Sie den Text auf DIN-A-4-Karton.

Solche Karten rascheln nicht und sind leichter zu handhaben als Papier. Außerdem halten sie mehr aus. Achten Sie genau darauf, wo Sie den Seitenwechsel setzen: keinesfalls in der Mitte eines Satzes oder mitten in der Darlegung einer wichtigen Idee. Drucken Sie die Anzahl der Worte nach jeder Seite oder jedem Absatz mit aus. Schneiden Sie die Karten in der Mitte durch und bewahren Sie die leeren Stücke auf. (Sie können darauf während der Rede Notizen machen. Halten Sie darauf fest, was Sie sonst noch brauchen wie Pointer, Visitenkarten, Uhr, Haftnotizen und andere Hilfsmittel.) Bohren Sie ein Loch in die linke obere Ecke und ziehen Sie ein Band durch. Vor der Rede entfernen Sie das Band, damit Sie die Karten umdrehen können, ohne Anlass zur Ablenkung zu geben.

Arbeiten Sie mit anderen Gedächtnisstützen!

Vielleicht arbeiten Sie trotzdem lieber mit einer Gliederung oder Dias als Gedächtnisstütze, vor allem, wenn Sie keine bis ins Kleinste durchdachten Reden halten müssen. Sie können auch weiter mit Ihrer alten Methode arbeiten, bis Sie mit der hier vorgestellten Methode mehr Erfahrung gesammelt haben und Sie mit links beherrschen. Halten Sie immer Haftnotizen und einen Stift bereit, um den Satzanfang des nächsten Abschnitts niederzuschreiben, während Sie noch Fragen beantworten oder das Publikum diskutiert.

Lesen Sie laut!

Die meisten Menschen denken, sie könnten nicht laut lesen. Haben Sie je Ihren Kindern vorgelesen? Wenn ja (oder wenn Sie hin und wieder in Ihrer Kirche die Lesung halten), dann haben Sie genug Übung im lauten Lesen. Sie müssen nur die bereits erworbenen Fähigkeiten aufs Berufsleben übertragen. Denken Sie nur an die Goldene Regel, die wir bereits erwähnt haben: Sie sprechen zu Menschen, nicht zu Ihren Notizen und nicht zur Projektionswand. Sehen Sie still nach unten, nehmen Sie den nächsten Satz auf und wiederholen Sie diesen Satz dann laut, wobei Sie einen Ihrer Zuhörer direkt ansehen. Dann richten Sie den Blick wieder kurz auf Ihre Gedächtnisbrücke. Und so weiter. Das ist schon alles. Erleichtern Sie sich das Leben als Vortragender, indem Sie das Skript so weit als möglich oben am Pult platzieren. Dann müssen Sie nicht in Gürtelnähe blicken, wenn Sie den nächsten Satz ablesen. Von den Tausenden, die wir bei *Well-Read* trainiert haben, haben nur drei oder vier diese Technik nicht gemeistert. Halten Sie Ihren Vortrag vor der Videokamera. So können Sie selbst überprüfen, ob alles klappt.

Alles zur Hand?

Legen Sie alles bereit, was Sie auf dem Podium brauchen. Oder sorgen Sie dafür, dass einer Ihrer Mitarbeiter das tut. In meiner Rednermappe stecken: das Skript, ein Laserpointer, ein geräuschloser Timer, Haftnotizen, ein Stift, Visitenkarten und alles, was ich sonst noch brauche.

Überprüfen Sie Ihr Outfit und Ihr Equipment!

Überlegen Sie, was Sie anziehen, welche Schuhe und welchen Schmuck Sie tragen werden bzw. wie Ihr Haar sitzen soll. So mancher Vortrag wurde schon von klirrenden Ohrringen, schlecht sitzenden Anzügen, superkurzen Röcken, ausgetretenen Schuhen, Flecken auf der Krawatte, rutschenden Brillen, flackernden Laserpointern oder einem schlechten Haarschnitt ruiniert. Eine recht geübte Rednerin zeichnete einmal ihren Auftritt vorab auf Video auf. Sie hatte ein zweiteiliges Seidenkostüm gewählt. Während der Aufzeichnung bemerkte sie, dass die Jacke jedes Mal, wenn sie den Arm hob, nach oben rutschte, wo sie hängen blieb, während ihre Arme längst wieder ihre normale Position eingenommen hatten. Statt die Jacke jedes Mal wieder glatt zu ziehen, entschied sie sich lieber für ein anderes Kostüm. Solch scheinbar simple Details tragen entscheidend zum Erfolg bei.

Team- und Gruppenpräsentationen

Vor einigen Jahren bat ein aufgeschlossener Manager uns einmal, sein Team auf eine Präsentation vorzubereiten, bei der es im Wettbewerb mit einem anderen Team stand. Er dachte, die Vorbereitung und Planung dieser Präsentation könnte für sein Team eine lehrreiche Erfahrung sein. Als Erstes baten wir die Gruppe, sich so zu setzen, wie dies bei der Präsentation der Fall sein würde. Dann zeichneten wir dieses Bild auf Video auf. Der Film schockierte die ganze Gruppe. Sie saßen nebeneinander wie Fremde im Bus. Sie sahen sich gegenseitig nicht an, hörten nicht zu, während die anderen Teammitglieder ihren Teil der Präsentation hielten und als sie nacheinander ans Podium traten, wirkten sie nicht überzeugend.

So lernten die Teammitglieder während der Vorbereitung nicht nur, wie man eine Präsentation gestaltet, sondern auch, wie man dabei als Team auftritt. Sie entwarfen für sich eine Reihe von verbalen und nonverbalen Signalen, die ihnen selbst und der Welt zeigten, dass in der Gruppe ein wirklicher Zusammenhalt existierte, der die gemeinsame Arbeit förderte. So stellten sie sich beispielsweise gegenseitig vor, wobei sie die Verdienste des jeweils Vorgestellten unterstrichen. Sie lächelten einander an und nickten zustimmend, wenn eines ihrer Teammitglieder sprach. Und wenn ein Redner das Podium verließ, um Platz für den nächsten zu machen, klopfte dieser ihm anerkennend auf die Schulter. Auf lange Sicht gesehen half die Vorbereitung ihnen nicht nur bei der Präsentation, sondern verbesserte auch die tägliche Zusammenarbeit der Gruppe.

Wenn Ihr Team sich also bei einer Präsentation bewähren muss, sollten Sie dafür sorgen, dass jedes einzelne Mitglied eine gute Performance liefert. Die Prinzipien, die für eine Einzelpräsentation gelten, sind – mit kleinen Veränderungen – auch für das Team gültig. In solch einem Fall wenden Sie das System auf die Präsentation als Ganzes an ebenso wie auf jede Einzelpräsentation. Jede Einzelpräsentation braucht kluge Überleitungen. Außerdem hat die Teampräsentation einen unbestreitbaren Vorteil: Sie können nicht mit eigenen Verdiensten prahlen, aber die anderer können Sie durchaus gebührend hervorheben, ohne das Publikum abzustoßen. Denn jedes Lob, das Sie an Ihre Teamkollegen und -mitarbeiter verteilen, strahlt am Ende auf Sie selbst zurück. Auch die Techniken des Zuhörens und der nonverbalen Signale sollten im Team entsprechend berücksichtigt werden.

Sehen Sie sich den Raum an!

Wenn Sie sich an Vorträge erinnern, bei denen jeder Zuhörer an der Projektionswand vorbeilaufen muss, wenn er zur Toilette will, bei denen der Sprecher sich entschuldigt, weil die projizierten Bilder zu klein sind, bei denen der Vortragende mangels einer geeigneten Lichtquelle seine eigenen Notizen nicht lesen kann oder nicht funktionierende Geräte die Geduld des Publikums strapazieren, dann wissen Sie, was passieren kann, wenn man den Vortragsraum vor der Rede nicht einer gründlichen Inspektion unterwirft.

Eine frühe Ankunft und ein wenig gesunder Menschenverstand werden Ihnen dabei helfen.

Einer meiner Klienten hatte kürzlich Gelegenheit, den Raum, in dem er seinen Vortrag halten sollte, in Augenschein zu nehmen. Es war der ehemalige Ballsaal eines Hotels, den man in mehrere kleinere Säle aufgeteilt hatte. Jeder dieser Säle war lang und schmal. Der Eingang lag auf der einen Schmalseite, das Podium auf der gegenüberliegenden. Der Sprecher verschwand irgendwo hinter dem Rednerpult, von einer riesigen Projektionsfläche quasi zur Bedeutungslosigkeit verdammt. Da mein Klient nicht die Absicht hatte, dieses Schicksal hinzunehmen, bat er das Hotelpersonal, den Raum umzugestalten, sodass das Podium nun die Breitseite einnahm und auch die Sitzreihen anders aufgestellt wurden. Da er sich Mühe gab, überzeugend zu wirken, kam man seinen Wünschen nach und so wurde er tatsächlich von allen gesehen und gehört.

Wenn Sie sich den Raum ansehen, achten Sie vor allem auf das Podium. Die meisten Rednerpulte zum Beispiel sind für große Menschen gedacht. Wer etwas kleiner ist oder gar sitzen muss, hat damit Schwierigkeiten.

Ein anschauliches Beispiel dafür, was ein unpassendes Rednerpult anrichten kann, ereignete sich während einer wichtigen Parteiversammlung. Die zentrale Rede auf dieser Versammlung sollte von einer jungen Politikerin gehalten werden, der alle eine glänzende Karriere vorhersagten. Da das Rednerpult für sie viel zu groß war und sie dies bei der Planung übersehen hatte, sahen Millionen von Menschen in der Fernsehübertragung von jeder ihrer Gesten nur die Fingerspitzen. Von dieser jungen Dame hörte man nie wieder.

Denken Sie daran: Erfolg bei öffentlichen Auftritten ist gar nicht so schwer. Ein wenig gesunder Menschenverstand genügt schon.

Stellen Sie sich auf die Größe Ihres Publikums ein!

Bei wirklich großen Veranstaltungen sehen viele Menschen Sie nur auf einem großen Bildschirm. Wenn Sie wissen möchten, wie das aussieht, machen Sie eine Aufnahme, während Sie Ihre Rede halten. Sie werden feststellen, dass die Videokamera nur Kopf und Schultern aufnimmt. Sie müssen Ihre Gesten also ausladender gestalten. Achten Sie darauf, welches Make-up Sie benutzen. Auf großen Bildschirmen sehen Farben leicht verwaschen aus. Hautunreinheiten oder Leberflecken werden dramatisch vergrößert. Natürlich können Sie bei einem so großen Publikum keinen Augenkontakt halten, doch achten Sie darauf, dass Sie trotzdem Menschen an verschiedenen Punkten des Raumes ansehen.

Am Tag der Rede

Auch wenn Sie den Raum, in dem Sie Ihren Vortrag halten, bereits am Vortag überprüft haben, sollten Sie möglichst früh ankommen. Achten Sie darauf, ob es auf dem Weg zum Podium bzw. Rednerpult irgendwelche Probleme geben kann. (Zum Beispiel macht es keinen guten Eindruck, wenn Sie auf dem Weg zum Rednerpult über ein Kabel stolpern.) Sprechen Sie mit dem Techniker, wenn Sie ein Mikrofon verwenden müssen, und klären Sie vorab mögliche Probleme. (So ist ein Ansteck-Mikro auf einem Kleid gewöhnlich schlecht zu befestigen.) Machen Sie einen Soundcheck, wenn Sie in ein feststehendes Mikrofon sprechen. Entscheiden Sie, ob Sie Ihre Notizen bereits vorher am Rednerpult ablegen und sie dort liegen lassen, während andere Redner sprechen, oder ob Sie sie lieber erst mit nach vorne nehmen wollen, wenn Ihr Vortrag beginnt.

Auch am Rednerpult ist Organisation (fast) alles

Achten Sie darauf, dass Ihre Notizen möglichst weit oben liegen. Wenn nötig, besorgen Sie sich eine Unterlage mit passender Klammer, wo Sie sie festklemmen. Dies verhindert, dass Sie Ihren

Kopf zu weit senken, wenn Sie auf Ihre Unterlagen schauen. Wenn das Rednerpult Sie von Ihrem Publikum zu sehr abschneidet oder Sie mit solchen »Klötzen« nichts anfangen können, lassen Sie es seitlich aufstellen. Auf diese Weise können Sie dort Ihre Notizen ablegen und haben gleichzeitig einen Fixpunkt, auf den Sie sich in Ihren Bewegungen beziehen können. Denken Sie daran, dass Sie in diesem Fall ein Ansteck-Mikrofon brauchen. Dies gilt auch, wenn Sie daran gewöhnt sind, das Podium zu verlassen. Vergessen Sie nicht, dem Techniker Bescheid zu geben. Folgende Utensilien sollten für Sie dort oben in Griffnähe bereitstehen: eine Uhr mit Leuchtanzeige, ein Pointer, ein Notizblock, ein Wasserkrug und ein Glas.

Stellen Sie sich auf mögliche Probleme ein!

Meist kommen Probleme unverhofft, doch einige kann man auch vorhersehen. Wird Ihr Publikum auf Sie eher wohlwollend oder feindselig reagieren? Wenn Sie bereits wissen, dass Sie dort oben nicht gerade auf Rosen gebettet sein werden, bitten Sie den Organisator, Ihnen einen Moderator zur Seite zu stellen, der Sie vor allzu harschen Angriffen schützt. Im geschäftlichen Rahmen benimmt das Publikum sich im Normalfall zwar gesittet, bei öffentlichen Reden jedoch kann das schon ganz anders aussehen.

So lud man kürzlich den Vorstandsvorsitzenden eines bekannten Unternehmens in eine öffentliche Bibliothek ein, wo er über ein Buch sprechen sollte. Während der sich anschließenden Fragestunde stand plötzlich ein offenkundig geistig gestörter Mann auf und schickte sich an, eine Rede über verschiedene, völlig zusammenhanglose Themen zu halten. Sowohl der Redner als auch der Moderator wussten nicht, was sie tun sollten, bis ein Mann aus dem Publikum aufstand und eine Frage nach vorne rief. Damit übertönte er das zusammenhanglose Geplapper, woraufhin der Mann aufhörte den Vortrag zu stören.

Möglicherweise werden Sie nie auf ein solches Problem stoßen. Trotzdem sollten Sie sich im Voraus überlegen, wie Sie auf solche Zwischenfälle klug reagieren könnten. Wenn die Veranstaltung moderiert wird, sollten Sie vor der Rede klären, ob der

Moderator auch weiß, dass die Moderation nicht Ihre Aufgabe ist.

Erwarten Sie feindselige oder schwierige Fragen? Wie wollen Sie mit Unterbrechungen oder Fragen während des Vortrags umgehen? Wenn Sie während der Rede keine Fragen zulassen wollen, sollten Sie dies ankündigen. Bitten Sie darum, die Fragen bis zum Ende aufzusparen oder sie auf Kärtchen zu schreiben, die man Ihnen am Ende reicht. Selbst die beste Vorbereitung bewahrt Sie nicht vor Überraschungen. Wenn es solche geben sollte: Bewahren Sie die Ruhe, dann wird Ihre Autorität das Problem von selbst erledigen.

Seien Sie neugierig!

Wenn Sie früh genug da sind und all Ihre Vorbereitungen getroffen haben, können Sie sich umsehen und Eindrücke sammeln. Setzen Sie sich auf einen Platz in der Nähe des Eingangs oder begrüßen Sie die wartenden Teilnehmer. Stellen Sie sich als Redner oder Rednerin vor und fragen Sie den ein oder anderen, ob er sich mit dem Thema Ihres Vortrags auskennt: »Hatten Sie bereits Erfahrung mit E-Marketing?« Oder: »Stellt es ein Problem für Sie dar, in der Öffentlichkeit zu sprechen?« Betreiben Sie höflichen Smalltalk: »Bei welchem Unternehmen sind Sie beschäftigt?« Achten Sie darauf, dass Sie ein Notizbuch oder gar ein paar passende, unbeschriebene Karten parat haben. Die Antworten, die Sie hier erhalten, können Sie in Ihren Vortrag einbauen. Das macht ihn lebendiger und persönlicher. Außerdem kommt hier das Gesetz der Gegenseitigkeit zum Tragen: Wenn Sie Interesse an den Menschen zeigen, werden diese Ihnen später auch interessiert zuhören.

Achten Sie auf die Uhr!

Stellen Sie die Stoppuhr ein und drücken Sie den Knopf, wenn Sie Ihr erstes Wort sagen. Wenn Sie ein gutes Skript haben, sollten Sie mit der Redezeit keine Probleme haben, aber ein paar Bemerkungen am Rande oder Fragen aus dem Publikum kosten Zeit. Vergessen Sie nicht, dass Sie pünktlich fertig werden müssen. Natürlich können Sie die Uhr im Raum im Auge behalten, aber das macht eine ohnehin schon schwierige Aufgabe noch schwieriger. Sehen Sie jedoch während eines Vortrags niemals auf Ihre Armbanduhr. Wenn Sie einen der Zuhörer gut kennen, kann er Ihnen ein Signal geben, wenn die letzten Minuten anbrechen. Wie auch immer: Beenden Sie Ihre Rede zur vorgesehenen Zeit.

Lernen Sie mit Zeitproblemen umzugehen!

Vielleicht bittet man Sie kurz vor Ihrem Vortrag, Ihre Rede doch um 15 Minuten oder mehr zu kürzen. Keine Panik!

Ihre Rede verfügt über eine interessante Einleitung und einen starken Schluss. Da sie gut durchkonstruiert ist, lassen Sie einfach einen ganzen Themenbereich weg. Da Sie bei jedem Thema notiert haben, wie lange der Vortrag dieses Abschnitts dauert, ist das passgenaue Kürzen kein Problem für Sie. Vergessen Sie nicht, diesen Part auch aus Ihrer These zu streichen. Sie werden Ihre Rede in genau der richtigen Zeit halten und trotzdem Selbstvertrauen ausstrahlen.

Es ist so weit!

Nun ist alle Arbeit getan. Entspannen Sie sich und genießen Sie den Vortrag. Ihr Publikum wird Ihnen Fehler vergeben (bzw. sie nicht bemerken), wenn Sie den Eindruck erwecken, all dies mache Ihnen Spaß. Verkriechen Sie sich hingegen ängstlich hinter dem Pult, werden Sie bei Ihren Zuhörern nur Befremden hervorrufen. Behalten Sie Ihr Publikum im Auge. Machen Sie sich keine Gedanken darüber, ob Sie Ihre Sache gut machen, sondern ob das Publikum sich wohl fühlt.

Stellen Sie den Kontakt her, indem Sie fragen: »Hört jeder gut?« Oder fragen Sie: »Können Sie mich gut sehen?« Heben Sie die Hand, um ihnen zu zeigen, wie sie Fragen signalisieren können.

Ende gut, alles gut

Zählen Sie die Worte in Ihrem Schlussabsatz und achten Sie darauf, dass nach dem Frageteil noch genügend Zeit übrig ist, um das starke Ende zu präsentieren. Hören Sie nicht auf mit: »Nun, wenn es keine Fragen mehr gibt, dann sind wir wohl fertig.« Wie auch immer der Vortrag gelaufen ist: Atmen Sie nicht auf, wenn Sie fertig sind. Stürzen Sie nicht wie von Furien gejagt vom Podium. Wenn Ihr Publikum klatscht, lächeln Sie ihm zu, bedanken Sie sich oder applaudieren Sie Ihrerseits.

Nach der Rede

Gehen Sie jeden Ihrer Auftritte hinterher noch einmal durch. Machen Sie eine genaue Analyse aller erfolgreichen bzw. unwirksamen Strategien.

Einmal pro Jahr sollten Sie eine größere Rede aufzeichnen lassen. Lassen Sie die Audio-Aufzeichnung abschreiben und arbeiten Sie sie Wort für Wort noch einmal durch. Haben Sie sich an Ihr Skript gehalten? War der Aufbau der Rede klar erkennbar? Hielten sich Ich-Sätze und andere schwache Ausdrucksformen in Grenzen? Konnten Sie rhetorische Mittel einsetzen? Enthielten Ihre Sätze zum größten Teil Handlungsverben?

Kopieren Sie sich die Checkliste im Anhang und stellen Sie so sicher, dass jede Ihrer Präsentationen die letzte übertrifft.

Dann sehen Sie sich die Videoaufzeichnung ohne Ton an. Achten Sie darauf, welche nonverbalen Signale Sie aussenden, welche Körpersprache Sie verwenden. Auch hier sollten Sie von Vortrag zu Vortrag selbstsicherer und gelassener werden, sodass Sie mit der Zeit immer mehr Autorität ausstrahlen.

Kam die Rede besonders gut an, sollten Sie sich fragen, weshalb. Lag es an den Worten, die Sie benutzten, an den Gesten oder daran, dass Sie sich besonders gut mit Ihrem Publikum verstanden? Lassen sich die besten Elemente dieses Auftritts vielleicht sogar wieder verwenden? Wenn es Kritiken gegeben hat, lesen oder hören Sie sich diese so gründlich wie möglich an. Meist enthalten sie nützliche Tipps und Hinweise.

Nun haben Sie den Prozess des Redenschreibens und -haltens von der ersten Idee bis zur Rede selbst gründlich kennen gelernt. So können Sie den neuen Herausforderungen Ihrer Karriere mit Vitalität und Begeisterung begegnen, denn Sie wissen nun, wie Sie Ihre Botschaft am besten in die Welt hinaustragen.

Die meisten Präsentationen allerdings finden nicht im großen, sondern im kleinen Rahmen statt.

11
So kommunizieren erfolgreiche Menschen mit Einzelpersonen oder Kleingruppen

Wie viel Autorität eine Führungskraft hat,
zeigt sich still und unterschwellig
in ihren Alltagsbeziehungen.
James McGregor Burns,
Schriftsteller und Pulitzer-Preisträger

In seinem Klassiker zum Thema »Führungsstärke«[33] weist James McGregor Burns darauf hin, dass die Autorität einer Führungskraft sich in erster Linie im Alltag widerspiegelt. Es sind die Alltagsbeziehungen, durch die jene Bindungen entstehen, die Ihnen und Ihren Mitarbeiter am Ende gleichermaßen nützen. Jedes Mal, wenn Sie ein Meeting leiten, eine Vereinbarung aushandeln, eine Auseinandersetzung oder ein Mitarbeitergespräch führen, ist es einzig und allein Ihre Fähigkeit zur sprachlichen Führung, die Ihnen Erfolg beschert. In diesem Kapitel lernen Sie, wie Sie die Führungssprache des Erfolgs auch im Alltag sinnvoll anwenden können.

Wie Sie ein Meeting erfolgreich gestalten

Sogar professionelle Redner sprechen meist im informellen Umfeld: auf Meetings, Konferenzen und bei kleineren Präsentationen. Trotzdem sollte der informelle Kontext nicht zu schludrigen, gedankenlosen oder unbedachten Äußerungen verführen. Bereiten Sie sich auch auf ein einfaches Meeting gut vor: Prüfen Sie die Umgebung. Machen Sie sich Gedanken über schwierige Teilnehmer. Könnte es zu Feindseligkeiten oder Auseinandersetzungen kommen? (Meist lässt sich so etwas im kleineren Rahmen vorhersagen.) Setzen Sie bei der Vorbereitung auch auf Ihre sprachlichen Fähigkeiten und machen Sie sich vorher Notizen.

Prüfen Sie die Umgebung und das Equipment!

Achten Sie auf den Raum, die Temperatur, Imbiss und Getränke, Ihren Platz, das allgemeine Wohlbefinden der Teilnehmer. Wenn Sie sich hier bemühen, können Sie sicher sein, dass Sie Ihre Ideen wirkungsvoll präsentieren und anderen gut zuhören können. Werden Sie sitzen oder stehen? Wenn Sie stehen, strahlen Sie mehr Autorität aus. Außerdem sind Sie besser zu sehen. Wenn Sie das Meeting leiten, sollten Sie sich den Platz am Kopfende des Tisches sichern oder ganz vorne stehen. Ist dies nicht der Fall, dann setzen Sie sich möglichst in die Mitte. Je näher Sie den anderen Teilnehmern sind, desto einfacher ist es, mit ihnen Kontakt aufzunehmen.

Präsenz und Charisma zählen bei kleineren Treffen genauso wie bei großen Sitzungen. Und Führungspersönlichkeiten, die als charismatisch wahrgenommen werden, suchen den Kontakt zu anderen Menschen, weil sie sie – im realen wie im übertragenen Sinne – berühren wollen.

Checkliste
für die Rahmenbedingungen eines Meetings

- Raum .... ☐
- Sitzgelegenheiten .... ☐
- Temperatur .... ☐
- Licht .... ☐
- Erfrischungsgetränke .... ☐
- eigener Sitzplatz .... ☐
- Präsentationsmittel .... ☐

Wie Sie rege Teilnahme fördern können

Ihre Worte und Ihr Verhalten können die anderen Teilnehmer entweder ermutigen, entmutigen oder beschwichtigen. Sie sollten sich ein Repertoire von Sätzen zulegen, die Ihre Mitarbeiter sowohl ermutigen als auch bremsen.

Hier sind ein paar Beispiele:

Sätze, die ermutigen

- *Vielen Dank für die kreative Idee.*
- *Das könnte wirklich funktionieren.*
- *Herr Schmidt, könnten Sie uns Ihren Einwurf bitte genauer erklären.*
- *Frau Bauer, würden Sie bitte die Ergebnisse Ihrer Gruppe vorstellen.*
- *Herr Kötter, meinen Sie, das könnte klappen?*
- *Frau Rottländer, Sie haben hier am meisten Erfahrung. Was meinen Sie dazu?*

Sätze, die bremsen

- *Das mag wichtig sein, doch heute wollen wir über etwas anderes sprechen.*
- *Danke. Könnten Sie mit den Anmerkungen warten, bis wir am Ende sind?*
- *Bitte warten Sie mit Kommentaren bis zum Schluss.*

Sätze zur Begrüßung

Bei der Begrüßung sollten Sie Ihre Autorität unter Beweis stellen, indem Sie anderen zu ihren Leistungen gratulieren.

- *Bevor wir anfangen möchte ich Frau Brötzmann danken, die den Budgetplan erstellt hat. Die Klarheit und Genauigkeit, die sie dabei an den Tag gelegt hat, erleichtert unsere heutige Arbeit ungemein.*
- *Mein Dank gilt all jenen unter Ihnen, die einen weiten Weg auf sich genommen haben, um heute hier zu sein. Wir werden uns alle Mühe geben, damit dieser Aufwand sich für Sie lohnt.*
- *Ich möchte Ihnen allen danken. Sie haben Ihre Aufgaben hervorragend erledigt.*
- *Auf uns kommt ein gewaltiges Sicherheitsproblem zu. Wir müssen Wege finden, damit umzugehen. Ihre Fähigkeiten und Ihre Erfahrung – Heiner hat auf diesem Gebiet für die Regierung gearbeitet, Christa für den Bundesnachrichtendienst und Ali kennt sich mit der Technik aus – werden uns helfen, diese Aufgabe zu lösen.*

Wie Sie sehen, finden sich hier nur wenige Ich-Sätze, dafür aber werden häufig die Worte »bitte« oder »danke« verwendet. Diese Art der Ausdrucksweise schweißt das Team zusammen, stärkt die Moral und steckt den Rahmen ab, in dem notwendige Auseinandersetzungen stattfinden können.

Wie Sie mit schwierigen Zeitgenossen umgehen

In jeder Gruppe gibt es schwierige, streitsüchtige oder manchmal sogar feindselige Menschen. Wenn Sie einen guten Einblick in die Struktur einer Gruppe haben, können Sie dies meist im Vorfeld richtig einschätzen. Entwickeln Sie daher rechtzeitig Strategien, wie Sie auf unfaires Verhalten reagieren können. Bedenken Sie: Die wenigsten Mitarbeiter mobben ihren Chef. Sie heben sich ihre Attacken meist für die jüngeren und schwächeren Teammitglieder auf, die Sie entsprechend schützen müssen.

Im Folgenden möchte ich Ihnen sieben Tipps für den Umgang mit schwierigen Persönlichkeiten an die Hand geben:

1. Üben Sie harsche Kritik nicht öffentlich.

Sprechen Sie allein mit dem oder der Betreffenden. Formulieren Sie Ihre Kritik z.B. so:

Eine rüde Ausdrucksweise untergräbt die Moral im Team. Bitte halten Sie bei Meetings Ihre Zunge im Zaum.

2. Machen Sie sich Notizen, um Beweise zu sammeln.

Die Aufzeichnungen vom letzten Meeting zeigen, dass Sie Sandra fast immer unterbrechen, wenn sie das Wort ergreift. Solch ein Verhalten setzt Sandra in den Augen der anderen Teammitglieder herab. Bitte lassen Sie sie künftig ausreden.

3. Schwächen Sie Zurechtweisungen ab, indem Sie Passivkonstruktionen gebrauchen.

Verhaltensweisen wie diese werden künftig nicht mehr toleriert (akzeptiert, hingenommen, geduldet) werden.

4. Fördern Sie die Höflichkeit und respektvollen Umgang miteinander.

Eröffnen Sie das Treffen, wenn nötig, mit einem Hinweis wie:

In der Vergangenheit wurden einige unserer Meetings durch unhöfliches Verhalten und rüde Bemerkungen gestört. Dies wird in Zukunft nicht mehr geduldet. Wenn die Dinge außer Kontrolle geraten, wird der oder die Betreffende den Raum zu verlassen haben.

5. Halten Sie Ihre schützende Hand über die Schwächeren.

Andere Menschen ständig zu unterbrechen führt dazu, dass diese Personen ihren Beitrag nie vollständig darlegen können. Bitte lassen Sie ... zu Ende sprechen.

6. Setzen Sie einen Zeitrahmen.

Aggressive Menschen versuchen häufig, die Diskussion an sich zu reißen. Als Führungskraft müssen Sie die Kontrolle behalten. Dies ist sehr viel einfacher, wenn Sie die Redezeit von vornherein begrenzen.

7. Bitten Sie die Teilnehmer, ihre Kommentare auf Kärtchen festzuhalten.

Am Ende kann ein Moderator entscheiden, welcher der Kommentare vorgelesen wird.

Erfolgreiche Menschen wissen, dass kontroverse Diskussionen sinnvoll sind

Jeder, der schon einmal in den USA einem Meeting beigewohnt hat, weiß, dass US-Amerikaner Auseinandersetzungen scheuen. Da wir nur im Ansatz so etwas wie eine Streitkultur entwickelt haben, widerstrebt es uns, Zweifel oder abweichende Meinung überhaupt zu äußeren. Im Ernstfall sitzen wir dann gebannt wie das Kaninchen vor der Schlange da: Jeder weiß, dass das Team gerade eine Fehlentscheidung trifft, doch keiner wagt, es offen zu sagen. Das erinnert doch sehr an Hans Christian Andersens Märchen *Des Kaisers neue Kleider*. Den Betrügern, die dem König ein neues goldenes Gewand weben sollten, gelang es, alle glauben zu machen, der Kaiser sei in prächtige Gewänder gehüllt. Erst als ein Kind die Wahrheit sagte, nämlich, dass der Kaiser überhaupt nichts an hatte, kam der Schwindel ans Licht. Sie als Führungspersönlichkeit sollten andere Menschen immer ermutigen, die eigene Meinung zu vertreten, selbst wenn dieser Standpunkt von niemand anderem – auch von Ihnen nicht – geteilt wird.

Ein Artikel in der *Harvard Business Review*[34] vergleicht verschiedene Managementteams, die großem Leistungsdruck ausgesetzt sind. Wissenschaftler fanden nun heraus, dass gerade jene Teams am besten zusammenarbeiten, die auch einmal heftige Auseinandersetzungen riskieren, dabei jedoch auf jede Art persönlicher Angriffe, Profilierungen und Fraktionsbildung verzichten. Alle schienen dieselben sechs Techniken effektiver kontroverser Auseinandersetzungen zu nutzen:

1. Führen Sie Auseinandersetzung ausschließlich auf der Sachebene!
2. Lassen Sie verschiedene Lösungsansätze gelten!
3. Einigen Sie sich auf ein gemeinsames Ziel!
4. Verlieren Sie im Entscheidungsprozess nicht den Humor!
5. Bauen Sie eine ausgewogene Machtstruktur auf!
6. Akzeptieren Sie auch Lösungen ohne Konsens! Denn eine Entscheidung muss getroffen werden.

Die Autoren der Studie schreiben: »Vernünftige Menschen, die in einem unsicheren Umfeld Entscheidungen treffen müssen, stimmen vermutlich nicht immer überein im Hinblick darauf, was das Beste für ihr Unternehmen ist. Managementteams, welche die kontroversen Denkansätze ihrer Mitglieder zulassen, entwickeln ein tieferes Verständnis ihrer Wahlmöglichkeiten, halten sich dadurch mehr Optionen offen und treffen letztendlich die sinnvolleren Entscheidungen.« Wie aber kann die Führungssprache des Erfolgs dabei helfen, kontroverse, sachliche und damit auch effektive Diskussionen zu fördern? Dafür gibt es ein paar Grundregeln, die jeder kennen sollte:

- Verwenden Sie keine Ich-Sätze (dies allein hebt das Niveau meist schon beträchtlich)!

- Setzen Sie sich mit Problemen auseinander, nicht mit Menschen!
- Verletzen Sie nicht das Gebot der Höflichkeit und lassen Sie nicht zu, dass andere dies tun!
- Hören Sie genau zu!
- Vermeiden Sie es, andere zu unterbrechen!
- Lachen Sie – aber nicht über andere Teammitglieder!
- Streben Sie nach Konsens! Sollte keiner gefunden werden, treffen Sie trotzdem eine Entscheidung.

Was jetzt zu tun ist!

- **Wenn Ihr Team oder Ihre Gruppe es nicht schafft, kontrovers und trotzdem konstruktiv zu diskutieren, dann lassen Sie die nächste Besprechung aufzeichnen. Lassen Sie eine Abschrift der gesamten Sitzung erstellen. Verteilen Sie diese an alle Teammitglieder, sodass jeder genau nachprüfen kann, was von wem gesagt wurde und ob dies zielführend war oder nicht. Machen Sie die Mitglieder dann mit den Grundregeln effektiven Diskutierens bekannt. Lassen Sie die nächste Sitzung ebenfalls aufzeichnen und die Abschrift verteilen. Bitten Sie jedes Teammitglied, für sich festzustellen, ob er bzw. sie Fortschritte gemacht hat. Mit Hilfe der Abschrift lässt sich dies zweifelsfrei feststellen.**

Wie Sie erfolgreich Gespräche unter vier Augen führen

Lassen Sie eine typische Arbeitswoche Revue passieren. Wie viele Gespräche mit einzelnen Personen haben Sie geführt? Unter welchen Umständen? Zahlreiche Möglichkeiten sind denkbar: Mussten Sie Ihrem Gegenüber für seine gute Arbeit danken, wegen Fehlleistungen abmahnen, auf seine Anlage zur Führungskraft hinweisen, zu mehr Leistung anspornen oder etwa Kritik üben?

Was jetzt zu tun ist!

- **Im Folgenden habe ich einige typische Situationen zusammengestellt, mit denen eine Führungskraft Tag für Tag konfron-**

tiert ist. Nun halten Sie für jede dieser Situationen fest, wie Sie darauf reagieren würden. Unter »Grundstrukturen« notieren Sie, wie Sie das Gespräch einleiten und wann Sie die schwierigen Punkte ansprechen würden, wie lange das Gespräch dauern sollte, wie Sie es beenden und wie Sie den Verlauf festhalten würden. Welches Instrumentarium brauchen Sie? Wie wünschen Sie sich Ihre Körpersprache? Welche Worte und Sätze würden Sie benutzen? Setzen Sie dabei alle Fertigkeiten ein, die Sie bislang erworben haben.

Situationen aus dem Führungsalltag:

Situation 1
Von der Finanzabteilung kommt ein miserabler Bericht über die Umsatzzahlen im letzten Quartal. Nun müssen Sie sich mit dem Leiter der Abteilung treffen.

Grundstrukturen:

....

....

Instrumentarium:

....

....

Körpersprache:

....

....

Worte und Sätze:

....

....

....

Situation 2
Ein junger Ingenieur soll auf der Karriereleiter gleich mehrere Stufen nach oben wandern.

Grundstrukturen:

....

....

Instrumentarium:

Körpersprache:

Worte und Sätze:

Situation 3
Ein Vorstandsmitglied hat Ihnen einen kritischen Brief über Ihre Leistungen geschrieben und will Sie nun treffen.

Grundstrukturen:

Instrumentarium:

Körpersprache:

Worte und Sätze:

Was jetzt zu tun ist!

- **Welche schwierige Situation steht Ihnen als Führungskraft demnächst bevor? Planen Sie diese mit dem oben anskizzierten Schema.**

Meine Situation:

Grundstrukturen:

....

....

Instrumentarium:

....

....

Körpersprache:

....

....

Worte und Sätze:

....

....

....

Wie Sie faire Kritik üben

Meine Firma bietet Trainings-Seminare zum Thema »Präsentationstechniken« für Menschen aus nahezu aller Herren Länder an, die auf völlig unterschiedlichen Führungsebenen tätig sind. Sie werden (liebevoll) die »Höllenseminare« genannt: Nicht nur, weil wir von jeder Präsentation eine Videoaufzeichnung machen und dazu für jeden Teilnehmer eine detaillierte Analyse ausarbeiten, sondern auch, weil dabei jeder mit einem beliebigen anderen Teilnehmer ein kritisches Gespräch führen muss. Der Kurs weckt bei fast allen Menschen tiefsitzende Ängste. Doch nach drei Tagen erleben die Seminarteilnehmer sich als »große Familie«. Am Ende tauschen sie Adressen aus, weil sie in Kontakt bleiben möchten. Monate und Jahre später berichten sie noch, dass die Sprache der fairen Kritik, die sie im Seminar gelernt haben, sich für ihr weiteres Fortkommen als äußerst wertvoll erwies. Und das ist nicht weiter verwunderlich, denn die meisten Führungskräfte halten selten Reden vor großem Publikum, die Fähigkeit zur Kritik gehört jedoch zum Alltagsgeschäft.

Dabei müssen Sie für faire Kritik einfach nur dieselben Regeln befolgen, wie wir sie für sämtliche sprachliche Äußerungen einer Führungskraft bisher erarbeitet haben. Das Geheimnis ist: Es geht dabei weder um Sie noch um Ihr Gegenüber: Es geht um Verhaltensweisen und Fakten und um die Worte, mit denen man sie beschreibt.

Wie Sie ehrliche und sachliche Kritik üben

1. Achten Sie auf Ihre Körpersprache!

Wenn Sie den von Ihnen kritisierten Menschen nicht ansehen, wird er Ihre Glaubwürdigkeit, Ihren guten Willen oder Ihren Mut in Zweifel ziehen. Achten Sie auf eine offene Körperhaltung. Lächeln Sie, wo es angemessen ist. Augenkontakt ist hier unbedingt erforderlich. Hören Sie dem anderen aufmerksam zu und machen Sie sich Notizen. Dies sind die stummen Merkmale einer Sprache der fairen Kritik.

2. Vermeiden Sie den »Schmusekurs«!

Kritik, ob nun negativ oder positiv, sollte nicht als persönliche Meinung vermittelt werden. Vermeiden Sie also Sätze wie diese: »Ich fand das gut.« Oder: »Wunderbare Arbeit.« Oder: »Sie haben Ihre Sache gut gemacht.« Beschreiben Sie präzise, was gut oder schlecht war. Nur so können Sie wirklich fair bleiben.

3. Reden Sie über Produkte, Prozesse, Verhaltensweisen, und nicht über sich selbst oder über den Angesprochenen!

Wählen Sie Sätze wie: »Ihre Arbeit hat alle Maßstäbe übertroffen.« Und: »Dieser Entwurf übertraf alle Erwartungen unseres Kunden.« Oder: »Der Bericht kam zu spät und hat die Erwartungen des Kunden nicht erfüllt.« Diese Einschätzungen sind fair, weil sie neutral sind. Mit solchen neutralen Formulierungen können Sie sowohl Lob als auch Tadel ausdrücken. Und Sie vermeiden jeden Anschein von Feindseligkeit oder Aggressivität.

4. Sprechen Sie die kritisierte Person immer mit ihrem Namen an!

Dies zeigt, dass Sie sich für den Menschen, der vor Ihnen steht, wirklich interessieren.

5. Natürlich sind auch hier Handlungsverben erste Wahl!

Arbeit hat Erfolg oder hat keinen Erfolg, weil sie etwas bewirkt, nicht weil sie etwas »ist«. Statt Ihren Mitarbeiter mit den Worten: »Das ist aber ein guter Bericht« zu loben, sollten Sie Sätze wählen wie: »Dieser Bericht bereitet die Daten präzise und klar verständlich auf.«

6. Bleiben Sie höflich, wie unangenehm die Situation auch immer werden mag!

7. Formulieren Sie Ihre Empfehlungen und Anweisungen so exakt wie möglich!

»Vielleicht sollten Sie einmal darüber nachdenken ...« ist eine Empfehlung. »Bitte geben Sie den Bericht pünktlich ab« ist hingegen ein klarer Befehl. In der Sprache der fairen Kritik hat beides seinen Platz, und Ihr Gegenüber kennt den Unterschied. Meiden Sie Formulierungen wie: »Ich möchte von Ihnen, dass ...« oder »Sie müssen unbedingt ...«

8. Ein wichtiges kritisches Gespräch (zum Beispiel das jährliche Mitarbeitergespräch oder die Produktkritik) verdient genauso viel Aufmerksamkeit wie eine Rede! Denken Sie sich eine Einleitung aus, formulieren Sie eine These und eine abschließende Zusammenfassung. Machen Sie sich Gedanken über Details, Themenbereiche und Überleitungen.

9. Beginnen Sie stets mit den Stärken des Betroffenen!

Die meisten Menschen fürchten solche Gespräche, weil sie Kritik als etwas Negatives ansehen. Aber das muss nicht so sein. Ein paar Beispiele: »Frau Rodriguez, vielen Dank für Ihre Unterstützung des Ingenieursteams, die sehr effektiv war.« Und: »Christian, Ihre gesteigerten Verkaufszahlen tragen dazu bei, dass unsere Gruppe in diesem Quartal ihre Ziele erreicht.« Es geht auch so: »Herr Becker, jeder Ihrer Kollegen schätzt Ihre gesellige Art, doch Telefongespräche mit Freunden stören die Arbeitsatmosphäre.«

10. Geben Sie nicht vor zu wissen, wie der andere sich fühlt!

Halten Sie sich an sicht- und überprüfbare Fakten. Sagen Sie also nicht: »Sie waren heute aber zuversichtlich«, sondern: »Sie strahlten heute Zuversicht aus.« Oder: »Die gelungene Mischung aus verbalen und nonverbalen Signalen zeigte Zuversicht.«

11. Nehmen Sie sich Zeit für die Antwort des Betroffenen!
    Mitunter wird Sie Ihnen neue Einsichten schenken. Lösen Sie durch geschickte Fragestellung eine Reaktion aus: »Herr Fabian, wie sehen Sie dieses Problem?« Und: »Frau Kastenholz, was sagen Sie zu diesen Vorschlägen?« Oder: »Halten Sie diese Konsequenz für gerechtfertigt?«

Was jetzt zu tun ist!

- **Erarbeiten Sie ein Skript für ein kritisches Gespräch mit einem Mitarbeiter über seine Leistung oder Arbeit. Folgende Elemente sollten darin enthalten sein: Einleitung, These, ein starkes Ende und sinnvolle Überleitungen zwischen den einzelnen Themenbereichen.**

Wie Sie erfolgreich Verhandlungen führen

Bei der Verhandlungsführung geht es um sprachliche und strategische Ziele: Was Sie bei Verhandlungen vereinbaren, wirkt sich unmittelbar auf Ihre strategischen Ziele aus. Um den kommunikativen Aspekt des Verhandelns richtig zu erfassen, wenden wir uns erneut den sechs Gesetzen des Sozialpsychologen Robert Cialdini und der Frage zu, wie Sie diese einsetzen können, um Ihre Verhandlungsergebnisse zu verbessern:

Das Gesetz der Sympathie

Das Gesetz der Sympathie besagt, dass Sie überzeugender wirken, wenn Sie Ihrem Gegenüber attraktiv oder kooperativ erscheinen, wenn Sie Komplimente machen oder der andere Sie für einen Gleichgesinnten hält. Das Gesetz der Sympathie legt uns also Äußerungen wie diese nahe: »Die Zeit hat gezeigt, dass wir ein gemeinsames Ziel haben: die befriedigende und erfolgreiche Beziehung zwischen Produktion und Management.« Oder: »Herr Euler, vielen Dank, dass Sie heute extra aus Basel hierher gekommen sind. Wussten Sie, dass ich auch aus der Schweiz komme?« Und: »Was für fantastische Ohrringe!«

Das Gesetz der Autorität

Menschen lassen sich leichter beeinflussen, wenn man Sie als Autorität wahrnimmt. So können Sie zum Beispiel Ihre fachliche Autorität unterstreichen, indem Sie vor einer Präsentation Handouts verteilen, aus denen klar hervorgeht, wie viel Erfahrung Sie auf diesem Gebiet haben. Oder Sie können diese Erfahrung vor dem Gespräch kurz erwähnen. Cialdini schlägt vor, dass Sie sich den Respekt Ihres Gegenübers verdienen, indem Sie ihm signalisieren, dass seine Probleme durchaus verständlich sind.

Das Gesetz des Mangels

Wissenschaftliche Untersuchungen haben gezeigt, dass es in unsicheren Situationen überzeugender wirkt, deutlich zu machen, was durch eine unterlassene Handlung verloren gehen könnte, als die Vorteile auszumalen, die diese Aktion mit sich brächte. So können Sie beispielsweise darauf hinweisen, dass Ihr Gegenüber die Möglichkeit verlieren würde, an der Problemlösung mitzuwirken: »Dies ist unsere einzige Chance, gemeinsam eine Lösung zu finden.«

Das Gesetz der Konsequenz

Wenn Sie das Gesetz der Konsequenz nutzen wollen, achten Sie darauf, dass die Beteiligten nicht von dem ausgehen, »was unbedingt sein muss«, sondern dass sie ihre Interessenlage formulieren und ein möglichst weites Spektrum an Lösungsmöglichkeiten akzeptieren. Achten Sie darauf, dass alle Beteiligten sich mündlich und schriftlich mit den Lösungen einverstanden erklären.

Das Gesetz der Gegenseitigkeit

Die Wahrscheinlichkeit, dass Ihr Gegenüber sich kooperativ verhält, steigt, wenn Sie ihm höflich und zuvorkommend entgegentreten, anstatt ihn anzugreifen oder abzustrafen.

Das Gesetz der sozialen Bestätigung

Menschen, die unsicher sind, orientieren sich an dem, was andere tun. Sie können also auf Lösungen verweisen, die für vergleichbare Fälle gefunden wurden.

Auch bei Verhandlungen ist eine offene Körperhaltung von Nutzen: Augenkontakt, Körperkontakt, Höflichkeit und Freundlichkeit werden Ihnen helfen, Ihre Verhandlungen zu einem erfolgreichen Ende zu führen.

Erfolgreiche Menschen werden Mentoren

Ein Mentor ist eine Persönlichkeit, die bestimmte Fähigkeiten so gut beherrscht, dass sie diese an andere Menschen weitergibt und so zur Nachwuchsförderung beiträgt. In unseren Kursen haben wir Menschen kennen gelernt, die meisterliche Führungsqualitäten besaßen, den Sprung zum Mentor aber nicht vollzogen. Alle diesbezüglichen Versuche scheiterten. Andere behielten die Zukunft im Blick, indem sie künftige Führungskräfte unterstützten. Für viele gehört es gar zum Wesen des Führens, ihre Fähigkeiten an den Nachwuchs weiterzugeben.

Howard Gardner und andere haben bereits sehr früh die entscheidenden Qualitäten einer Führungspersönlichkeit genannt: ein hoher Energiepegel, die Fähigkeit, auch unter Druck hervorragende Leistung zu bringen, den Wunsch zu gewinnen, der Wille, Opfer zu bringen, um bestimmte Ziele zu erreichen, Risikofreude und – in allen Fällen – ein ausgesprochenes Kommunikationstalent. Künftige Führungskräfte suchen außerdem die Konfrontation mit jenen, die im Besitz der Macht sind. Fördern Sie also keine

Duckmäuser, selbst wenn das gut für Ihr Ego ist. Wie aber lassen sich die Prinzipien von *Erfolgreiche Menschen sagen was sie wollen* auf die Förderung von künftigen Führungspersönlichkeiten anwenden?

Zunächst einmal sollten Sie Nachwuchskräften Möglichkeiten zum Lernen bieten. John Dewey, der Pädagoge, auf dessen Wirken das viel zitierte Schlagwort vom »learning by doing« zurückgeht, sprach von »dem Lernen förderlichen Rahmenbedingungen«, welche die Lernenden zum Wachstum anregen. »Dem Lernen nicht förderliche Rahmenbedingungen« hingegen würden die Entwicklung be- oder verhindern. Dewey schreibt: »So wie kein Mensch allein lebt oder stirbt, so lebt oder stirbt auch keine Erfahrung für sich allein ... jede gemachte Erfahrung existiert in künftigen Erlebnissen fort.« Als Mentor obliegt Ihnen die Verantwortung, jenes Umfeld zu schaffen, welches die Entwicklung Ihres Schützlings (Mentee) am stärksten fördert. Nehmen Sie sich ein Beispiel an Studenten, die bereits einen akademischen Grad erworben haben. Sie werden von Professoren, die ihr Vertrauen in sie setzen, gefördert. Da es solche Studenten auf der ganzen Welt gibt, schickt man sie gerne zum weiteren Studium ins Ausland. Das ist zum einen ein Test, zum anderen auch eine erzieherische Maßnahme. Der Jungakademiker zeigt, dass er fähig ist, mit anderen zusammenzuarbeiten, in einem völlig anderen Umfeld zu lernen und weltweit Kontakte zu knüpfen. Gleichzeitig werden genau diese Fähigkeiten weiter verstärkt. Nehmen Sie dagegen die vielen jungen Emporkömmlinge aus dem Bereich der New Economy, die kurze Momente eines märchenhaften, wenn auch unverdienten Reichtums genossen und nach diesem Boom desillusioniert, wenn nicht gar am Boden zerstört waren. Dies ist ein schlagendes Beispiel für das, was Dewey mit »dem Lernen nicht förderliche Umstände« meinte: Umstände, welche die künftigen Erfahrungen dieser jungen Leute negativ beeinflussen werden.

Was wir hier vorschlagen, bezieht sich natürlich in erster Linie auf die kommunikativen Fähigkeiten Ihres Mentees. Abgesehen davon brauchen künftige Führungskräfte im Anfangsstadium auch noch Hilfe in finanztechnischer, strategischer und organisatorischer Hinsicht.

1. Geben Sie Ihrem Mentee die Chance, vor Publikum zu sprechen!

Jeder Redner macht anfangs Fehler. Anfänger und Übende lernen am meisten aus ihren Fehlern, die sie überhaupt erst für neue Herausforderungen befähigen. Wenn Sie selbst um einen Redebeitrag bei einer Konferenz gebeten werden, dafür aber keine Zeit haben, bieten Sie an, Ihren Mentee zu schicken. Geben Sie ihm oder ihr Tipps, die Sie für nützlich halten. Der Ratschlag eines weisen Mentors führt schneller zum Ziel als eine schmerzliche Erfahrung und hat daher auch weniger dramatische Auswirkungen.

2. Ermutigen Sie die zukünftige Führungskraft, Ihre Arbeit kritisch zu durchleuchten!

Ein Entscheidungsträger der höheren Führungsebene bittet seine Nachwuchskräfte grundsätzlich um Kritik, wenn er in der Öffentlichkeit spricht. Einer der jungen Leute machte ihn einmal darauf aufmerksam, dass er ständig mit der Fußspitze wippte, wenn er mit Fabrikarbeitern sprach, nicht jedoch, wenn er sich an Menschen gleicher Stellung wandte.

3. Bieten Sie den künftigen Führungskräften Möglichkeiten, Meetings zu organisieren und zu leiten!

4. Teilen Sie Ihren Erfahrungsschatz mit den Nachwuchskräften! Dies ist eine der wenigen Gelegenheiten, bei denen es erlaubt und sogar wünschenswert ist, wenn Sie über sich selbst sprechen. Zum Beispiel: »Als ich das erste Mal vor Publikum sprach, hatte ich genau dasselbe Problem ...«

5. Lassen Sie von Ihrem Mentee Videoaufzeichnungen anfertigen, wenn er Reden hält, ein Meeting leitet oder an einem solchen teilnimmt! Geben Sie ihm die geschriebene Fassung seiner Rede zum Durcharbeiten und hören Sie sich seine Kritik aufmerksam an. Geben Sie ihm dann ein Feedback.

6. Machen Sie deutlich, dass Ihre Nachwuchsführungskräfte immer die allerhöchsten Maßstäbe an Ihre Aufgaben legen sollten! Mittelmaß ist hier nicht angebracht.

7. Zeigen Sie, dass Sie an Ihren Mentee wirklich glauben!

Als Shirley Tilghman, heute Präsidentin der Universität Princeton, eine junge Biologin war, hatten die Frauen an ihrer Universität, die sie sich zum Vorbild genommen hatte, keine Kinder. Daher fragte sie ihren Mentor, Phil Leder, einen sehr erfolgreichen Wissenschaftler, ob Frauen es denn je schaffen würden, Mutterschaft und eine wissenschaftliche Karriere zu vereinbaren. Er antwortete: »Machen Sie sich nicht lächerlich. Es gibt absolut keinen Grund, weshalb Sie nicht beides schaffen sollten.«[35]

Diese Art der Ermunterung spornt künftige Führungskräfte an, sich zu engagieren und Mühe zu geben. Außerdem nimmt sie die jüngere Generation mit ihren Problemen ernst.

Was jetzt zu tun ist!

- **Denken Sie über Ihre Art der Nachwuchsförderung nach. Welche Möglichkeiten sehen Sie, diese zu verbessern? Wie können Sie zu einem erfolgreichen Mentor werden?**

Wie Sie Ihre Mitarbeiter auch in Krisenzeiten motivieren

Krisen setzen auch Führungskräfte einer Zerreißprobe aus. Jene, an die wir uns voller Dankbarkeit erinnern, fanden auch in schwierigen Situationen Worte, die uns aufrichteten und uns in harten Zeiten Mut machten.

Viele Führungskräfte haben in solch einer Situation die treffenden Worte gefunden, und wir können sie studieren und gegebenenfalls nachahmen.

Worte aus einer schweren Zeit:

Liebe Mitbürger! Wir können der Geschichte nicht entkommen. Sie wird uns einholen, auch gegen unseren Willen … Die schwere Prüfung, die wir nun erleben, wird unser Bild in ehrenhaftem oder unehrenhaftem Licht erscheinen lassen bis in die Tage unserer Kinder und Kindeskinder … Der Weg liegt vor uns, friedvoll, großzügig und gerecht, ein Weg, der, wenn wir ihm folgen, auf alle Zeit den Beifall der Welt finden wird, ein Weg, den Gott auf ewig segnen wird.

Diese Worte sprach ein amerikanischer Präsident in einer äußerst prekären Situation. Er stand an den Fenstern des Weißen Hauses und beobachtete, wie sich das erste Panzerschiff der Welt, das Südstaaten-Kriegsschiff *Virginia,* Washington auf dem Potomac näherte. Der Feind stand vor den Toren. Und doch sprach Lincoln von Großzügigkeit und Frieden, um seine Anhänger zu führen. Er ist das beste Vorbild für uns, wenn auch wir lernen müssen, unser Schiff durch schwere See zu steuern.

Ganz egal, wo wir als Führungskräfte gebraucht werden, in der Vorstandsetage, im Büro, im Supermarkt, im Klassenzimmer oder zu Hause, wir alle haben zahlreiche Krisen gemeistert. Ob es nun um Panikattacken, Jobverlust, finanzielle und geschäftliche Verluste oder die Furcht unserer Kinder vor der Dunkelheit geht, die Worte, die wir in diesem Moment wählen, und die Art, wie wir sie sagen, kann den Menschen um uns herum Trost, Erleichterung und Inspiration schenken. Als Führungskräfte müssen wir die Kraft und Menschlichkeit aufbringen, nicht nur alles durchzustehen, sondern dies auch noch mit Würde und Mitgefühl zu tun.

Die Geschichte zeigt, dass Führer, die sich grausamer, gedankenloser oder blasser Worte bedienen, nicht nur den Menschen um sich herum schaden, sondern auch ihre eigenen Erfolgsaussichten zunichte machen. Jene aber, die weise, angemessene und menschliche Worte finden, motivieren, inspirieren und trösten ihre Mitarbeiter auch in schweren Zeiten.

Vermutlich kennen auch Sie zahlreiche Geschichten von Führungskräften, deren Führungssprache nicht zum Erfolg führte. Analysieren Sie diese Fehlleistungen gründlich. Dies ist der beste Weg, um sie zu vermeiden. Gewöhnlich liegt der Ursprung des Misserfolges im Fehlen sinnvoller sprachlicher Techniken, wie wir sie in den Kapiteln dieses Buches vorgestellt haben. Auch hier begegnet uns an erster Stelle das ständige Sprechen über sich selbst, das sich in unangemessenen Ich-Sätzen niederschlägt. Eine dieser grandiosen Fehlleistungen ereignete sich, als die *New York Times* ein Interview mit dem neuen Vorstandsvorsitzenden eines internationalen Konzerns veröffentlichte, dessen Aktienkurs gerade zu sinken begann. Die zentrale Aussage dieses Herrn war: »Sie sprechen von allerlei Problemen. Aber was soll ich erst sagen? Mein Nettovermögen hat sich mehr als halbiert.« Kein Wunder also, dass die Aktie bald darauf vollends in den Keller sackte und jener Herr seinen Job verlor. Hören Sie einmal eine Zeit lang Politikern oder Industriellen zu, die Sie zu Tode langweilen. Sie werden feststellen, dass in deren Äußerungen das Wörtchen »ich« einen sehr hohen Prozentsatz einnimmt.

Auch ungenaue Wortwahl kann sich als Fallstrick erweisen. So bat mich ein Professor nach dem Anschlag auf das World Trade Center um Durchsicht seines Buches über das entsetzliche Ereignis. Er äußerte sich in einer emotional aufgewühlten Zeit zu einem Ereignis, das Amerika und die Welt für immer verändern würde, und fand doch keine Worte, die dem gerecht wurden. So schrieb er »schrecklich«, wo die Begriffe »grausam und unmenschlich« bessere Dienste geleistet hätten. Er schrieb »Entführer«, wo »Mörder« oder »Terrorist« den Sachverhalt weit besser getroffen hätte. Auch die Phrase von den »verschiedenen Normen« trifft nicht das Wesentliche, wenn es um »unterschiedliche Wertvorstellungen« geht.

Auch die Wortwahl von George W. Bush erwies sich in jenen Tagen als wenig geglückt. Der Begriff vom »Kreuzzug« rief jenseits des Atlantik negative Assoziationen hervor. Auch das Wort »Dschihad« erweist sich als unpräzise, da es ganz unterschiedliche Bedeutungen annehmen kann.

Eine dritte Quelle von Führungsfehlern ist die Herabsetzung oder gar Beschimpfung von Mitarbeitern. Als eine große Textilfirma in den USA Konkurs anmelden musste, wurde dies von nicht wenigen Analysten auf den ruppigen Führungsstil des Vorstandsvorsitzenden zurückgeführt, der Mitarbeiter öffentlich demütigte. Im nächsten Kapitel finden Sie ein ausführliches Beispiel, das eindeutig belegt, wie negativ solch ein Verhalten auf das Unternehmen zurückwirken kann. In diesem Fall sandte ein Mitglied des Vorstands eine äußerst beleidigende E-Mail an einen Mitarbeiter. Dummerweise ging ebendiese Mail um die ganze Welt.

Auf der anderen Seite ist es für Führungskräfte meist ebenso nachteilig, wenn sie allzu freundlich wirken wollen. Ein Chef, der seine Mitarbeiter ständig mit Ausdrücken wie »irgendwie« und »in gewisser Weise« traktiert, ruft am Ende nur Gelächter hervor. So stellte sich der neue Präsident eines der 25 größten Unternehmen in der Welt selbst ein Bein, indem er bei seiner Antrittsrede den gesamten Auftritt mit Anhängseln wie »nicht wahr« oder »Denken Sie nicht auch?« würzte. Darüber hinaus endete seine Rede mit einer Drohung: »Das Unternehmen wird nicht ... wenn seine Mitarbeiter nicht ...«

Erfolgreiche Führer wachsen an Krisen. Sie arbeiten an ihrer Sprache ebenso wie an ihrem Verhalten. Auch hier liefert die jüngste Vergangenheit zahlreiche Beispiele. Eines der berühmtesten ist wohl Rudolph Giuliani, der New York in der Zeit der schlimmsten Krise der amerikanischen Geschichte ein hervorragender Bürgermeister war und so zum Vorbild für die Führungssprache des Erfolgs wurde: Er war vor Ort. Er zeigte Mitgefühl. Er sprach eindeutig und klar. Er sprach nie über sich selbst. Kein Wunder also, dass die Königin von England ihm den Ritterschlag anbot.

Die Assistentin einer Vorstandsvorsitzenden einer jener Firmen, die ihre Büros im World Trade Center hatten, berichtet, wie diese Frau am 11. September 2001 sich nicht nur sofort vergewisserte, ob alle ihre Leute am Leben waren, sondern auch in den schrecklichen Tagen darauf, jeden ihrer Mitarbeiter per E-Mail auf dem Laufenden hielt. Ihr Mut und ihre Klugheit hoben die Moral und die Einsatzbereitschaft aller Angestellten in den über die ganze Welt verstreuten Büros des Konzerns.

Tony Blairs Rede, die er 2003 vor dem amerikanischen Kongress gehalten hatte, ist ein weiteres Beispiel für ein sprachlich durchdachtes Werk, das mit seinen gelungenen Metaphern, mit seiner rhetorischen Intensität und seiner tiefen Überzeugungskraft zeigt, was die Führungssprache des Erfolgs in schweren Zeiten leisten kann.

Werfen wir noch einmal einen Blick auf Abraham Lincoln und seine sprachlichen Fähigkeiten nicht nur in Krisenzeiten. Obwohl er das Land in einem Bürgerkrieg führen musste, verlor er nie seine Großzügigkeit und sein Mitgefühl. Er sprach nie über sich selbst. Nehmen wir seine zweite Antrittsrede als Beispiel.

Worte des Ausgleichs:

Ohne Ränke gegen jedermann, doch mit Mitgefühl für alle, voll Festigkeit im Rechten, das Gott uns offenbaren möge, lasst uns danach streben, das Werk, das wir begonnen haben, zu vollenden. Lasst uns die Wunden der Nation verbinden. Lasst uns für jene sorgen, die die Schlachten schlugen, und für ihre Witwen und Waisen. Lasst uns alles tun, was zu einem gerechten und dauerhaften Frieden führt – zwischen uns Amerikanern und im Rest der Welt.[36]

Abraham Lincoln ist für Führungskräfte ein gutes Vorbild. Setzen Sie sich mit der Sprache vorbildlicher Führungspersönlichkeiten auseinander und lassen Sie sich von diesen Menschen inspirieren!

Was jetzt zu tun ist!

- **Stellen Sie sich eine Krisensituation vor, mit der Sie konfrontiert werden könnten. Folgen Sie den hier dargelegten Prinzipien und formulieren Sie eine Rede an Ihre Mitarbeiter, die 200 bis 500 Worte betragen sollte.**

12 So schreiben erfolgreiche Menschen

Das Bemühen, klar zu schreiben,
zwingt zum klaren Denken.
Jacques Barzun

Es gibt gute Neuigkeiten: Die Fähigkeit, genau zu formulieren, ist eng mit jenen Fertigkeiten verknüpft, die wir bereits vorgestellt haben. Doch einen Wermutstropfen gibt es: Schriftliche Äußerungen können für Ihre Führungsqualitäten viel drastischere Auswirkungen haben als mündliche: Scheitern Sie bei einer Rede, merkt es das ganze Publikum. Scheitern Sie aber bei einem Schriftstück, erfährt es die ganze Welt!

Traurige Geschichten, die das Leben schrieb

Meine Aufzeichnungen quellen geradezu über von Geschichten über schriftliche Fehlleistungen, die aus irgendeinem Grund immer ein Publikum finden, und sei es noch so klein. Eines dieser Beispiele möchte ich Ihnen vorstellen und damit gleichzeitig die Frage beantworten, warum diese Mail zum Bumerang wurde.

Wie eine E-Mail zum elektronischen Bumerang wurde

»Eine rüde E-Mail wird zum Bumerang«[37] – dieser Artikel erzählt die Geschichte eines Kommunikationsdesasters, das um die Welt ging, die Reputation eines Firmenvorstands dauerhaft beschädigte und den Aktienkurs der Firma in den Keller sacken ließ. Wir bringen hier nur einen Auszug aus dem Text, doch dieser spricht Bände.

Aus einer E-Mail:

Ein Großteil unserer MITARBEITER arbeitet tatsächlich meist nicht einmal die vereinbarten 40 Stunden pro Woche. Um acht Uhr morgens ist der Parkplatz mehr oder weniger leer. Dasselbe Bild ergibt sich um fünf Uhr abends. Sie als Manager wissen also entweder nicht, was Ihre MITARBEITER treiben oder es INTERESSIERT Sie einfach nicht. Damit haben Sie ein sehr ungesundes Umfeld geschaffen. In beiden Fällen haben Sie ein Problem, das Sie lösen werden, denn andernfalls werde ich Sie entlassen ... NIEMALS in meinem ganzen Leben habe ich einem Team, das für mich tätig ist, erlaubt sich einzubilden, sie hätten einen 40-Stunden-Job. IHNEN habe ich erlaubt, solche Unsitten einzuführen. DAMIT IST JETZT SCHLUSS!

Dann präsentierte der Vorstandsvorsitzende noch sechs Vorschläge, wie man solch eine Arbeitsmoral entsprechend sanktionieren könne. Am Ende hieß es: »Eher wird die Hölle zufrieren, als dass ich noch mehr Sozialleistungen für Angestellte bewillige.« Er würde die Parkplatzbelegung als Gradmesser für den Erfolg der geforderten Maßnahmen heranziehen: »Er sollte von 7:30 Uhr bis 18:30 Uhr ausreichend gefüllt sein. Sie haben zwei Wochen Zeit. Tick, tack!« Der Vorstandsvorsitzende sandte dieses Memo per E-Mail an 400 Manager seines Konzerns. Doch dieser Text wurde schnell zum Selbstläufer. Über dunkle Kanäle verließ er die Firma und gelangte so auf die Webseite von YAHOO, wo er nun weltweit zu lesen war (und international für Gelächter sorgte). Schließlich wurde diese E-Mail auch unter den Aktionären bekannt und so gab die Aktie innerhalb von drei Tagen um 22 Prozent nach.

Sechs Fehler, die Sie beim Schreiben vermeiden sollten

1. Der wohl größte Fehler war, diese Botschaft per E-Mail zu verschicken.

Diese Erkenntnis bestätigt auch ein Zeitungsartikel: »Diskussionen diesen Ausmaßes sollten nie per Mail erfolgen. Heikle Informationen oder Botschaften, die unter Umständen auf Widerspruch stoßen werden, sollten Sie per E-Mail allerhöchstens an Ihre engsten Mitarbeiter senden.« Außerdem sollte ein so offensichtlich im Zorn geschriebener Brief niemals das Haus verlassen, ohne von anderen Menschen gegengelesen zu werden. Verschicken Sie brisante Mitteilungen grundsätzlich erst, nachdem Sie sich beruhigt haben.

2. Der beleidigende Ton des Briefes macht es den Adressaten unmöglich, sich mit dem Inhalt auseinander zu setzen.

Hätte der Schreiber seinen Zorn gemäßigt, hätte er seine Wünsche auf akzeptablere Weise ausdrücken können. Zum Beispiel so: *»Dieser Verlust an Arbeitszeit verringert das Wachstum und den Gewinn unseres Unternehmens und muss daher gestoppt werden.«* Hier dient die Passivkonstruktion dazu, kontrollierte Unzufriedenheit zu signalisieren.

3. Ausdrücke wie »Ich werde Sie entlassen …« oder »habe ich erlaubt« spiegeln den Willen des Verfassers wider, den Gesprächspartner zu beherrschen. Das mag angehen, wenn ein General seine Soldaten in die Schlacht schickt, doch eine moderne Führungskraft verwendet solche Sätze nicht. Sie bedrohen das Gegenüber, signalisieren ihm den Verlust seiner Unabhängigkeit und werden bestenfalls widerwilligen Gehorsam, höchstwahrscheinlich aber offenen Widerstand auslösen.

4. Dass die angesprochenen Manager nicht Bescheid wissen oder kein Interesse zeigen, ist eine Unterstellung.

Hier wäre eine Frage besser gewesen: *»Sind Sie über die kurzen Arbeitszeiten Ihrer Mitarbeiter informiert?«* Auf diese Weise zeigen Sie, worum es Ihnen geht, ohne beleidigend zu wirken.

5. Die Drohungen schwächen die Kritik ab.

Arbeiten Sie lieber mit dem Aufzeigen von Konsequenzen. Ein Satz wie: *»Wenn aufgrund des mangelnden Arbeitseinsatzes die Gewinne fallen, müssen auch die Sozialleistungen des Unternehmens gekürzt werden«*, vermittelt dieselbe Information in akzeptablerer Form.

6. Die Großbuchstaben zeigen letztlich nur eines:

dass der Schreiber die Selbstbeherrschung verloren hat. Wenn

Sie Ihre Sprache nicht kontrollieren können, wieso sollten Sie dann Ihre Angestellten sinnvoll führen können?

Hoffen wir also, dass keiner von Ihnen je solch ein giftiges und rüdes Memo verfasst und damit seine Reputation beschädigt hat.

Versuchen Sie lieber, ohne Zwang zu führen, wie dies der Koordinator der Aufräumarbeiten in einer Kleinstadt tat, nachdem ein Schneesturm die Stadt ins Chaos gestürzt hatte. Es dauerte Wochen, die Schäden zu beseitigen. Einer der Bürger verfasste einen wütenden Leserbrief, der in der Lokalzeitung abgedruckt wurde.

Aus einem Leserbrief:

An den Koordinator der Räumungsarbeiten: Ich sehe aus meinem Fenster und die Straße vor meinem Haus ist immer noch unbefahrbar ... Ich habe den Räumdienst der Stadt etwa ein Dutzend Mal angerufen und dann frustriert aufgegeben ... Ist Ihnen eigentlich bewusst, dass dies ein Problem ist? ... Haben Sie nicht erst vor kurzem begonnen, Ihre Abteilung zu führen wie einen Geschäftsbetrieb? (Hier werden nun verschiedene Pannen von Seiten der Verkehrsbetriebe aufgeführt.) ... Hat in dieser Stadt jemand eigentlich schon mal etwas von Outsourcing gehört? ... Wir haben eine gute Ausrüstung. Wir haben gute Arbeiter. Nur die Art und Weise, wie deren Einsatz dirigiert wird, ist nicht akzeptabel. Der Ball liegt also in Ihrer Hälfte. Was wollen Sie nun damit anstellen?

Der verärgerte Bürger war zwar offensichtlich nicht in professioneller Überzeugungsarbeit geschult, denn er hat einfach nur seinem Ärger Luft gemacht, trotzdem löste der Leserbrief in der Stadt einen ziemlichen Wirbel aus.

Der Koordinator der Aufräumarbeiten rief mich an und bat mich, seine Antwort auf diesen offenen Angriff auf seine Abteilung durchzusehen. Unten finden Sie Auszüge aus dem Original und der von mir korrigierten Version, die in der Lokalzeitung veröffentlicht wurde und bei den Bürgern viel Zuspruch erhielt. Die gerade gedruckten Worte bezeichnen Schwachstellen, die später geändert wurden.

Aus der Urfassung der Antwort:

... dieser Brief verlangt nach einer Antwort, die klarstellt, dass die Ausführungen des Lesers auf Missverständnissen beruhen, die auf lückenhafte Informationen zurückzuführen sind. Ich verstehe ja, *dass Herr ... wegen des Schneesturms mit Schwierigkeiten zu kämpfen hat und darüber erzürnt ist,* und ich bin dankbar, *dass zu seinen Schwierigkeiten nicht auch noch körperliche Verletzungen oder Schäden an seinem Haus hinzukommen.*

Die Ausführungen von Herrn ... suggerieren einen Mangel an Verständnis ... *(Hier führt der Brief die Bemühungen der Stadtverwaltung auf.)* Ich möchte hier darauf hinweisen ... Ich bin stolz *auf die Männer und Frauen ... Viele Bürger haben uns angerufen, um uns zu sagen, dass sie mit unserer Arbeit sehr zufrieden waren ... Auch den vielen Bürgern, die uns unterstützt haben,* bin ich dankbar ...

Dieser Brief ist im Ton sehr viel höflicher als der des Lesers, doch seine Schwachstellen versetzen den Schreiber in die Defensive. Hier konnten schon einige kleine Änderungen Abhilfe schaffen:

Aus der Endfassung der Antwort:

Der Leserbrief von Herrn ... zu den Aufräumarbeiten nach dem Schneesturm weist einige Missverständnisse auf, die auf lückenhafte Informationen zurückzuführen sind. Hier ist eine Erklärung angebracht ... Bitte bedenken Sie, dass die Stadt ... (Hier werden die einzelnen Leistungen bei den Aufräumarbeiten aufgeführt, allerdings ohne weitere Ich-Aussagen bis auf den Schluss.) Ich bin stolz, Bürger dieser Stadt zu sein.

Der endgültige Brief war um 25 Prozent kürzer, obwohl er dieselben Informationen enthielt. Alle Ich-Aussagen wurden – bis auf eine, die den starken Schluss bildet – gestrichen. Die Verständnisbekundungen für den Zorn des Bürgers wurden herausgenommen. Damit verschwand auch der defensive Ton. Diese Endfassung zeigt sehr genau, worin das Geheimnis der Führungssprache des Erfolgs besteht.

Die sieben Ks des schriftlichen Ausdrucks: Ihr Kompass auf einer aufregenden Reise

Sprachliche Bilder, die um das Steuern eines Schiffes auf dem Ozean kreisen, gehen den meisten Führungskräften leicht von den Lippen. Beinahe jeder fühlt sich auf dem Meer der Worte in Seenot. Doch obwohl der Schreibprozess dem Ansteuern eines fernen, ja manchmal unerreichbar scheinenden Ufers gleicht, muss er nicht angstbesetzt sein, sondern kann zur aufregenden Entdeckungsreise werden. Wir begeben uns auf die Suche nach unserem Publikum, unserer Wahrheit, unseren Ideen, ja unserer eigenen Persönlichkeit.

Wenn Sie anfangen zu schreiben, fließt alles ein, was Sie bisher gelernt haben. Es gibt wenig speziell zum Thema »Formulieren« hinzuzufügen. Sie müssen die alten Regeln nur in einem neuen Kontext anwenden.

Auf der Reise ans ferne Ufer klarer schriftlicher Kommunikation werden uns sieben Leuchttürme helfen, die uns den Weg dahin weisen: Konkordanz, Kern, Komplexität, Kontrolle, Klarheit, Knappheit und Kontinuität. Nach einem kurzen Überblick über jedes der sieben Ks werden Sie Beispiele finden, die Ihnen zeigen, worum es dabei geht.

Die Tipps gelten für alle Formen der schriftlichen beruflichen Kommunikation, also auch für E-Mails, damit Ihre elektronischen Mitteilungen Ihr Image nicht schneller sinken lassen als die *Titanic*.

1. Konkordanz (Übereinstimmung)

Jede Führungskraft braucht Zeit für sich, doch das Leben innerhalb von Unternehmen erfordert es, sich mit anderen abzustimmen.

Jede schriftliche Äußerung einer Führungskraft muss mit der Arbeit anderer übereinstimmen, seien diese nun am selben Firmensitz tätig oder über die ganze Welt verstreut. Sie sollten sich also bei jedem Schriftstück fragen: Wer wird diese Zeilen lesen? Schreiben Sie nur für die Ingenieure in Ihrem Team oder soll der

Text auch für die Marketingfachleute verständlich sein? Besteht die Zielgruppe des Textes aus den Kunden vor Ort oder richtet sich Ihr Text an Menschen, die über den ganzen Kontinent verstreut sind? Ist die Sprache, in der Sie schreiben, die Muttersprache Ihrer Adressaten oder haben diese eventuell Verständnisprobleme?

Wenn diese Abstimmung fehlt, kann es geschehen, dass Sie sich ungewollt von anderen Abteilungen oder anderen Mitarbeitern distanzieren. Lernen Sie also, die Grenzen zu überbrücken, die Ihre Adressaten voneinander trennen, und Übereinstimmung zu erzeugen. Und behalten Sie immer im Hinterkopf, was das Publikum wohl von Ihnen erwartet. Denn darum geht es im Schreibprozess: Ideen so zu vermitteln, dass ein bestimmtes Publikum sie lesen und verstehen kann. Stimmen Sie also Ihre Texte immer auf die Zielgruppe ab!

Was jetzt zu tun ist!

■ **Wenn Sie wieder im Büro sind, drucken Sie sich einige Ihrer Briefe oder Mails aus und sehen Sie sie daraufhin durch, ob Sie diese Konkordanz herstellen: mit Ihren Kunden, mit anderen Abteilungen, mit den Interessen Ihres Unternehmens, ja sogar mit der Sprache, die im Unternehmen vorherrscht.**

Ist die Konkordanz gewährleistet, geht es darum, den Kern Ihrer Aussage herauszuarbeiten. Hierbei leistet das Organisationsprinzip gute Dienste: Es geht um die Kernaussage in Ihrer These: um nicht mehr und nicht weniger.

2. Die Kernaussage

Mit »Kern« ist hier weit mehr gemeint als nur der wesentliche Inhalt Ihres Textes, denn das Prinzip der Kernaussage betrifft sowohl das Ganze als auch jeden einzelnen Satz. Bestimmte Satzformen erlauben uns, möglichst viel in sie hineinzupacken, doch dann muss der Kern wieder herausgeschält werden. Die folgenden Sätze haben eine klare Kernaussage, die jedoch hinter einer komplexen Satzstruktur beinahe verschwindet.

Aus einem Forschungsbericht:

Die ungewöhnlichen Ergebnisse des Tests, der im Auftrag der National Research Labs in Bethesda, Maryland, im nordöstlichen Teil der Vereinigten Staaten von einem Entwicklungsteam aus einem erfahrenen Ingenieur und sechs ausgebildeten Labortechnikern in Zusammenarbeit mit einem sowjetischen Forschungsteam in Italien und einem weiteren in Frankreich durchgeführt wurde, wobei die Rechenarbeit vom DMB-Computerprogramm in Transsylvanien erledigt und via Satellit an die einzelnen Teams übertragen wurde, schien ein Produkt der verschiedenen Sprachen zu sein, die von den Forschern gesprochen wurden.

Vergleichen Sie diesen Text mit dem nun folgenden Satz, der die Kernaussage in einer klaren Struktur präsentiert:

Die Unstimmigkeiten gingen auf die Sprachschwierigkeiten der beteiligten Forschungsteams zurück.

3. Komplexität

Trotzdem sollte im Schreibprozess nicht Einfachheit Ihr Ziel sein, sondern Klarheit. In der geschriebenen Sprache sollten Sie komplexe Strukturen ganz bewusst dort einsetzen, wo es um die Vermittlung von schwierigen Inhalten geht. Die meisten Führungskräfte verwechseln inhaltliche Vielschichtigkeit allerdings mit grammatisch komplexen Strukturen und verwickeln sich daher in endlose Schachtelsätze. Doch komplexe Ideen lassen sich durchaus in einfachen Sätzen ausdrücken. Um Komplexität als solche schätzen zu lernen, müssen Sie zuerst eine klare Unterscheidung zwischen komplexen Ideen und komplexen Satzstrukturen treffen. Vielschichtige Ideen sind erwünscht, Schachtelsätze jedoch nicht. Vielleicht sind wir stolz darauf, solche komplizierten Sätze formuliert zu haben, unsere Leser aber werden sie überhaupt nicht schätzen.

Als Beispiel hier ein einfacher Satz, der trotzdem eine recht abstrakte Idee ausdrückt:

Dieser Wandel dient als Markstein für künftige Veränderungen.

Und hier folgt ein ausgesprochen komplizierter Satz, hinter dem eine ganz simple Idee steckt:

Aus einem Arbeitsbericht:

In der Fabrik des Kunden, die unser Techniker im Außendienst besuchte, ergab sich folgendes Bild: Der Kopierer stand inmitten einer Flüssigkeitsansammlung, was die Schlussfolgerung nahe legt, dass die häufigen Ausfälle auf ein vermutlich peripheres Durchsickern zurückgehen, das im Vakuumansaugstutzen durch unbedachte Bewegungen zahlreicher Mitarbeiter oder andere Faktoren verursacht wird. Diese sind für die Fehlfunktionen am Kopierer verantwortlich, der in der Nähe der Kaffeemaschine steht, die während des Aufbrühens leckt.

Und noch ein einfacher Satz, der eine Idee mit Tiefgang vermittelt:

Durch den Text wird der Leser zum Schreiber. (Helen Vendler)

Einstein sagte einmal, man solle die Dinge zwar so einfach wie möglich, aber nicht einfacher machen. Komplexität ist also nichts Negatives, wenn sie klar und einfach ausgedrückt wird. Wenn Sie also vielschichtige Ideen ausdrücken wollen, müssen Sie deswegen noch lange nicht auf vielschichtige Sätze zurückgreifen.

Das sollten Sie sich merken!

- **Begrenzen Sie Ihre Satzstrukturen: Ein Hauptsatz und ein Nebensatz sollten genügen.**
- **Begrenzen Sie auch die Anzahl Ihrer präpositionalen Wendungen pro Satz. (Eine präpositionale Wendung ist eine Wendung, die durch ein Verhältniswort eingeleitet wird, zum Beispiel: »in Zusammenarbeit mit ...« oder »in Abhängigkeit von ...«.)**
- **Geben Sie sich gerade bei komplexen Sätzen besonders Mühe, ein präzises Substantiv und ein ebensolches Verb zu finden.**
- **Heben Sie Beziehungen durch Parallelkonstruktionen hervor.**

4. Kontrolle

Wie der Kapitän sein Schiff durch die Brandung steuert, so steuert der Schreibende durch die Untiefen der Sprache zielsicher auf die beste Formulierung für seine Ideen zu. Dabei darf nichts außer Kontrolle geraten: Wörter, Wendungen, Sätze, Nebensätze, Absätze, Interpunktion und so weiter. Wer eines dieser Elemente aus den Augen verliert, riskiert, seine Vorstellungen nicht erfolgreich vermitteln zu können.

Eines der wichtigsten Elemente unserer Sprache ist die Interpunktion. Leider machen wir uns nur selten Gedanken darüber. Und doch kann sie die Bedeutung des Gesagten hervorheben oder unterminieren.

Unten finden Sie drei Beispiele, wie eine veränderte Zeichensetzung das Verständnis des Satzes beeinflusst.

Zur Soirée erschienen Herr Müller, der Minister und Frau Huber.

Wer war denn nun wirklich dort? Die Antwort darauf ändert sich, wenn man weiß, dass im obigen Satz ein winziges Komma vergessen wurde. Zur Soirée erschienen nämlich

Herr Müller, der Minister, und Frau Huber.

Noch einmal anders wirkt der Satz, wenn wir neben dem zweiten Komma noch zwei Anführungszeichen hinzufügen:

Zur Soirée erschienen Herr Müller, der »Minister«, und Frau Huber.

Denn nun ist kaum noch anzunehmen, dass Herr Müller tatsächlich im ministerialen Rang steht und ein bedeutendes Staatswesen vertritt.

Wie Sie sehen, hat die Kunst der Zeichensetzung entscheidenden Einfluss auf das Gesagte. Da vor allem Kommata Sinnabschnitte gliedern, sollten Sie sich mit der Kommasetzung intensiv beschäftigen. Lesen Sie dazu das entsprechende Kapitel im Ratgeber der DUDEN-Redaktion.[38]

Das sollten Sie sich merken!

- **Lassen Sie Ihre Texte grundsätzlich von der Rechtschreibprüfung Ihrer Textverarbeitung prüfen. Vergessen Sie aber nicht, dass dies nur die gröbsten Fehler beseitigt. Wenn Sie das Glück haben, sprachlich versierte Mitarbeiter zu haben, dann sollten Sie sie um Rat bitten. Und zögern Sie nicht, Ihre Texte von Außenstehenden wie Kollegen, Familienmitgliedern oder Kommunikationstrainern durchlesen zu lassen, um deren Meinung einzuholen.**

5. Klarheit

Klarheit ist eine Texteigenschaft, die aus den vier vorausgegangenen Ks resultiert: Konkordanz, Kernaussage, Komplexität und Kontrolle. Manchmal scheint sich sprachliche Klarheit wie ein unfassbarer Schemen hinter den Nebeln aus Wörtern und Sätzen zu verbergen. In Wirklichkeit aber ist sprachliche Klarheit das Produkt guter Vorbereitung und gekonnter Koordination.

Eine Gruppe von Professoren an einer Medizinischen Hochschule bat mich, einen Brief an das Management dieser Hochschule zu überarbeiten, in dem eine Veränderung der Einstellungspolitik gefordert wurde. Es ging um Frauen in Führungspositionen, die ihrer Ansicht nach an der Hochschule zu gering vertreten waren. In dem Brief hieß es: »Nur wenige Frauen besetzen Führungspositionen an unserer Hochschule.« Was aber heißt »nur wenige«? Wie viele sind »nur wenige«? Drei, zehn, ein Prozent? Es stellte sich heraus, dass es nicht »wenige« Frauen in Führungspositionen gab, sondern keine einzige. Der überarbeitete Satz hieß also: »An unserer Hochschule gibt es keine einzige Frau in einer Führungsposition.« Ist das nicht ein enormer Unterschied, der nur durch mehr Präzision zustande kommt?

Das Votum für mehr Klarheit bezieht sich auch auf die Auswahl des Mediums, dem man seine Botschaft anvertraut. Edward Tufte berichtet in seinem Klassiker über die visuelle Aufbereitung von Informationen[39] vom traurigen Fall der Challenger, der Raumfähre, die im Januar 1986 explodierte. Tufte zufolge ist der Fehler, der zu der Katastrophe führte, darauf zurückzuführen, dass die

Techniker es nicht schafften, die Verantwortlichen mit Hilfe von Grafiken zu überzeugen, dass das Shuttle nicht starten dürfe. Er schreibt: »Die Auswahl der Daten ist der zentrale Punkt, ob eine Entscheidung nun zufällig, übereilt, willkürlich, unbedacht, überlegt oder gar weise erfolgt ... Diejenigen, welche diese Grafiken erstellt hatten, hatten eine korrekte Theorie aufgrund von logischer Überlegung aufgestellt. Was sie nicht taten, war, diese Theorie auch logisch zu präsentieren.« Tufte zeigt, dass ein Diagramm klar bewies, dass es bei niedrigen Temperaturen im Shuttle zu Problemen kommen würde. Er schreibt: »In allen dreizehn Diagrammen ist ein skandalöses Missverhältnis zwischen der intellektuellen Aufgabenstellung und dem Bildmaterial festzustellen, das diese Aufgabenstellung hätte bewältigen sollen ... es gibt einen richtigen und einen falschen Weg, Daten visuell begreifbar zu machen. Der eine zeigt die Wahrheit, der andere versagt.« Tufte weist auf die Gefahren dessen hin, was er »Mülldiagramme« nennt, und meint weiter: »Klares und präzises Sehen wird zu klarem und präzisem Denken ... Dieses wiederum trägt dazu bei, dass wir unsere intellektuellen Fähigkeiten nicht nur darauf verwenden, die Wahrheit zu finden, sondern auch, sie richtig darzustellen.« In einer klugen Präsentation wird klares und präzises Denken in klarem und präzisem Ausdruck sichtbar – verbal und visuell.

Was jetzt zu tun ist!

■ **Bitten Sie einen Kollegen aus einem anderen Fachbereich (oder eines Ihrer Kinder), Ihren Text mit seinen Illustrationen durchzusehen und Ihnen zu sagen, ob das, was da steht, in seinen Augen Sinn hat. Wenn Ihr neunjähriger Sohn meint (wie es mein Sohn über einen Vortrag, den ich für mein Doktorat hielt, tat): »Das hört sich aber stark nach Psycho-Gequatsche an«, dann hat er damit vielleicht Recht und Sie müssen zurück an den Schreibtisch.**

Wie es besser geht!

■ **Klarheit entsteht vor allem durch klug ausgewählte Handlungsverben. Wenn Sie sagen können, was Menschen, Dinge oder**

Ereignisse in Ihren Sätzen tun, dann sind Sie Ihrem Ziel, klar zu formulieren, schon ein ganzes Stück näher gerückt.

Hier ein paar Beispiele:

Die Besprechung wurde in der Einrichtung abgehalten. Man diskutierte das neue Projekt, doch da keine Einigkeit erzielt wurde, wurde ein neues Meeting vereinbart.

Was will uns dieser schwach formulierte Absatz sagen?

Unsere Diskussion über das neue Projekt stieß nicht auf einhellige Zustimmung und so vereinbarten wir einen neuen Besprechungstermin.

6. Kurz und knapp

Wenn unser Ziel ein gut sichtbares Ufer in einer Stunde Entfernung ist, brauchen wir keine Kolumbus-Strategie: Wir segeln nach Westen, weil wir nach Westen wollen. Wir segeln nicht nach Westen, um uns quasi hinterrücks an den Osten anzuschleichen. »Knappheit« bedeutet, dass wir unser Ziel schnell und ohne Umwege ansteuern. Um einen Text knapp zu formulieren (und damit auch klar, komplex und konkordant), brauchen wir die Stilmittel, die wir in den ersten Kapiteln kennen gelernt haben. Wir müssen uns einiger eleganter grammatischer Tricks bedienen, um so viel wie möglich mit möglichst wenig Worten zu sagen. Auch hier erweist sich die Parallelkonstruktion als unschätzbares Hilfsmittel.

Was jetzt zu tun ist!

- **Halten Sie in Parallelkonstruktionen fest, was Sie bisher gelernt haben.**

....

....

....

....

....

....

Wie es besser geht!

- **Üben Sie sich immer wieder in der Konstruktion von Parallelfiguren. Der vergleichsweise geringe Aufwand, den Sie betreiben, um Parallelismen für Ihre Ideen zu finden, wird Ihre Texte angenehm straffen, deren Klarheit und Ausdruckskraft steigern sowie Ihrer Zielgruppe Lesezeit sparen. Ihr Publikum wird dies zu schätzen wissen.**

7. Kontinuität

Die Elemente eines Textes, die Kontinuität erzeugen, sind Ihnen bereits bestens vertraut: Überschrift, Aufzählungen, Nummerierung.

Doch auch im Textfluss selbst gibt es Worte, die Sinnabschnitte kennzeichnen. Vielleicht haben Sie diese bisher vernachlässigt, weil Ihnen nicht bewusst war, wie sehr sie Ihnen helfen können, den roten Faden in Ihrem Text zu spinnen:

- Verwenden Sie Worte, die den Argumentationsgang abstecken wie:
  erstens, zweitens, drittens; als Nächstes, danach
- Verwenden Sie Worte, welche die Argumentationskette aufbauen:
  daher, darüber hinaus, außerdem, insgesamt
- Verwenden Sie Worte, die Ausnahmen signalisieren:
  doch, aber, obwohl, trotzdem, jedoch
- Verwenden Sie Worte, die Zusammenfassungen einleiten:
  alles in allem, summa summarum, kurz gesagt, zusammenfassend

Dies sind Werkzeuge, die jeder kennt. Klug platziert bilden sie den logischen, roten Faden, der den Leser ohne Hindernisse von einem Themenbereich zum nächsten führt – ohne Abschweifungen durch Zufallswörter oder -sätze, welche sich plötzlich dem Fortgang der Argumentation in den Weg stellen. Setzen Sie diese Wörter ganz bewusst ein.

Noch mehr Schreibhilfen

Hier habe ich für Sie noch mehr Tipps und Schreibhilfen zusammengestellt:

Wählen Sie einen aussagekräftigen Titel / Überschrift

Ob es nun um E-Mails oder Präsentationen geht, der Titel (der Betreff), den Sie Ihrem »Werk« geben, lenkt die Aufmerksamkeit des Lesers auf das, was ihn erwartet. Er leitet gleichsam den Überzeugungsprozess ein.

Einer meiner Kursteilnehmer ist Lehrer. Er berichtete mir von einem interessanten Experiment, das die Wichtigkeit der richtigen Überschrift unterstreicht. Es ging um einen Auftritt des amerikanischen Ministers für Heimatschutz, Tom Ridge, in der Jay-Leno-Show, über den in einem Artikel berichtet wurde. Dieser Artikel wurde nun mit zwei verschiedenen Schlagzeilen versehen. Die erste lautete: »Ridge hat die Lacher auf seiner Seite!«, die zweite hingegen: »Ridge blamierte sich bei Jay Leno!« Nun bekamen zwei getrennte Schülergruppen den Artikel zu lesen, wobei die eine Gruppe den Artikel mit der positiven Überschrift bekam, die andere den mit der negativen. Bei der Befragung hinterher schätzte die Gruppe, welche die negative Schlagzeile gelesen hatte, Ridges Auftreten signifikant schlechter ein als die Gruppe mit der positiven Schlagzeile. Und dies, obwohl beide Gruppen letztlich denselben Bericht lasen. Dies macht deutlich, dass die Überzeugungsarbeit bereits mit der Überschrift oder dem Betreff beginnt.

Die Betreffzeile von E-Mails kann Ihrem Unternehmen Unmengen Geld sparen helfen, wenn Sie das, worum es in der Mail wirklich geht, dort unterbringen. Statt »Termin« schreiben Sie: »Finanzbesprechung am Freitag, 12. Januar, um 12.00 Uhr im Hauptsitz.« Da eine E-Mail gewöhnlich keine Einleitung besitzt, sollten Sie sie mit der Hauptthese des Textes eröffnen. Zum Beispiel: »Der Finanzausschuss trifft sich am 12. Januar um 12.00 Uhr im Hauptsitz. Hier eine Liste der mitzubringenden Akten ...«

Schreiben ist ein kreativer Prozess, in dem sich nicht nur unsere Führungsstärke widerspiegelt, sondern auch unsere Fähigkeit zur Kritik. Es erfordert Intelligenz, einen klug und in sich geschlossenen Text zu verfassen. Doch wenn Sie die sieben Ks des schriftlichen Ausdrucks für Führungskräfte beherrschen, können Sie Ihr Publikum auf eine ungemein spannende, erfüllende Reise mitnehmen.

Was jetzt zu tun ist!

■ **Konkordanz:**
Zählen Sie die Gruppen auf, zu denen Sie Konkordanz herstellen wollen.

....

....

....

....

....

Skizzieren Sie hier beispielhaft die Erwartungen und Anforderungen einer solchen Gruppe.

....

....

....

....

....

Kernaussage:
Schreiben Sie einen langen Satz, der keinerlei Kernaussage aufweist.

....

....

....

....

....

....

Formulieren Sie einen kurzen Satz mit präzisen Informationen.

....

....

Komplexität:
Formulieren Sie einen vielschichtig strukturierten Satz, der auch komplexe Ideen vermittelt.

....

....

....

....

....

....

Kontrolle:
Formulieren Sie einen Satz, dessen Aussage sich durch veränderte Zeichensetzung wandelt.

....

....

....

....

....

Klarheit:
Erinnern Sie sich an eine Situation, in der unübersichtliche Schaubilder für Irrtümer oder Verwirrung sorgten.

....

....

....

....

....

Knappheit:
Sie sind einen Tag lang nicht im Büro. Hinterlassen Sie Ihrer Sekretärin eine Liste der Aufgaben, die sie zu erledigen hat. Verwenden Sie dabei Parallelfiguren.

....

....

....

....

....

....

Kontinuität:
Überarbeiten Sie einen Bericht, den Sie geschrieben haben. Sorgen Sie, wenn nötig, für mehr Kontinuität.

....

....

....

....

....

....

Lob für einen Mitarbeiter:

Juan Garcia ist ein guter Ingenieur, der auch Menschen gut anleiten kann. Außerdem ist er stets pünktlich und überschreitet sein Budget nicht.

Schreiben Sie einen lobenden Satz in parallelen Wendungen. Wie können Sie diesen Satz umformulieren, sodass andere Parallelstrukturen möglich werden?

....

....

....

....

Was jetzt zu tun ist!

Bringen Sie das Gelernte in Einklang!
Nun haben wir beinahe sämtliche Aspekte von Führungsstärke behandelt. Lassen Sie uns jetzt versuchen, das Gelernte praktisch an einem Schriftstück auszuprobieren. Schreiben Sie mit Hilfe des Organisationssystems ein oder zwei Seiten über Ihre Führungssprache. Überprüfen Sie mit der Checkliste im Anhang, ob Sie auch alle relevanten Fertigkeiten eingesetzt haben. Am Seitenrand vermerken Sie, um welche Struktur es sich jeweils handelt. Zum Beispiel: Einleitung, These, Überleitung, einleitender Satz, interner logischer Baustein, Handlungsverb, Zusammenfassung, Schlussfolgerung, Parallelfigur, rhetorische Frage, Aufzählung, Überzeugungsstrategie und so weiter.

13
Erfolgreiche Menschen sind Brückenbauer zwischen den Kulturen

Wir kommen hier und heute zusammen nicht als Muslime oder Christen oder Juden, nicht als Araber, Europäer, Afrikaner oder Asiaten ... Wir sind Kinder eines Gottes, Kinder desselben Vaters Abraham. Wir sind Brüder und Schwestern.
Senator Joseph Lieberman

So entwickeln Sie eine gemeinsame Sprache

Wenn Sie dieses Buch bis hierher gelesen haben, haben Sie viel über die praktischen Aspekte der Sprache gelernt. Vor allen Dingen haben Sie eine Einführung in die Geheimnisse der Führungssprache erhalten. Doch damit ist unser Thema noch nicht erschöpft. Dieses Kapitel möchte Ihnen nun zeigen, wie Sie Ihre Führungssprache nutzen können, um Brücken über die kulturellen, ethnischen und religiösen Gräben zu schlagen, die die Menschen in unserer Gesellschaft voneinander trennen.

Der Direktor eines mittelgroßen Unternehmens im Bereich der technischen Entwicklung erzählte mir einmal von den Besprechungen seiner extrem heterogenen Forschungsgruppe. Sie setzt sich zusammen aus einem Russen, der eher dem politisch rechten Rand zuzuordnen war, einem liberalen Japaner, einem jagdbegeisterten US-Amerikaner, der zahlreiche Gewehre in seinem Van mitführte, und weiteren US-Amerikanern mit divergierenden politischen Ansichten. Bei den Gruppentreffen prallen gewöhnlich die verschiedenen Meinungen heftig aufeinander. Es gibt leidenschaftliche Auseinandersetzungen ... und danach geht das Team gemeinsam essen. Der Direktor meinte dazu: »So etwas ist wirklich nur in Amerika möglich.«

Als ich mir vornahm dieses Kapitel zu schreiben, machte ich ein Interview mit einer jungen Chinesin, die in den USA ihren Universitätsabschluss ablegte und nun von einer amerikanischen Firma damit beauftragt wurde, ein Projekt in China zu leiten. Ich stellte ihr Fragen wie: »Welche Missverständnisse, die auf den unterschiedlichen kulturellen Background zurückzuführen sind, sind Ihnen bei Besprechungen aufgefallen?« Oder: »Welche kulturbedingten Eigenarten sollte man unbedingt vermeiden, wenn man im Ausland arbeitet?« Sie verglich das US-amerikanische Arbeitsumfeld mit dem chinesischen und kam zu einem positiven Schluss: »Meine Vorgesetzten in Amerika ermutigen mich, in China bekommt man von Führungskräften fast nur Tadel zu hören. Außerdem ist es in Amerika leichter, aufgrund seiner Leistung befördert zu werden. In China zählen Beziehungen viel mehr als hier.« Meine Interviewpartnerin kehrt nach China zurück und wird versuchen, dort die positiven Aspekte westlicher Unternehmenskultur einzuführen. Wir können uns im globalisierten Kontext also durchaus das erfolgversprechendste aus den verschiedenen Welten herauspicken. Leider gelingt das nicht immer.

Als Versagen ist es zum Beispiel anzusehen, wenn wir es nicht schaffen, Menschen aus anderen Kulturkreisen zu integrieren. So erzählte ein französischer Manager, der einige Jahre in den Vereinigten Staaten arbeitete, dass Sprachprobleme ihn beinahe seinen Job gekostet hätten. Er benutzte ganz selbstverständlich den in Frankreich üblichen Begriff »Afrique Noir«, Schwarzafrika. In Amerika aber legte man ihm das als Rassismus aus. Umgekehrt beklagte er, dass die Amerikaner sich zwar freundlich geben, es in Wirklichkeit aber nicht so meinen. Einer der Kollegen im Büro sagte eines Tages zu ihm: »Sie und Ihre Frau müssen unbedingt einmal zum Barbecue zu uns kommen.« Der Franzose nahm die Einladung ernst und war bass erstaunt, als nie ein Termin ins Auge gefasst wurde. De facto ist dies in Amerika eher eine Höflichkeitsfloskel.

Doch welche Barrieren und interkulturellen Differenzen uns auch immer trennen mögen: Sprache – ob verbal oder nonverbal – wohnt das Potenzial inne, Gemeinsamkeit zu stiften. Sie bringt nicht nur gute Absichten oder mehr Verständnis zum Ausdruck, sondern kann konkrete Verhaltensänderungen bewirken. Die kulturelle Vielfalt der Welt kann uns voneinander trennen oder unser Leben bereichern. Sie kann uns am Arbeitsplatz in Grüppchen und Fraktionen aufspalten oder zu einer großen Gemeinschaft verbinden. Sie kann uns teuer zu stehen kommen, wenn sie die Produktivität hemmt, oder das Unternehmen zu mehr Wachstum beflügeln. Wenn wir Bedingungen schaffen wollen, in denen die kulturelle Vielfalt unser Unternehmen fördert, müssen wir weit mehr tun, als nur die Differenz »verstehen« lernen. Wir müssen alte Verhaltensweisen ablegen, die in solch einem Umfeld nicht mehr länger das gewünschte Ergebnis erzielen.

Wir müssen unsere Führungssprache einer kritischen Überprüfung unterziehen. Dabei sollten wir Worte, Satzstrukturen und Gesten, die andere herabsetzen oder beleidigen könnten, aus unserem Repertoire verbannen. Erobern wir uns stattdessen jene Worte, die Brücken schlagen und verbinden. Machen wir uns die **Sprache der Gemeinsamkeit** zu Eigen. Hier können schon kleine Veränderungen große Verstimmungen verhindern und eine Gemeinschaft schaffen, in der Einheit und Vielfalt keine Gegensätze mehr sind.

Die sprachlichen Kunstgriffe, die ich Ihnen in diesem Buch nahe gelegt habe, sind das Resultat jahrelanger Arbeit mit Menschen aus allen Kulturkreisen. Und wie dies bei einem fairen Sprachgebrauch immer der Fall ist, schlägt auch die Führungssprache des Erfolgs Brücken über die vielfältigen Gräben, die uns so häufig trennen: Geschlecht, Alter, Bildung, Nationalität, ethnische Zugehörigkeit, Klasse, verbale und nonverbale Ausdrucksfähigkeit. Wenn Sie die Prinzipien von *Erfolgreiche Menschen sagen was sie wollen* anwenden, machen Sie aus einem Arbeitsplatz, an dem eine Vielzahl von Menschen aller Kulturen zusammenarbeiten, einen Ort der Einheit, in dem Menschen einander mit Höflichkeit und Toleranz begegnen, was sich letzten Endes auch auf die Produktivität auswirkt.

Vermeiden Sie Sprachstrukturen, die Gräben vertiefen!

Zahlreiche sprachliche Strukturen schaffen Gräben zwischen den Kommunikationsteilnehmern. Solche Sätze wollen wir uns im Folgenden ansehen und überlegen, wie man das Gemeinte besser ausdrücken könnte. Jeder dieser Sätze wurde tatsächlich von Führungskräften geäußert. Kreuzen Sie auf der folgenden Seite die Sätze an, die Ihnen bereits am Arbeitsplatz begegnet sind.

Sie ist eine ausgezeichnete Managerin, und ist trotzdem Frau geblieben. ☐
Sie ist nicht besonders attraktiv, aber eine hervorragende Wissenschaftlerin. ☐
Sie sehen immer so umwerfend aus. ☐
Ihr Typen macht das doch immer gleich. ☐
Menschen aus diesem Land riechen einfach komisch. Ich arbeite nicht gerne mit ihnen zusammen. ☐
Kennen Sie die Geschichte vom Hasen und den vielen Hunden? ☐
Ein Afro-Amerikaner erzählt: *Als die Auszeichnung überreicht wurde, reichte der Manager dem Mann vor mir, einem Weißen, die Hand. Bei mir aber hob er die Rechte und spreizte dabei alle Finger, als erwarte er von mir, dass ich einschlage, wie dies so häufig in Fernsehserien bei schwarzen Menschen zu sehen ist. Ich empfand dies als tiefe Beleidigung.* ☐

Lesen Sie alle Sätze noch einmal aufmerksam durch. Sie haben eines gemeinsam: Die Menschen darin werden als Mitglieder einer Gruppe angesprochen und nicht als Individuen. Außerdem verknüpfen all diese Äußerungen den Erfolg am Arbeitsplatz mit bestimmten persönlichen Eigenschaften. Eine Aussage wie»Sie ist eine ausgezeichnete Managerin, obwohl sie eine Frau ist« spricht Frauen die Fähigkeit ab, als Managerin oder Wissenschaftlerin Erfolg zu haben. »Sie sehen immer so umwerfend aus«, könnte als sexuelle Belästigung aufgefasst werden. Selbst wenn der Satz als Kompliment gemeint war, hat er dennoch nichts mit Arbeit oder Leistung zu tun (außer der bzw. die Angesprochene ist als Model tätig). In Sätzen wie: »Menschen aus diesem Land riechen komisch. Ich arbeite nicht gerne mit ihnen«, werden Menschen, die denselben kulturellen Hintergrund teilen, gnadenlos über einen Kamm geschoren. (Dies ist eine der Hauptursachen für den Hass, der heute die Welt regiert.) Was sich wie eine harmlose Geschichte anhört (»Kennen Sie die Geschichte vom Hasen und den vielen Hunden?«), ist in Wirklichkeit ein höchst aggressives Sprichwort, denn bekanntermaßen sind ja viele Hunde des Hasen Tod. Kein Wunder also, dass Sie Ihren Gesprächspartner damit nicht begeistern werden. Auch Witze sollten Sie nach Möglichkeit meiden, denn die meisten Witze werden auf Kosten einer oder mehrerer Bevölkerungsgruppen gemacht. Und Sie können nicht vorhersehen, wie Ihr Publikum darauf reagieren wird.

In dem letzten geschilderten Fall geht es um einen Mann, der sein Wissen um kulturelle Differenzen falsch einschätzte. Bei der Auszeichnung eines Mitarbeiters dachte er offensichtlich, dass Ingenieure mit dunkler Hautfarbe andere Kommunikationsformen pflegen als solche mit weißer Haut. Der Manager meinte es gut, richtete aber irreparablen Schaden an.

Hätten die Menschen, die diese inakzeptablen verbalen und nonverbalen Äußerungen taten, sich mit den Prinzipien der Führungssprache des Erfolgs auseinander gesetzt, wären sie erst gar nicht über diese Fallstricke gestolpert.

Üben Sie die Sprache der Gemeinsamkeit ein!

Wollen wir uns als kulturelle Brückenbauer betätigen, gilt es, ein paar ganz einfache Grundsätze zu beachten. Zunächst einmal sollten Sie es sich zur Regel machen, über die Arbeit zu sprechen und nicht über die Menschen. Hätten die Sprecher der oben aufgeführten Sätze dies berücksichtigt, dann stünde da beispielsweise: »Sie ist eine ausgezeichnete Managerin« bzw. »eine fähige Wissenschaftlerin«. Oder: »Sie sind immer pünktlich.« Oder: »Dieses Verhalten ist nicht tragbar.« Oder: »Bestimmte Menschen sind allergisch gegen Duftstoffe dieser Art.« Zweitens sollten Sie emotionsgeladene Sprache vermeiden und stattdessen auf eine präzise und höfliche Ausdrucksweise setzen.

Beide Vorschläge scheinen auf den ersten Blick nicht gerade den Zusammenhalt zu fördern. Würden wir nicht besser zusammenarbeiten, wenn wir alle einander mögen und uns sagen würden, wie prima wir uns finden? Auf diese Annahme gehen die vielen sog. Schmusewörter am Arbeitsplatz zurück, die sehr schnell zu harten persönlichen Auseinandersetzungen führen können. Denken Sie nur einmal daran, wie Meinungsverschiedenheiten bei Besprechungen gewöhnlich ausgetragen werden. Da wimmelt es nur so von: »Ich finde, das ist eine gute Idee« sowie »Aber ich finde das gar nicht gut.« Und weiter: »Mir gefällt das nicht« oder »Da liegen Sie vollkommen falsch«,»Ich mag diese Vorstellung«, »Das Projekt gibt mir ein gutes Gefühl.« Oder: »Ihr Typen kommt doch immer zu spät.« Oder eine andere Spielart: »Sie kriegt ihren Job doch nie richtig in den Griff.«

Zu den Seminaren bei Well-Read, unserem Unternehmen, kommen Teilnehmer aus allen Ländern, Schichten und Tätigkeitsbereichen. Und wir sagen ihnen die manchmal schmerzliche Wahrheit über die Art und Weise, wie sie sprechen, schreiben, führen, zuhören und Präsentationen halten. Trotzdem akzeptieren sie unsere Kritik, ja nehmen sie sogar begeistert an. Warum ist das so? Weil wir nie über uns und nie über unsere Klienten sprechen. Wir sagen negative Dinge über den Schreibstil eines Klienten, über die Art und Weise, wie er oder sie zum Rednerpult geht. Bei uns hört man Kommentare wie: »Dieser Text hat keine These.« Oder: »Vom Bildschirm ablesen ermüdet die Zuhörer.« Und: »Klimpernde Ohrringe lenken von der eigentlichen Botschaft ab.« Oder: »Wenn Sie dem Publikum den Rücken zuwenden, verlieren Sie seine Aufmerksamkeit.« Und trotzdem sind die »Opfer« dieser Kritik hell begeistert, weil sie hier einen Führungsstil lernen, der ihnen erlaubt, andere fair zum Erfolg zu führen ... und Brücken zu bauen.

Außerdem verführen Ausdrücke, die auf Emotionen setzen, automatisch zu einer Aussage über Personen und zielen oftmals auf die Unterschiede zwischen Menschen ab. Um dies zu vermeiden, sollte man sich angewöhnen, die eigenen Sätze mit Gegenfragen zu überprüfen. Fragen Sie sich, ob der Satz merkwürdig klingen würde, wenn Sie ihn zum anderen Geschlecht oder zu einem Angehörigen der Mehrheitsgesellschaft sagen würden. Betrachten wir also den Satz: »Sie ist eine ausgezeichnete Managerin, und ist trotzdem Frau geblieben.« Würden Sie je sagen: »Er ist ein ausgezeichneter Manager, und trotzdem ganz Mann.«? Würden Sie einen Mann je für sein Aussehen loben? Dasselbe gilt für das so beliebte »Mädels« oder »Mädchen«. Wenn Sie zu einer Gruppe von Managern »Jungs« sagen würden, würden Sie mit Sicherheit einiges zu hören bekommen. Oder die Vorstellung eines Teammitglieds: »Kostas ist unser Projektleiter. Und obwohl er Grieche ist, kann er nicht nur feiern, sondern auch hart arbeiten.« Würden Sie so etwas je über einen deutschen Mitarbeiter äußern?

Witzige Bemerkungen sind häufig mit Vorsicht zu genießen. Wann immer Sie einleitende Sätze hören wie: »Manche Menschen meinen ja, dass dieser Witz rassistisch (oder sexistisch) ist, doch in Wahrheit ist dies nicht der Fall«, sollten Sie gewarnt sein. Nehmen Sie solche Witze nie in Ihr Repertoire auf, wenn Sie sich nicht selbst beschädigen wollen. Forsten Sie Ihr humoristisches Schatzkästlein daraufhin durch, ob irgendjemand sich dadurch beleidigt fühlen könnte. Und setzen Sie unnachsichtig den Rotstift an, falls dies so ist. Das hat nichts mit dem Zwang zu politischer Korrektheit zu tun, der heute so häufig kritisiert wird. Hier geht es ganz einfach nur um Menschlichkeit im Umgang miteinander.

Doch für eine neue Sprache der Gemeinsamkeit genügt es nicht, nur bestimmte Verhaltensweisen zu vermeiden. Wir müssen umgekehrt eine Sprache finden, welche Höflichkeit und Genauigkeit zur Grundlage hat. Stuart Chase, der Vater der Verbraucherforschung, meinte einmal: »Worte sind der Kitt, der unsere Gesellschaft zusammenhält.« Mittlerweile wissen Sie, wie wichtig sprachlicher Ausdruck ist und welche Folgen er nach sich ziehen kann: Er kann den Zusammenhalt fördern und ein starkes Gemeinschaftsgefühl stiften. Achten Sie auf Ihre Worte und Ihre Worte werden Ihnen bestens zu Diensten sein. Eine exakte Ausdrucksweise signalisiert Professionalität und Objektivität. Kommentare wie: »Der macht doch immer Ärger« offenbaren hingegen einen Mangel an Denkschärfe oder das mangelnde Bemühen um Genauigkeit. Beides vergiftet die Atmosphäre am Arbeitsplatz. Wenn Sie hingegen sagen: »Am 10. Januar hat Herr Zimmer gesagt: ›Ich mache diesen verdammten Job nicht‹«, dann üben Sie Kritik, doch da Sie dies auf präzise Weise tun, kann man Ihnen erst gar nicht vorwerfen, nicht fair zu sein. Durch Genauigkeit im Ausdruck zeigen wir unser Bemühen um Fairness und um Gleichbehandlung ohne Ansehen der Person, der Rasse, des Alters oder des Geschlechts.

Doch wie sagte Horaz: »Ein einmal ausgesprochenes Wort lässt sich nicht wieder zurücknehmen.« Deutlicher lässt sich nicht ausdrücken, wie wichtig Höflichkeit im gegenseitigen Umgang ist. Einfache Wörter wie »bitte«, »danke« signalisieren, dass Sie Ihr Gegenüber respektieren und sich einen fairen Dialog wünschen.

Solch eine Haltung zahlt sich stets aus. Beschimpfungen, Beleidigungen, Fluchen – all diese sprachlichen Entgleisungen können Sie nicht mehr ungeschehen machen. Sie vergiften die Atmosphäre und durchsetzen unsere Alltagssprache mit der Geschwindigkeit bösartiger Krebszellen. Der Philosoph Eric Hofer meinte einst: »Grobheit ist die Art, mit der der Schwache Stärke nachzuahmen versucht.« Grobe Menschen verdienen unser Mitleid. Sie versuchen, ihre Schwäche, Mutlosigkeit und Unsicherheit hinter der Maske der Grausamkeit und Kälte zu verbergen. Natürlich können wir den Zorn und die Unsicherheit anderer Menschen nicht kontrollieren, doch wir haben jedes Recht der Welt, von diesen Menschen ein angemessen höfliches Verhalten am Arbeitsplatz zu fordern.

Wir leben in einer sich schnell wandelnden Welt, doch die alten Werte der Höflichkeit und Freundlichkeit sind immer noch die stärkste »Waffe« eines Streiters für eine Gesellschaft, in der alle Platz haben. Der Schriftsteller Richard Wright sagte einmal: »Ich wünschte, ich wüsste, wie man Brücken zwischen den Menschen schlägt ...« Zu diesem Zweck gibt es in den Unternehmen zahlreiche Initiativen: Firmenpolitik, Mentorenprogramme und Seminare sind ein entscheidender Schritt in die richtige Richtung. Doch am Ende ist es unsere Sprache, welche die Menschen miteinander verbindet ... und die Völker.

Nonverbale Aspekte der Sprache der Gemeinsamkeit

Bisher haben wir uns auf die verbalen Aspekte der Sprache konzentriert, auf Worte und Sätze, die verbinden. Doch Brücken lassen sich auch auf nonverbale Weise bauen – mit Augenkontakt, Mimik, Körper, Gesten oder Sprechpausen.

Hier möchte ich meinen Enkel als Beispiel nennen, der es bereits im Alter von acht Monaten verstand, keine Unterschiede zu machen. Ob ein neuer Bekannter eine dunkle oder helle Hautfarbe hatte, Engländer oder Franzose, groß oder klein war, under- oder overdressed, arm oder reich war, war ihm völlig egal. (Nun ja, nicht völlig, in Wirklichkeit hatte er eine deutliche Vorliebe für andere Kinder und kleine Hunde.) Was für ihn zählte, war offene Kommunikation. Wenn jemand ihn anlächelte, lächelte er zurück – und das mit dem ganzen Körper. Mochte er jemanden, so berührte er sein Gesicht. Er wusste ganz genau, wie man in einer vielfältigen, komplexen Welt mit jemandem Kontakt aufnimmt.

Als wir letztes Jahr mit ihm in Genf auf unsere Maschine warteten, lernten wir, dass alle Kinder der Welt dieselbe Sprache sprechen wie unser Enkel. Sie setzen auf Gemeinsamkeit statt auf Unterschiede, auf das, was die Menschen verbindet.

Und doch ist gerade die nonverbale Kommunikation eines der heikelsten Themen, wenn am Arbeitsplatz verschiedene Kulturen aufeinander treffen, denn nirgendwo ist es leichter, Fehler zu machen. Ein paar Beispiele: Der geheime Körpersprache-Code in den Ländern des Mittelmeerraumes und in den romanischen Kulturen sieht Körperkontakt als etwas völlig Normales an. Eine Klientin aus Frankreich absolvierte bei IBM in den USA ein Postdoc-Jahr und hatte ständig das Gefühl, dass ihre Kollegen ihr auswichen. Doch das lag einfach nur daran, dass sie aus einer Kultur kam, in der körperliche Berührung als etwas Selbstverständliches gilt, während dies in den USA absolut tabu ist. In Frankreich und in den meisten Ländern Südamerikas küsst man sogar Geschäftspartner auf die Wange (In manchen Ländern gibt man sich sogar drei Mal einen Kuss!). In den USA kann Ihnen so ein Verhalten eine Beschwerde wegen sexueller Belästigung eintragen. Umgekehrt gilt es in den USA als Power-Geste, die Füße auf den Tisch zu legen. Im Mittleren Osten hingegen ist es eine schwere Beleidigung, den Gesprächspartner die Fußsohlen sehen zu lassen. Auf einer Konferenz von US-amerikanischen Bürgern lateinamerikanischer Herkunft, zu der ich als Sprecherin geladen war, berichtete ein Puertoricaner von dem Kulturschock, den er erlitt, als seine Familie zum ersten Mal mit der seiner Frau Weihnachten feierte. Seine Frau stammte von der Ostküste aus einer dieser eher reservierten, schrecklich wohlerzogenen Familien. Und so kam es, dass von seiner Familie alle durcheinander redeten und ständig aufeinander einschimpften, während die Familienmitglieder seiner Frau schweigsam am Tisch saßen und warteten, bis jemand das Wort an sie richtete.

Solche Unterschiede in der nonverbalen Ausdrucksweise verursachen keine Probleme, wenn wir sie als kulturelle Differenz erkennen. Unsere Mimik und Gestik spiegelt nun einmal nicht unsere Intelligenz, Charakterstärke oder unser Einfühlungsvermögen wider, auch wenn viele Menschen das glauben. In einigen Fällen untergraben Gewohnheiten, die wir im familiären Umfeld erworben haben, gar unseren beruflichen Erfolg oder unsere Akzeptanz. Viele meiner Klienten, die Personalverantwortung tragen, haben mir von diesem Problem berichtet. Normalerweise sprechen sie das unpassende Verhalten nicht an. Doch das ist Betrug am Betroffenen, weil Sie damit dessen Karrierehoffnungen zunichte machen. In diesem Fall sollten Sie sich einer Sprache bedienen, die es Ihnen erlaubt, auch schmerzliche Wahrheiten so zu kommunizieren, dass sie für den anderen akzeptabel sind. Wenn Sie höflich und freundlich sind, fällt es dem Gegenüber leichter die Kritik anzunehmen.

Wie aber sollen wir mit den Unterschieden im nonverbalen Ausdruck umgehen, die uns am Arbeitsplatz begegnen? Ganz einfach: Akzeptieren Sie diese Unterschiede und betrachten Sie sie als Bereicherung. Sollten daraus Missverständnissen erwachsen, müssen diese einfach offen angesprochen werden. So gibt es Kulturen, in denen der jüngere Gesprächspartner gehalten ist, die Augen niederzuschlagen, wenn er mit Vorgesetzten oder erfahreneren Kollegen spricht. Andererseits sollten Sie in dieser Position den Augenkontakt suchen. Ein Angestellter, der seinem Chef nicht in die Augen sehen kann, gilt leicht als unehrlich. In diesem Fall müssen sich sowohl Mitarbeiter als auch Führungskraft um eine Lösung bemühen. Im Grunde ist es gar nicht schwer: Wir sollten das tun, was funktioniert, und Verhaltensweisen ablegen, die nicht den gewünschten Erfolg erzielen. Diese Art von Verhaltensänderung schadet weder dem Charakter noch der kulturellen Identität.

Was jetzt zu tun ist!

- **Wenn Sie das Gefühl haben, dass die kulturellen Unterschiede an Ihrem Arbeitsplatz nicht zu mehr Zusammenhalt führen, sondern Ihr Team eher trennen, zeichnen Sie eine Besprechung auf. Sehen Sie die Aufzeichnung gründlich durch: Welche Verhaltensweisen führen dazu, dass kulturelle Schranken abgebaut werden, welche nicht?**

Gehen Sie den ersten Schritt zu einer globalen Sprache der Gemeinsamkeit!

Studenten und Kollegen aus aller Welt haben uns immer wieder bestätigt, dass die Prinzipien dieses Buches eine gute Basis für eine weltweite Sprache der Gemeinsamkeit bilden. Auch unsere eigenen Erfahrungen weisen in diese Richtung. Das globale Wirtschaftsleben stellt uns vor zahlreiche gewaltige Probleme, angesichts derer der Wunsch nach einer gemeinsamen Sprache zu unbedeutend erscheint, um weitere Beachtung zu verdienen. Doch gerade die Sprache ist ein wichtiger Schritt in Richtung mehr Gemeinsamkeit. Jennifer Hutchins, die unsere Prinzipien in Europa, Asien und Lateinamerika lehrt, berichtet immer wieder, dass sie auch dort gut ankommen. Im Folgenden möchte ich Ihnen Jennifer Hutchins' Bericht vorstellen, dem ich ein paar praktische Tipps folgen lasse.

Alle Geschäftsleute, die mit Menschen verschiedener Kulturen zu tun haben, bestätigen übereinstimmend, dass ihre wichtigste Fertigkeit darin besteht, ihre Botschaft ans Publikum anzupassen. Tatsächlich besitzen Menschen, die ein multikulturelles Publikum gewöhnt sind, diese Fähigkeit meist in weit höherem Maße als Menschen, die immer vor vergleichsweise homogenen Gruppen sprechen. Je häufiger eine Führungskraft ihr »Redeschiff« durch internationale Gewässer zu steuern hat, desto geschickter wird sie darin, ihre Botschaft klar und präzise zu formulieren, um Missverständnisse jeder Art zu vermeiden.

In einigen Kulturen, wie zum Beispiel in Japan oder im Mittleren Osten, unterscheiden sich die Verhaltensregeln so stark von denen westlicher Staaten, dass die hier vorgestellten Kommunikationsstrategien kaum anwendbar erscheinen. Eine in Japan lebende Klientin erzählte mir einmal, dass amerikanische Geschäftsleute in Japan häufig ausgenutzt würden, weil sie so bemüht seien, nur ja nicht die Regeln der japanischen Gesellschaft zu verletzen. Einige universelle sprachliche Prinzipien aber helfen Ihnen auch in solchen Kulturen zu einer Führungssprache zu finden, die Ihnen zu mehr Erfolg verhilft.

In meiner langjährigen Tätigkeit als Kommunikationsberaterin habe ich immer wieder bemerkt, dass gute »Kommunikatoren« unsere Prinzipien fast immer so abwandeln, dass sie den von ihnen intendierten Zweck erfüllen. Wer bis zur Führungsebene gelangt, kennt seine kulturelle Geprägtheit, ohne sie verabsolutieren zu wollen, liebt sein Land, ohne dies ständig auf den Lippen zu führen, und ist stolz auf seine Herkunft, ohne deshalb in Größenwahn zu verfallen. Eines der wichtigsten Prinzipien ist deshalb, die eigene Sprache so präzise wie möglich zu gestalten. Lassen Sie das allgegenwärtige »Gefühl« ebenso weg wie das dauernde »ich« – und schon ist die Gefahr gebannt, dass Sie ethnozentrisch und egozentrisch wirken. Indem ich mich an die Sprache der Führungsstärke gehalten habe, gelang es mir, mein Publikum für mich zu gewinnen – ob in Amerika, Europa, Asien oder Lateinamerika. Aus welchen Verhältnissen meine Zuhörer auch stammten, sie verstanden, was ich sagen wollte. Früher hatte ich einmal die Position der Projektleiterin in einem multikulturellen Team inne, das in Europa stationiert war, aber die Unternehmenskultur eines weltweit tätigen Unternehmens studieren sollte. Anfangs führte mein Außenseiter-Status zu Reibereien mit den Teammitgliedern. Doch als ich die Sprache der Schwäche ablegte und stattdessen sprachlich klar sagte, wo es langgehen sollte, hatte ich Erfolg. So vermied ich zum Beispiel folgende Ausdrucksweisen: »In den USA halten wir diese Methode für sehr effektiv.« Stattdessen sagte ich: »Eine anerkannte Methode für die Einschätzung von Unternehmenskultur ist ...« Statt: »Diese Art der Aussage erscheint mir falsch zu sein« sagte ich: »Wenn wir dies anders ausdrücken, erreichen wir ein weltweites Publikum.«

Mittlerweile ist es mir zum Prinzip geworden, Emotionen und ethnozentrische Aussagen zu vermeiden. Auf diese Weise gelingt es mir, wirkungsvolle Präsentationen und Schriftstücke zu verfassen. Sehr häufig stelle ich Materialien für internationale Konferenzen zusammen. Auch hier achte ich genaustens darauf, dass meine Sprache frei von Jargon, Fachsprache oder kulturellen Anspielungen ist, die in anderen Ländern nicht verstanden werden.

Gerade im globalen Dorf können kleine Veränderungen große Wirkungen hervorrufen. Achten Sie darauf, wenn Sie Verhandlungen führen oder Entscheidungen treffen müssen. Gerade in kritischen und schwierigen Situationen neigen wir dazu, in alte Muster zurückzufallen. Vergessen Sie nie: Eine Grammatik der Stärke bewahrt Sie vor solchen Problemen. Benutzen Sie Handlungsverben. Setzen Sie auf die Suggestivkraft von Parallelfiguren. Und vergessen Sie nicht die Wirksamkeit von Pausen. Wenn Menschen über Worte stolpern, geschieht dies meist, weil sie eine Sprechpause füllen wollen. Dies aber lenkt von der eigenlichen These ab.

Als ich Skandinavien verließ, wo ich als Ausländerin zwei Jahre lang gelebt und gearbeitet hatte, hatte ich eine Präsentation vor einem hochrangigen Mitglied des Managements zu halten, eine Präsentation, die auf meine Karriere und meine persönliche Situation großen Einfluss haben würde. Die kleine Gruppe, vor der ich die Präsentation zu halten hatte, bestand fast nur aus Kollegen und Freunden. Ich war ein wenig versucht, ins Persönliche abzugleiten und ihnen zu erzählen, weshalb ich gerne in meinem Heimatland als Beraterin für ihr Unternehmen tätig wäre. Stattdessen bereitete ich eine PowerPoint-Präsentation vor, die klar darlegte, welche Vorteile das Unternehmen von einem Berater im Ausland haben würde. Meine Argumente formulierte ich so kraftvoll wie möglich. Einwänden begegnete ich mit Fakten statt mit emotional aufgeladenem Protest. Außerdem bemühte ich mich, während der Präsentation unerschütterliches Selbstvertrauen auszustrahlen. Ich achtete auf eine einwandfreie Körperhaltung und auf Augenkontakt zu meinen Zuhörern. Mittlerweile hatte ich die Landessprache so weit gelernt, dass es mir gelang, ein oder zwei Sätze in dieser einzuflechten. Ich wählte meine Worte gut. Meine Sätze überbrückten die kulturelle Differenz und so gelang es mir, die Verhandlungen zu meinen Gunsten zu entscheiden.[40]

Zerschlagen Sie kein Porzellan!

Stecken Sie nicht während der ersten fünf Minuten Ihres Auslandsaufenthaltes die Zehen in den Mund. Lesen Sie nach, welche häufigen kulturellen Missverständnisse es gibt, und vermeiden Sie diese. Oder bitten Sie einen Ihrer Mitarbeiter vor Ort, Ihnen ein paar Dinge beizubringen, die Sie als Ausländer vermeiden bzw. auf jeden Fall tun sollten. (In Frankreich zum Beispiel küsst man sich zur Begrüßung immer auf beide Wangen. Zucken Sie dabei auf keinen Fall zurück.)

Vermeiden Sie Missverständnisse!

Gerade in der Vorstandsetage eines Globalplayers laufen Sie mehr als anderswo Gefahr, aufgrund kultureller und sprachlicher Differenzen falsch verstanden oder interpretiert zu werden. Hier ist es wichtig, sich auf die Botschaft zu konzentrieren, nicht auf den, der sie übermittelt.

Scheinbar unschuldige Sprichwörter und umgangssprachliche Wendungen können die Botschaft einer Führungskraft vollkommen zunichte machen. Vor allem sprachliche Bilder aus dem Sport oder aus dem Krieg (zum Beispiel: »den Ball ins Aus spielen« oder »alles niederwalzen«) bergen die Gefahr, bei anderen Befremden hervorzurufen und Sie als zu wettbewerbsorientiert erscheinen zu lassen.

Erzählen Sie Geschichten!

Die besten Geschichten sind jene, die in allen Kulturen ähnliche Reaktionen hervorrufen. Jeder liebt Geschichten über Kinder oder Hochzeiten. Bei einer Pressekonferenz mit Journalisten aus Dänemark, Großbritannien, Korea, China und den USA hatte eine Geschichte besonderen Erfolg. Darin ging es nicht etwa um technologischen Fortschritt, sondern darum, dass der Unternehmer seine Firma im Hühnerstall einer abgelegenen Farm gegründet hatte. Das Aschenbrödel-Prinzip (»Vom Tellerwäscher zum Millionär«) ist nun einmal universal.

Verwenden Sie übersichtliche Schaubilder!

Gerade vor internationalem Publikum sind Schaubilder eine unschätzbare Hilfe. Wenn in Ihrem Vortrag schwierig auszusprechende Wörter auftauchen, halten Sie sie auf einem Handout oder auf Ihrer visuellen Präsentation fest. »Mülldiagramme«, von denen in Kapitel 12 die Rede war, versagen auch vor internationalem Publikum. Achten Sie also auf möglichst klare Aussagen und Handouts.

Informieren Sie sich über die Ihnen fremde Kultur!

Gerade wenn Sie Präsentationen für Zuhörer aus anderen Ländern vorbereiten, ist es unumgänglich, dass Sie etwas über Brauchtum, Geschichte und Vorlieben bzw. Abneigungen Ihres Publikums in Erfahrung bringen. Ihren Vortrag mit dem Zitat eines bekannten Schriftstellers oder dem Hinweis auf ein wichtiges geschichtliches Ereignis dieses Landes zu würzen, öffnet Ihnen sofort die Herzen Ihrer Zuhörer.

Sie müssen ja nicht so tun, als seien Sie Experte in mexikanischer Geschichte, wenn Sie zum ersten Mal in Mexiko eine Präsentation halten. Es genügt, wenn Sie Ihren Zuhörern zu verstehen geben, dass Sie sich zumindest die Mühe gemacht haben, sich über das Land zu informieren. Achten Sie darüber hinaus auf die korrekte Anrede. In den USA mag es üblich sein, Geschäftspartner oder Mitarbeiter mit dem Vornamen anzureden, in anderen Ländern ist es üblich, nur den Nachnamen zu nennen. Und achten Sie auf die speziellen Empfindsamkeiten einzelner Länder. Einer meiner Klienten kam in Schwierigkeiten, als er mit einem Witz auf die sexuellen Abenteuer John F. Kennedys anspielte – im äußerst konservativen Irland.

Überprüfen Sie Übersetzungen!

Legen Sie übersetzte Texte immer einem Muttersprachler zum Gegenlesen vor. Und lassen Sie die Finger von jeder Form der maschinellen Übersetzung oder von Wortgleichungen, die Sie aus dem Wörterbuch haben.

Ein zweisprachiges Wörterbuch zum Beispiel übersetzte *illusion* mit »Halluzination«. Und so stand auf der Einladung eines Unternehmens: Wir laden Sie ein zu unserer Halluzinations-Show, obwohl dort keineswegs bewusstseinsverändernde Drogen konsumiert werden sollten.

Ein anderes Beispiel ist der Newsletter einer Firma, in dem es um neue Haushaltsgeräte ging. Dort hieß es: »Jeder von uns sollte im Leben mal etwas Neues ausprobieren. Versuchen Sie dies mal zu Hause mit Ihrer Frau.«

Stimmen Sie Ihre Gesten aufs Publikum ab!

Wir alle kennen Geschichten über die katastrophale Wirkung unpassender Gesten im internationalen Kontext: Politiker, die mit einer Handbewegung ganze Nationen beleidigen; achtlose Gesten, die wichtige Verhandlungen scheitern lassen. In manchen Ländern sind die Verhaltensnormen sehr verschieden von unseren Umgangsformen. Hier ist Recherche vonnöten, denn meist lässt sich leicht jemand finden, der Ihnen zeigt, welche Gesten Sie machen dürfen, um auch in einem anderen kulturellen Umfeld Ihre Integrität zu bewahren.

In Japan zum Beispiel bemüht Jennifer Hutchins sich immer um eine ruhige Haltung. Der Körper sollte sich – im Gegensatz zu dem, was Well-Read sonst lehrt – nicht allzu sehr auf sein Gegenüber hin öffnen. Auch zu langer Augenkontakt wird in diesem Land als Beleidigung empfunden. Sind Sie Gastgeber am eigenen Firmensitz im Ausland, folgt die Etikette den Vorgaben im Gastland. Auch dies ist mitunter schwierig. So gelten in vielen asiatischen und arabischen Ländern Berührungen zwischen Männern und Frauen als unsittlich. In anderen Ländern wiederum ist es gang und gäbe, Schmiergeld zu zahlen und anzunehmen.

Als Führungskraft müssen Sie abwägen, welche Gewohnheiten Sie annehmen können, ohne Ihre eigenen ethischen Prinzipien zu verletzen.

Achten Sie auf korrekte Kleidung!

Ihre Kleidung kann für oder gegen Sie arbeiten. Die ersten Bilder von General Jay Garner, dem Oberkommandierenden der amerikanischen Streitkräfte im Irak, zeigen ihn, wie er im T-Shirt vor einem Publikum aus lauter Irakern spricht, die durchweg Anzug und Krawatte tragen. Obwohl diese Art der Kleidung in den USA anerkannt ist, gilt sie in den meisten Ländern als zu leger. In Europa herrscht nicht selten der Grundsatz »Keine Jeans« in den Büros.

Zeigen Sie Ihre Hochachtung vor Ihrem Gastland, indem Sie sich den Gewohnheiten dort anpassen.

Unterschiedliches Geschäftsgebaren erkunden!

Jennifer leitete ein multikulturelles Team in Dänemark: Es bestand aus einem Briten, zwei Dänen, einem Norweger und ihr, die US-Amerikanerin ist. Das Team sollte die Unternehmenskultur einer international operierenden Firma erforschen. Eine große Anzahl verschiedener Methoden standen zur Auswahl. Nach einer leidenschaftlichen, aber nicht effektiven Debatte meinte Jennifer: »Stimmen wir doch über die Methode ab.« Es zeichnete sich eine klare Mehrheit ab, doch die Debatte ging nichtsdestotrotz weiter. Irritiert fragte Jennifer sich, weshalb die Auseinandersetzung weiterging, obwohl die Befragung so ein klares Ergebnis zutage gebracht hatte. Eine Kollegin erklärte ihr, man habe angenommen, sie habe die Abstimmung nur zu Informationszwecken vorgenommen. Denn das Team würde nur einstimmige Entscheidungen akzeptieren.

Dies ist eine kulturelle Differenz im Bereich Entscheidungsfindung, auf die man sich einstellen muss, wenn die eigene Führungsstärke nicht darunter leiden soll.

Wie so häufig, kommen wir am Schluss wieder zum Anfang zurück, zu den Kindern, welche die eine Sprache, die überall verstanden wird, aus dem Effeff beherrschen: die Sprache des Lächelns. Jedes Baby beherrscht die Sprache des Lächelns, und wir sollten sie uns ebenfalls zu Eigen machen. Denn sie wird – wie dieses Kapitel hier – Brücken zwischen den Kulturen schlagen.

Zum Schluss

Wir haben eine lange Reise hinter uns: von scheinbarer Klarheit zur Widersprüchlichkeit des Lebens, von den passiven Fähigkeiten des Lesens und Zuhörens zu den aktiven Fertigkeiten des Sprechens und Schreibens, von der Konzentration auf sich selbst zum Interesse am Gegenüber, von der Vielfalt zur Gemeinschaft, von der lokalen zur globalen Ebene. Und jeder einzelne Schritt machte Sie mit neuen Fertigkeiten vertraut, mit neuen Ideen, die Ihren Erfolg als Führungskraft steigern können.

Am Ende sollen daher erneut die Worte eines großen Redners stehen. Martin Luther King jr. schrieb: »Das Ende ist Versöhnung. Das Ende ist Befreiung. Das Ende ist die Entstehung der ersehnten Gemeinschaft.« Wie der Traum des Martin Luther King, so streben auch Sie in Ihrem kommunikativen Bemühen nach der Schaffung einer Gemeinschaft: zu Hause, am Arbeitsplatz und unterwegs. Sprache hilft uns dabei, unseren Arbeitsplatz von einem Ort der trennenden Unterschiede in einen Ort der facettenreichen Gemeinsamkeit zu verwandeln.

Checkliste für Ihre kommunikativen Fortschritte

Es ist eine echte Lebensaufgabe, die kommunikativen Fähigkeiten zu entwickeln, die Ihnen zu Erfolg verhelfen. Denn im Unterschied zu anderen Fertigkeiten lässt sich Sprache nie vollständig beherrschen. Wir lernen nie aus. Die gute Nachricht an dieser Tatsache ist, dass uns auf diese Weise immer Raum für Wachstum bleibt.

Auf den nächsten Seiten finden Sie Listen, welche die kommunikativen Fähigkeiten einer Führungskraft umreißen. All diese Fähigkeiten habe ich Ihnen in *Erfolgreiche Menschen sagen, was sie wollen* vorgestellt und mit Ihnen eingeübt. Nun können Sie sich einen Überblick darüber verschaffen, was Sie bisher erfolgreich gemeistert haben und wo Ihre Lücken sind.

Nutzen Sie diese Listen nur zur Selbsteinschätzung, aber auch für die Einschätzung Ihres Teams bzw. Ihrer Kollegen. Auch für ein so genanntes 360-Grad-Feedback, bei dem Sie von Vorgesetzten, Mitarbeitern und Kollegen eingeschätzt werden, ist die Checkliste ein guter Einstieg. Vor allem aber sollten Sie sie als Ansporn zur weiteren Entwicklung betrachten. Viel Spaß auf der Reise!

Wir unterscheiden vier Stufen:	
A	**Der Anfänger / die Anfängerin:** Sie geben sich Mühe, eine bestimmte Fähigkeit zu erwerben.
Ü	**Der Übende / die Übende:** Sie verstehen, worum es bei dieser Fähigkeit geht und sind auch in der Lage, sie hin und wieder anzuwenden, aber sie ist noch nicht Teil Ihres Alltags geworden.
P	**Der Profi:** Sie setzen diese Fähigkeiten erfolgreich ein, um im Berufsleben vorwärts zu kommen.
M	**Der Mentor / die Mentorin:** Sie sind ein Vollprofi und versuchen, diese Fähigkeit an Nachwuchskräfte weiterzugeben.

Darin bin ich: Darin ist: .... (Name)	A	Ü	P	M
Kommunikation als zentrale Führungseigenschaft				
Führung als Entwicklungsprozess betrachten	☐	☐	☐	☐
Die Widersprüche des Lebens (das Janus-Prinzip) berücksichtigen	☐	☐	☐	☐
Die Schlüsselfragen erfolgreicher Kommunikation stellen	☐	☐	☐	☐
Geeignete Vorlagen verwenden	☐	☐	☐	☐
Vorbilder suchen, von denen man lernen kann	☐	☐	☐	☐
Selbstmanagement				
Die eigenen Stimmungen und Emotionen richtig einschätzen	☐	☐	☐	☐
Die Auswirkung der eigenen Stimmungen und Emotionen auf andere richtig einschätzen	☐	☐	☐	☐
Verbale und nonverbale Mittel gezielt zur Führung einsetzen	☐	☐	☐	☐
Emotionen und Visionen angemessen ausdrücken	☐	☐	☐	☐
Anderen und sich selbst die Wahrheit über sich selbst sagen können (wenn dies angemessen ist)	☐	☐	☐	☐
Ein Tagebuch über erfolgreiche und erfolglose Begegnungen führen	☐	☐	☐	☐
Achtsam lernen und führen	☐	☐	☐	☐
Mutig Risiken eingehen	☐	☐	☐	☐
Aus Fehlern lernen	☐	☐	☐	☐
Die eigene Leistung richtig einschätzen	☐	☐	☐	☐
Die Reaktion anderer auf das eigene Auftreten wahrnehmen	☐	☐	☐	☐
Lese-Fähigkeiten				
Power-Lesen, um den eingehenden Lesestoff zu bewältigen	☐	☐	☐	☐
Einen Text mit einer Geschwindigkeit von 100 000 Worten pro Minute durchsehen	☐	☐	☐	☐
Strukturen erkennen	☐	☐	☐	☐
Effizientes Lesen am Bildschirm	☐	☐	☐	☐
Anlese-Technik	☐	☐	☐	☐
Vertieftes Lesen (nur zehn Prozent des Lesestoffs)	☐	☐	☐	☐
Kreative Synthese	☐	☐	☐	☐
Im Geiste mit dem Autor diskutieren	☐	☐	☐	☐
Texte lesen, die Sie inhaltlich ablehnen	☐	☐	☐	☐
Eine Lese-Gemeinschaft gründen	☐	☐	☐	☐

Darin bin ich: Darin ist: .... (Name)	A	Ü	P	M
Aktives Zuhören				
Sich nicht von Vorurteilen leiten lassen	☐	☐	☐	☐
Genau zuhören	☐	☐	☐	☐
Den Kommunikationsrahmen anpassen	☐	☐	☐	☐
Mit den Augen »hören«	☐	☐	☐	☐
Die Körpersprache des Zuhörens beherrschen	☐	☐	☐	☐
Genaue Notizen machen	☐	☐	☐	☐
Auf das Gehörte reagieren: Wiederholen, Verständnis zeigen, Klarstellen, Nachhaken	☐	☐	☐	☐
Führen ohne Worte				
Die richtige Kleidung für die Führungsposition auswählen	☐	☐	☐	☐
Overdressing vermeiden	☐	☐	☐	☐
Underdressing vermeiden	☐	☐	☐	☐
Mit den Augen berühren	☐	☐	☐	☐
Aufrechte Sitzhaltung	☐	☐	☐	☐
Kopfhaltung des aktiven Zuhörens	☐	☐	☐	☐
Worte und Gesten koordinieren	☐	☐	☐	☐
Aufrichtigkeit zeigen	☐	☐	☐	☐
Die Kontrolle behalten	☐	☐	☐	☐
Menschen berühren – im buchstäblichen Sinn	☐	☐	☐	☐
Statussymbole gekonnt einsetzen	☐	☐	☐	☐
Vorbilder auch in Körpersprache suchen	☐	☐	☐	☐
Mit Körpersprache bestärken oder tadeln	☐	☐	☐	☐
Überzeugende Gesten am Rednerpult	☐	☐	☐	☐
Gute »Ruheposition« einnehmen	☐	☐	☐	☐
Sicher auf den Beinen stehen	☐	☐	☐	☐
Den Blick ins Publikum richten	☐	☐	☐	☐
Schwache Gesten meiden	☐	☐	☐	☐
Kunstpausen einlegen	☐	☐	☐	☐
Stimme stärken	☐	☐	☐	☐
Sprechen wie eine Führungskraft				
Ich-Aussagen meiden	☐	☐	☐	☐
Die drei Kernfragen vor der Rede stellen	☐	☐	☐	☐
Keine dominanten Ich-Strukturen verwenden	☐	☐	☐	☐
Positive und negative »Sie-Sätze« unterscheiden	☐	☐	☐	☐

Darin bin ich: Darin ist: .... (Name)	A	Ü	P	M
Sprechen wie eine Führungskraft (Fortsetzung)				
Wir-Sätze einsetzen	☐	☐	☐	☐
Intimitäten vermeiden	☐	☐	☐	☐
Puffer vermeiden	☐	☐	☐	☐
Sich nicht selbst herabsetzen	☐	☐	☐	☐
Schwaches Passiv meiden	☐	☐	☐	☐
Passiv wirkungsvoll einsetzen	☐	☐	☐	☐
Handlungsverben einsetzen	☐	☐	☐	☐
Die sechs Überzeugungsstrategien einsetzen	☐	☐	☐	☐
Rhetorische Mittel einsetzen	☐	☐	☐	☐
Parallelfiguren verwenden	☐	☐	☐	☐
Logische und klare Aufzählungen einbauen	☐	☐	☐	☐
Dreiergruppen verwenden	☐	☐	☐	☐
Sprachliche Bilder und Metaphern verwenden	☐	☐	☐	☐
Alliterationen einsetzen	☐	☐	☐	☐
Umgangssprache vermeiden	☐	☐	☐	☐
Den richtigen »Jargon« verwenden	☐	☐	☐	☐
Fachchinesisch vermeiden	☐	☐	☐	☐
Kommunikationsstruktur				
Eine originelle Einleitung verwenden	☐	☐	☐	☐
Gute Einleitungen kopieren	☐	☐	☐	☐
These im Text unterschiedlich formulieren	☐	☐	☐	☐
Mit Überleitungen, Rückblenden und Leitsätzen den roten Faden herstellen	☐	☐	☐	☐
Kluge Endstrukturen einsetzen: Zusammenfassung, Handlungsaufruf, Einbeziehung der Zuhörer	☐	☐	☐	☐
Kommunikation in Wort und Schrift organisieren				
Schnelle Planung mit dem Organisationssystem	☐	☐	☐	☐
Das Publikum ansprechen				
Erfolgreich vor großem Publikum sprechen	☐	☐	☐	☐
Aussagekräftige Schaubilder verwenden	☐	☐	☐	☐
Reden halten				
Verschiedene Skripttechniken ausprobieren	☐	☐	☐	☐
Schritt für Schritt ein Skript vorbereiten	☐	☐	☐	☐
Überzeugend vom Skript ablesen	☐	☐	☐	☐

Darin bin ich: Darin ist: .... (Name)	A	Ü	P	M
Reden halten (Fortsetzung)				
Techniken für ein starkes Ende erarbeiten	☐	☐	☐	☐
Outfit und Equipment abstimmen	☐	☐	☐	☐
Teampräsentationen erfolgreich leiten	☐	☐	☐	☐
Den Raum im Vorfeld inspizieren	☐	☐	☐	☐
Frühe Ankunft	☐	☐	☐	☐
Organisation am Rednerpult	☐	☐	☐	☐
Probleme vorher klären	☐	☐	☐	☐
Sich ans Skript halten	☐	☐	☐	☐
Erfolgreicher Umgang mit Zeitproblemen	☐	☐	☐	☐
Sich auf eine große Zuhörerschaft einstellen	☐	☐	☐	☐
Kommunikation mit Einzelpersonen oder Kleingruppen				
Besprechungen effektiv leiten	☐	☐	☐	☐
Auch zurückhaltende Mitarbeiter einbinden	☐	☐	☐	☐
Selbstdarsteller bremsen	☐	☐	☐	☐
Mit schwierigen Persönlichkeiten umgehen	☐	☐	☐	☐
Positive Streitkultur fördern	☐	☐	☐	☐
Ehrlich, aber fair kritisieren	☐	☐	☐	☐
Nachwuchs fördern	☐	☐	☐	☐
Sich bewusst dazu entscheiden, Mentor zu werden	☐	☐	☐	☐
Mitarbeiter auch in Krisenzeiten inspirieren	☐	☐	☐	☐
Schreiben wie eine Führungskraft				
E-Mails nicht ohne zweite Durchsicht versenden	☐	☐	☐	☐
Bei der Wahrheit bleiben, ohne verletzend zu wirken	☐	☐	☐	☐
Den Ton der Kommunikation auf der Führungsebene kontrollieren	☐	☐	☐	☐
Die sieben Ks der schriftlichen Führungssprache anwenden	☐	☐	☐	☐
Brückenbauer zwischen den Kulturen				
Führungsstärke zur Bildung eines Gemeinschaftsgefühls einsetzen	☐	☐	☐	☐
Sprachstrukturen vermeiden, die Vorbehalte und Vorurteile bestärken	☐	☐	☐	☐
Durch verbale und nonverbale Signale Gemeinsamkeiten fördern	☐	☐	☐	☐
Bereichernde und inakzeptable Differenzen unterscheiden	☐	☐	☐	☐
Die Botschaft aufs Publikum zuschneiden	☐	☐	☐	☐

Darin bin ich: **Darin ist:** .... (Name)	**A**	**Ü**	**P**	**M**
Brückenbauer zwischen den Kulturen (Fortsetzung)				
Verhalten an die jeweilige Kultur anpassen	☐	☐	☐	☐
Geschichte und Gebräuche eines Landes achten	☐	☐	☐	☐
Auf kulturelle Unterschiede zurückhaltend reagieren	☐	☐	☐	☐
Missverständnisse vermeiden	☐	☐	☐	☐
In anderen kulturellen Kontexten keinen schlechten Eindruck hinterlassen	☐	☐	☐	☐
Geschichten erzählen, um zwischen den Kulturen zu vermitteln	☐	☐	☐	☐
Übersichtliche Schaubilder auch im internationalen Umfeld verwenden	☐	☐	☐	☐
Übersetzungen von Texten prüfen	☐	☐	☐	☐
Gesten aufs Publikum abstimmen	☐	☐	☐	☐
Outfit und Auftreten den kulturellen Normen angleichen	☐	☐	☐	☐
Interkulturelle Verständigung fördern	☐	☐	☐	☐

Anmerkungen

1 Gardner, Howard, *Die Zukunft der Vorbilder: das Profil der innovativen Führungskraft*, Stuttgart 1997.
2 Mindell, Phyllis, *Starke Frauen sagen, was sie wollen*, München 2000.
3 Donnellon, Ann, *Team Talk: The Power of Language in Team Dynamics*, Boston 1996.
4 Unveröffentlichter Brief vom 16. Juli 1997.
5 Shakespeare, William, »Hamlet«, in: Shakespeare, *Dramatische Werke*, Bd. 3, übersetzt von August Wilhelm Schlegel und Ludwig Tieck, Frankfurt 1984, S. 491.
6 Gardner, *Die Zukunft der Vorbilder.*
7 Goleman, Daniel, »What Makes a Leader?«, in: *Harvard Business Review*, November–Dezember 1998, S. 93–102.
8 Langer, Ellen, *Kleine Anleitung zum Klugsein: sieben Kapitel über sinnvolles Lernen*, Reinbek 2001.
9 Manguel, Alberto, *A History of Reading*, New York 1996.
10 Mindell, Phyllis, *Power Reading*, New Jersey 1998.
11 Goleman, »What Makes a Leader?«
12 Carter, Steven, *Civility: Manners, Morals and the Etiquette of Democracy*, New York 1998, S. 167–168.
13 Carter, *Civility.*
14 Carter, *Civility.*
15 Kouzes, James M., Posner, Barry Z., *The Leadership Challenge*, San Francisco 1987, S. 24.
16 Burgoon, Judee K., Buller, David B., Woodall, W. Gill, *Nonverbal Communications: The Unspoken Dialogue*, New York 1996, S. 383.
17 Axtell, Roger, *Nie wieder Redeangst: Rhetorik nach allen Regeln der Kunst*, München 1994.
18 Burgoon, *Nonverbal Communications*, S. 401.
19 Henley, Nancy M., *Körperstrategien: Geschlecht, Macht und nonverbale Kommunikation*, Frankfurt 1993.
20 Brooks, Renana, »A Nation of Victims«, in: *The Nation*, 30. Juni 2003.
21 http://de.wikipedia.org/wiki/Gettysburg_Address
22 Blair, Tony, »A Fight for Liberty«, in: *Wall Street Journal*, 18. Juli 2003, (http://www.opinionjournal.com/forms/extra/?id=110003758).
23 Donnellon, Ann, *Team Talk: The Power of Language in Team Dynamics*, Boston 1996.

24 McPherson, James, »The Unheroic Hero«, in: *The New York Review of Books,* 4. Februar 1999.
25 Germer, Fawn, *Hard Won Wisdom,* New York 2001.
26 Cialdini, Robert, »The Science of Persuasion«, in: *Scientific American,* Februar 2001, S. 76–81., www.influenceatwork.com
27 Baker, Sheridan, *The Practical Stylist,* New York (2) 1969.
28 http://www.mecca.org/~crights/dream.html
29 http://www.verfassungen.de/us/unabhaengigkeit76.htm
30 Safire, William, »Aggie Award«, in: *The New York Times,* 12. Oktober 2003.
31 Tufte, Edward, *The Cognitive Style of PowerPoint,* Cheshire 1983.
32 Cook, Jeff Scott, *The Elements of Speechwriting and Public Speaking,* New York 1989.
33 Burns, James McGregor, *Leadership,* New York 1978.
34 Eisenhardt, Kathleen M., Kahwajy, Jean L., Bourgeois, L.J., »How Management Teams Can Have a Good Fight«, in: *Harvard Business Review,* Juli–August 1997, S. 77–85.
35 Dreifus, Claudia, »Career That Grew From an Embryo«, in: *The New York Times* vom 8. Juli 2003.
36 Lincoln, Abraham, *Gettysburg Address: 1863,* Text in Deutsch und Englisch, Hamburg 1994.
37 Wrong, Edward, »Ein giftiges Memo wird zum Bumerang«, in: *The New York Times* vom 5. April 2001.
38 DUDEN-Taschenbücher: *Komma, Punkt und alle anderen Satzzeichen – Die neuen Regeln der Zeichensetzung mit umfangreicher Beispielsammlung,* Mannheim 2001, S. 32ff.
39 Tufte, Edward, *Visual and Statistical Thinking: Displays of Evidence for Decision Making,* Cheshire 1997.

Literatur

Axtell, Roger, *Nie wieder Redeangst: Rhetorik nach allen Regeln der Kunst*, München 1994.
Bennis, Warren, Ward Biederman, Patricia, *Geniale Teams*, Frankfurt 1998.
Bennis, Warren, *Schlüsselstrategien erfolgreichen Führens*, Düsseldorf 1994.
Gardner, Howard, *Die Zukunft der Vorbilder: das Profil der innovativen Führungskraft*, Stuttgart 1997.
Henley, Nancy M., *Körperstrategien: Geschlecht, Macht und nonverbale Kommunikation*, Frankfurt 1993.
Johnson, Spencer, *Die Mäuse-Strategie für Manager*, München 2000.
Langer, Ellen, *Kleine Anleitung zum Klugsein: sieben Kapitel über sinnvolles Lernen*, Reinbek 2001.
Lincoln, Abraham, *Gettysburg Address: 1863, Text in Deutsch und Englisch*, Hamburg 1994.
Mindell, Phyllis, *Starke Frauen sagen, was sie wollen*, München 2000.

Nachschlagewerke zur deutschen Sprache – aktuelle Auflagen –

Duden:

Briefe gut und richtig schreiben
Das Fremdwörterbuch
Das Herkunftswörterbuch
Das Stilwörterbuch
Deutsches Universalwörterbuch
Die deutsche Rechtschreibung
Die Grammatik
Die sinn- und sachverwandten Wörter
Komma, Punkt und alle anderen Satzzeichen
Richtiges und gutes Deutsch

Zitate

Große Namen, bedeutende Zitate, Dudenredaktion, Mannheim 2004
Das große Buch der Zitate und Redewendungen, Dudenredaktion, Mannheim 2002
Der Duden – Zitate und Aussprüche, Mannheim 2002

Zitatrecherche im Internet:
World Wide Words, unter: http://www.zitate.at
Alles rund um die Sprechblase: http://www.zita.de
Das große Z: http://www.zdown.de
Ihr perfektes Zitat: http://www.zitate.de

Allgemeine multimediale Nachschlagewerke

Brockhaus multimedial, CD-Rom-Lexikon aus dem Brockhaus-Verlag; die jeweils neueste Ausgabe zum Kennenlernen auch im Internet unter: http://www.brockhaus.de

Meyers Lexikon in drei Bänden im Internet: http://www.iicm.edu/meyers (Unter derselben Adresse finden Sie auch einen Link zu den neuesten fremdsprachigen Wörterbüchern von Langenscheidt.)

Microsoft Encarta Enzyklopädie, die jeweils aktuelle Ausgabe zum Kennenlernen im Internet unter: http://de.encarta.msn.com

Wikipedia: die freie Enzyklopädie auf CD-Rom und im Internet. Die CD-Ausgabe ist im Buchhandel erhältlich. Im Internet finden Sie sie unter: http://de.wikipedia.org/wiki/Wikipedia

Die Autorin

Die Dekanin einer medizinischen Hochschule nannte Phyllis Mindell einmal eine »weltweit bekannte Expertin der beruflichen Kommunikation«. Dr. Phyllis Mindell berät und trainiert seit über zwanzig Jahren Managerinnen und Manager von Unternehmen wie Bayer, Kellog's, Motorola oder Texas Instruments im Bereich Kommunikation. Sie ist Gründerin und Leiterin von »Well-Read«, einer international tätigen Kommunikationsberatung. Sie lehrt Kommunikation an der Medizinischen Hochschule der Georgetown University. Ihr Buch *Power-Reading* wurde in den Vereinigten Staaten zu einem der »Business-Bücher« des Jahres 1998 gewählt. Im Heinrich Hugendubel Verlag erschien 2000 ihr bislang erfolgreichstes Buch *Starke Frauen sagen, was sie wollen,* das auch ins Chinesische und Arabische übersetzt wurde. Artikel über Dr. Mindell und ihre Arbeit erschienen in der *New York Times,* in *Bloomberg Business* und zahlreichen anderen Zeitschriften in den USA.

Akademische Ehren erwarb sie am Brooklyn College (Bachelor), an der City University of New York (Master) und an der University of Rochester (Doktor). Auch nach Erwerb ihrer Doktorwürde studierte sie weiter: Neurolinguistik, kreatives Schreiben und Literatur.

Phyllis Mindell und Marvin, ihr Ehemann, leben und arbeiten in Rochester im Staat New York und in Washington. Ihre Kinder, Ossie Borosh, Joe und David, sowie ihre Enkel, Arye und Samuel, sind das Licht ihres Lebens.

Samy Molcho

Körpersprache des Erfolgs

192 Seiten mit ca. 80 Abbildungen, gebunden mit Schutzumschlag
ISBN-10: 3-7205-2656-9
ISBN-13: 978-3-8171-3413-7

»Der Guru für Körpersprache« FOCUS 03/2005

Samy Molcho, gefeierter Pantomime und erfolgreicher Autor, ist seit über 20 Jahren der Experte für Körpersprache. Mit seinem Buch Körpersprache des Erfolgs legt er die Essenz seiner jahrzehntelangen erfolgreichen Arbeit vor und zugleich sein persönlichstes Buch: eine meisterhafte Darstellung über das, was Erfolg ausmacht und wie sich Erfolg in der Körpersprache ausdrückt. Mit zahlreichen Fotos und Übungen für alle, die dies für ihr eigenes Leben umsetzen wollen.

ARISTON

Lothar Seiwert

Die Bären-Strategie

In der Ruhe liegt die Kraft

128 Seiten, gebunden mit Schutzumschlag
ISBN-10: 3-7205-2572-4
ISBN-13: 978-3-7205-2572-5

Die Bären-Strategie: In der Ruhe liegt die Kraft ist das Erfolgsprogramm von »Deutschlands führendem Zeitmanagement-Experten« (Focus) Lothar Seiwert. Seine Lieblingstiere, die Bären, spielen in dieser charmanten Fabel die Hauptrolle, denn sie stehen für die Ruhe und Kraft, die wir heute brauchen, um die Herausforderungen unseres hektischen Alltags souverän zu meistern und das eigene Leben aktiv zu gestalten. Die Bären zeigen uns, wie wir unsere Ziele und Wünsche verwirklichen und ein glückliches und sinnerfülltes Leben führen können.

ARISTON